JN196494

グラフィック経営学ライブラリ ⑧

グラフィック
経営財務

境　睦・落合孝彦 編著

新世社

編者のことば

　社会においては，自治体，企業，その他の組織体が中心となって動いており，多くの人々がこれらに関わり，その生活は成り立っている。これらの組織体の運営を効率的・効果的に行うための考え方・原理を究明する学問が経営学であり，いわゆる社会科学の一分野となる。経営学の主な対象は企業だが，それと関わる人々も対象となっている。最近では経済学も行動経済学など類似領域が登場して来ているが，経営学の方が扱う範囲に多様性があり，かつ実践的だと言えよう。

　経営学のより具体的な内容としては，企業などが事業の継続に必要な，人，モノ，カネ，情報などの経営資源をうまく配分し，製品やサービスなどを生み出し，それを市場において対価と交換して，再び経営資源に変えることにより，永続しようとするための考え方が中心である。

　なぜ経営学を学ぶかというと，混沌とした状態を解明し，その構造を明らかにし，どう対応すれば良いかの方針を指し示してくれることが多いからだ。卑近な例えでは，料理をするにしてもどうすれば美味しくなるかには一定の知識が必要である。つまり，過去の料理の歴史やどのように料理を作れば美味しくなるかの理論がいる。そして料理を食べる人々の好みを知る必要がある。費用がいくらかかるかを整理する必要もあるなどだ。そしてこれらをうまく組み合わせることにより，食べる人の喜ぶ美味しい料理を，想定内のコストや時間で作り出すことができる。料理と同様に経営にも多様な領域がある。企業などを対象として，これらの領域をミックスして組織体を管理・運営するものだ。何も知らずに管理・運営に関わっていくことは可能だが難しい。経営学の基本を学べば正しい判断を時間効率よく行える可能性が高まっていくのである。

　この「グラフィック経営学ライブラリ」の特徴は，わかりやすく，楽しく学べるが統一的な視点となっている。見開きページの左側に解説があり，右側に図，表が来ていて，直観的な理解を促進してくれる。解説を読み，理解する左脳と図表で直観的に把握する右脳，両方のサポートで理解を促す。ただし図表を多用し，理解しやすいテキストを書くのは執筆者にとって実は大変なのである。読者対象となる学生やビジネスマンなどの方々は，各執筆者と編者の努力の結実をしっかり楽しみ，かつ学んで頂ければ幸いである。

上田　隆穂

はしがき

　現代社会において，われわれ個人は何らかの組織に所属したうえで日々の生活を営んでいます。所属先の組織は周囲の環境から必要な経営資源をインプット／アウトプットし，環境変化に適応しつつ期待される成果を上げることで自らを維持しています。組織にインプットされる代表的な経営資源にヒト，モノ，カネがありますが，カネのインプットとアウトプットに関わる機能の解説が財務論という科目の主たる内容となります。

　当該科目を受講する学生の多くは，基礎レベルの説明には納得するものの，時間の経過とともに授業内容への関心を徐々に失っていく状況が少なからず見受けられます。この事実は財務論を担当する大学教員の「悩みどころ」になっているといっても過言ではないでしょう。

　学生の関心が薄れる原因については教員側の問題もあり一概には言えませんが，学生側の問題については以下の3点が指摘できそうです。第1の問題は財務論の前提科目・関連科目が多岐にわたる点です。第2の問題は学習内容が積み上げ方式である点です。そのため，学生の興味を引くトピックだけに焦点を当てることが比較的困難となります。第3の問題は「数式表現を比較的高頻度で使用する点」です。このため，計算問題を解く作業に集中できない学生はヨリ無関心となります。

　以上挙げた問題を多少なりとも解決すべく，「経営財務論」初学者向けの本書が誕生しました。読み手の視覚に訴えて理解が深まるように右頁にグラフィック（図表）をふんだんに交え，数式や計算方法もより平易にし，かつ丁寧な解説を心掛けました。また，メディアを通じて報道される複数のトピックを財務の視点から選択して章のテーマをとるよう構成を行いました。

　このような特長を持つ本書の内容は次の3つに大別できます。最初のパート（第1章から第3章）は経営財務の概念やその対象となる範囲を明示しつつ，財務論を学ぶ上での前提知識となる会計学の内容について財務分析的アプロ

ーチを用いて説明しています。とくに財務諸表の役割と意義を理解すること
は会社や公的機関で働く人々，極端に言えば普通に生活する人々にとっても
必要不可欠です。

　次のパート（第4章から第10章）は財務論の中心的な内容を扱っています。
投資の評価方法，資本コスト，資本構成，そして配当政策に関する理論は財
務論の中核をなす理論です。経営者型企業の分析に有用なエージェンシー理
論もこのパートを構成しています。

　最後のパート（第11章から第14章）は比較的新しい現代的なトピックを解
説します。デリバティブは今日の経済活動に欠かせないものですし，コーポ
レート・ガバナンス，スチュワードシップ・コードとESG投資，フィンテッ
ク等は財務論と我々が生きる社会を現在進行形で結び付けるグローバルなト
ピックといえます。

　本書の企画が持ち上がったのは2017年2月でしたが，われわれを編者とし
て推薦してくださった上田隆穂教授（学習院大学）と小山明宏教授（学習院大
学）のお二人には深謝の言葉しかございません。また，本書を上梓するまで
の間辛抱強く待ってくださり，企画から校正の段階に至るまで細心の注意と
熱意をもって編集を進めてくださった新世社編集部の御園生晴彦氏と谷口雅
彦氏のお二人方にも大変お世話になりました。最後になりますが，本書の作
成に携わって頂いたすべての皆様に，この場を借りて厚く御礼申し上げます。

　2019年3月

境　睦

落合孝彦

目 次

第1章

経営財務の意味と役割

1.1 経営機能

　我々の生活には日常生活を営むうえで必要な財・サービスを提供してくれる企業，とりわけ営利企業の存在が不可欠となっています。これら企業は自らが掲げる理念やビジョンのもと，自らが手掛ける事業領域を選択し，特定の財・サービスを消費者に提供することによって事業活動の継続性を維持しています。

　営利企業が同業他社と競いつつ企業目的を継続的かつ効果的に達成するためには，ヒト，モノ，カネに代表される経営資源の確保が肝要となります。そしてこの経営資源を互いに結びつけ，協調的かつ効率的に稼働させてはじめて，継続的な利益増大を達成することが可能となるのです（図表 1-1-1）。

　企業目的（目標）を達成するために重視されるのが管理と呼ばれる機能です。これは企業組織の運営をつかさどる機能で，その構成要素を簡潔に示すならば PLAN（計画の立案），DO（組織化と実行），SEE（評価と修正）となります。そして「計画の立案→組織化と実行→評価と修正」という過程をサイクルとして捉えたものをマネジメントサイクルといい，多くの企業が業務管理の手法として活用しています（図表 1-1-2）。

　管理は目標達成のための重要な機能となりますが，経営資源を確保し活用するためには他のライン＆スタッフ機能が必要不可欠となります（図表 1-1-3）。図表 1-1-3 は，管理機能が 4 つのライン機能（調達，製造，販売，開発）と 3 つのスタッフ機能（会計，財務，総務）に継続的に働きかけることによって協調的な全社的活動が可能となることを示唆しています。

　管理が部門別に実施されれば部門管理，全社的に実施されれば経営管理（全社的管理）となりますので，図表 1-1-3 の機能全体が経営機能と呼ばれるものとなります。そして，全体の機能を相互関連的かつ効果的に働かせるための全社的な意思決定が経営機能の中核に位置づけられることになります。

　この意思決定は絶えず変化する環境の中でなされますので，環境変化に適応する仕組みをマネジメントサイクルに組み込むことが肝要となります。図表 1-1-4 は環境の変化が企業理念や経営ビジョンに影響を与えつつ戦略が策

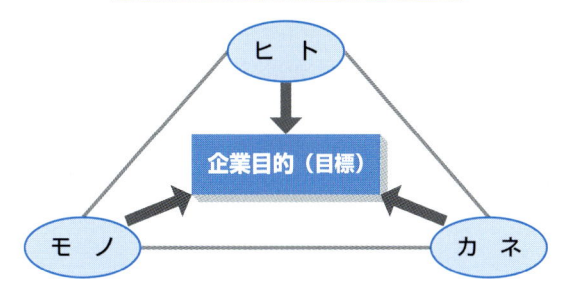

■図表 1-1-1　経営資源と企業目的

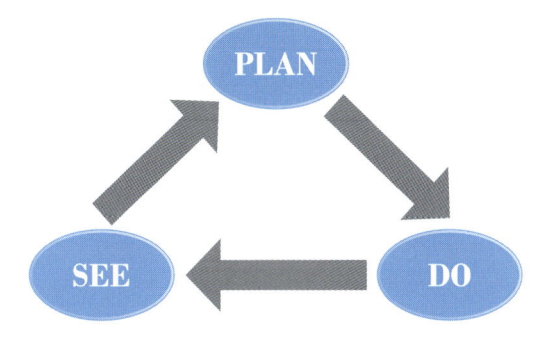

■図表 1-1-2　マネジメントサイクル

■図表 1-1-3　経 営 機 能

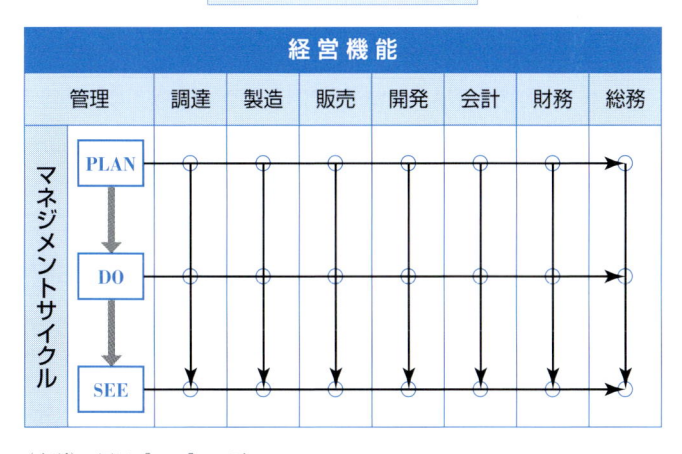

（出所）　岡田［2011］48 頁

定される仕組みを明示した，全社的なマネジメントサイクルを示しています。

　これまでの説明において財務を経営機能の一つとみなしてきましたが，財務という言葉は「財政上の事務」の略語ですから，財務部門による管理の対象は企業が取り扱う財貨，すなわちカネとなります。次節では財務諸表の一つである貸借対照表に焦点を当て，企業によるカネのマネジメントの概要を確認することにしましょう。

1.2　貸借対照表の概要

　現代社会における営利企業の代表的な企業形態は株式会社です。とくに株式会社は大規模事業を行ううえで最も望ましい企業形態だといわれています。その理由は，金融機関からの借入だけでなく，証券市場を通じて資金を調達する途が開かれているからです。証券市場から資金を大量調達することで企業規模が拡大すると，企業との間に何らかの関わり（利害）を有する人々が増加することになります。このような人々を利害関係者（Stakeholders）といいます。

　利害関係者には経営者を筆頭に会社設立時の元手を出資する株主，資金を貸し出す債権者などさまざまな集団がいます。これら利害関係者に情報提供を行うため，事業運営の成果等に関する書類を作成することが法律で義務づけられています。わが国の場合，会社法では会社が保有する財産や損益の状況を示す計算書類の作成が要請され，公開会社を対象とする金融商品取引法では財務諸表の作成を通じた情報の開示が義務づけられています。これら計算書類や財務諸表の中で代表的なものは貸借対照表（以下，B/S）と損益計算書（以下，P/L）になりますが，本節ではB/Sに焦点を当ててその概要を説明しておきます。なお，B/S，P/Lに続く第3の財務諸表であるキャッシュ・フロー計算書については第3章で詳しく説明します。

　B/Sとは企業が保有する財産（カネやモノ）の状況を金額ベースで示した一覧表です。B/Sの右側は資本（資金）の調達サイドであり負債と純資産で構成されます。負債（他人資本）の提供者は債権者，純資産（≒自己資本）の主

■図表 1-1-4　全社的マネジメントサイクル

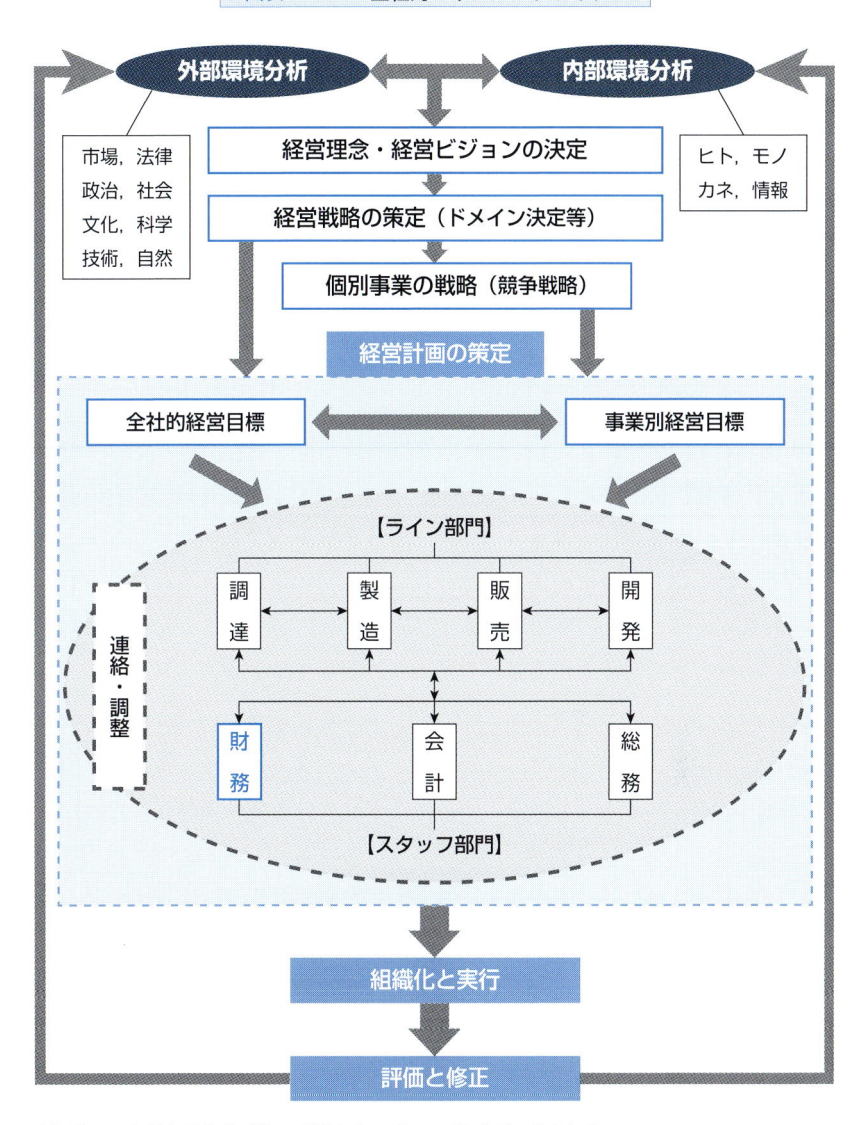

（出所）　三和総合研究所／井口／稲垣［1999］34 頁を参考に筆者加筆

たる提供者は株主となります。これら資本提供者から調達した資金を運用した結果を示すものがB/Sの左側の資産合計となります（図表1-2-1）。

　経営者や従業員らの創意工夫に基づき調達資本が運用されることで収益や利益が獲得され，最終利益である純利益の一部が配当金として株主に分配されます。他方，配当されない利益は内部留保として純資産に蓄積されることにより会社を成長させる原動力となります。

　図表1-2-2はB/Sを6分割したものです。右側上段の流動負債は正常営業循環基準もしくは1年基準に該当する債務ですが，ここに示される買掛金及び支払手形は取引先からの仕入れ等の未払い代金のことです。支払いが先送りされることで金融効果が発揮されるため，資金調達手段の一つと認識されています。短期借入金は返済までの期間が1年以内の借入金のことであり，金融機関が主たる取引先となります。

　固定負債は1年を超えて支払われる債務のことですが，ここに区分される社債は不特定多数の投資家から証券市場（債券市場）を介して調達される長期の債務です。事業会社によって発行される普通社債が最も活用される一方，転換社債型新株予約権付社債のような株式と普通社債の混合型が発行されることもあります。また，長期借入金は返済までの期間が1年を超える債務のことですが，これは最も代表的な長期の資金調達手段です。

　株式の発行によって調達された資金は，純資産に示される資本金にその額が示されますが，調達額の1/2を超えない範囲で資本剰余金を構成する資本準備金に組み入れることも可能です。以上が代表的な資金調達の手段となります。

　これらの手段を用いて調達された資金の具体的な存在形態を示すものが運用サイドの資産合計に示される各種の資産となります。資産合計は流動資産・固定資産・繰延資産の3つに区分されますが，流動資産は現預金と「正常営業循環基準」・「1年基準」に該当する換金が容易な資産で構成される点に特徴があります。固定資産は換金性の低い，1年を超えて使用する資産で構成されている点に，繰延資産は費用の効果が複数期間にわたり見込まれる場合等に任意計上される点に特徴があります。

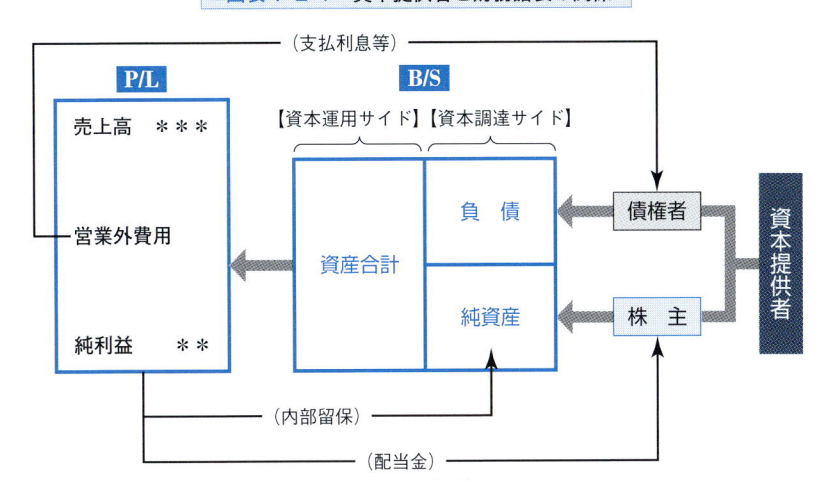

■図表 1-2-1　資本提供者と財務諸表の関係

■図表 1-2-2　貸借対照表（簡略版）

(単位：億円)

流動資産			流動負債		
現金及び預金		500	買掛金及び支払手形		2,800
売掛金及び受取手形		1,100	短期借入金		650
有価証券		200	1年以内返済社債		100
棚卸資産		2,200	1年以内返済長期借入金		100
貸倒引当金		△30	その他流動負債		250
短期貸付金		30	固定負債		
その他流動資産		1,000	社債		800
			長期借入金		800
			転換社債		200
固定資産			その他固定負債		200
有形固定資産		3,250	純資産		
無形固定資産		350	資本金		1,100
投資その他の資産		1,400	資本剰余金		1,100
貸倒引当金		△50	利益剰余金		1,560
			自己株式		△30
			評価・換算差額等		350
繰延資産		50	新株予約権		20
資産合計		10,000	負債・純資産合計		10,000

1.3 財務機能

1.3.1 運転資本管理

　永続的に事業を遂行する営利企業を想定する場合，財務の機能とはどのようなものになるでしょうか。企業にとってのカネは人体における血液のようなものですから，これが枯渇すると企業は倒産の危機に瀕します。この事態を避けるためには，通常の営業活動を通して収益（収入）と費用（支出）の差額を継続的にプラスとする努力が肝要となります。この営業活動のプロセスについては正常営業循環基準をイメージすると理解が容易となります（図表1-3-1）。

　正常営業循環基準とは資産と負債を流動／固定に区分する際の基準ですが，これは各種の営業活動を通じて資金が創出される過程を示すものでもあります。製造業の場合，この過程は仕入（買掛金及び支払手形）→製造（棚卸資産：原材料→仕掛品→製品）→販売（売上債権：売掛金及び受取手形）→回収（現金及び預金）の経路を辿ることになります。回収された資金は現金及び預金の一部となり仕入代金の支払いや短期借入金の返済に充当されます。

　これら勘定科目はB/Sの流動資産と流動負債を構成しますので，両者の差額を日常業務の円滑化のための資金である正味運転資本とみなす場合，このキャッシュ収支（以下，キャッシュ・フロー）サイクルが適切に管理されるならば，正味運転資本の安定的確保（流動比率の向上）につながります。営業活動にともない発生するキャッシュ・フローサイクルを適切に捉えて支払い安全性を高めることを主たる狙いとする運転資本の管理こそ，多くの営利企業に共通する第1の財務機能といえるでしょう。なお，図表1-3-2には正味運転資本及び短期支払い安全性指標の計算式が示されています。

1.3.2 資本構成管理

　財務の第2の機能は資本構成の管理です。資本構成とは負債（他人資本）と純資産（自己資本）の割合のことですが，これが財務の主たる対象となった背景には，重工業の発展にともなう長期資本の需要伸長，株式会社制度の普及，

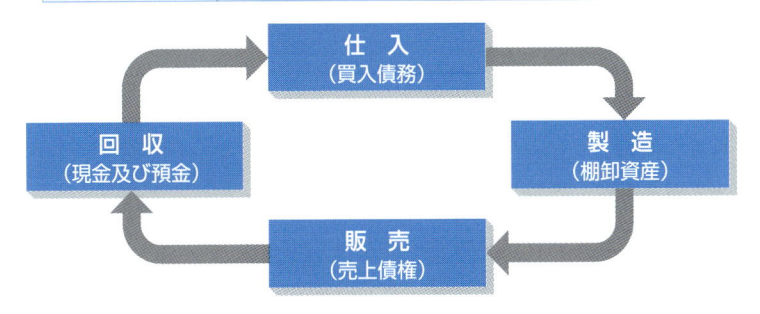

■図表 1-3-2　正味運転資本と短期の支払い安全性指標

正味運転資本：流動資産 － 流動負債 ＝ 5,000 － 3,900 ＝ 1,100（億円）

- 数値は図表 1-2-2 の B/S に基づいています。以下同様。
- 運転資本とは日常業務を円滑に遂行するための資金であり，短期の資産と短期の負債との差額で求められるとする考えに基づいた計算式です。

$$\text{流動比率}: \frac{\text{流動資産}}{\text{流動負債}} \times 100 = \frac{5{,}000}{3{,}900} \times 100 \fallingdotseq 128.21\%$$

- 代表的な短期の支払い安全性指標であり，正味運転資本の計算式がベースとなっています。分子を支払い原資，分母を支払い金額と捉え，その水準が高いほど，短期の負債は短期の資産でまかないうると判断されます。

$$\text{当座比率}: \frac{\text{当座資産}}{\text{流動負債}} \times 100 = \frac{1{,}800}{3{,}900} \times 100 \fallingdotseq 46.15\%$$

- 当座資産＝現金及び預金＋有価証券＋売上債権。
- 流動資産の中でも，比較的現金化が容易な当座資産を支払い手段とする，短期の支払い安全性指標です。

資本市場の整備と拡充がありました。負債による調達から株式による調達を，金融機関を経由した間接金融から資本市場を経由した直接金融を重視して調達方法をシフトした一部の株式会社は，財務的自立化を達成した大規模上場会社へと成長しました。

　外部資金調達は負債による調達と株式による調達に区分されますが，前者による調達は確定利付き債務であるがゆえに調達が比較的容易というメリットがあるものの，支払利息の増加が利払い後利益を大きく変動させ，不況時における倒産の可能性を高めるというデメリットがあります。他方，後者には事業固有のリスクに対する緩衝作用を通じて安全性を高めるというメリットがあるものの，発行済み株式数の増加によって1株当たりの利益等を減少させることで株価低迷をもたらしかねません。

　このように，資金調達方法の選択は長期的にみて企業の存続と発展に多大な影響を及ぼしますから，資本構成は重要な財務問題となります。図表1-3-3には資本構成及び長期の支払い安全性の指標が示されています。これらの指標は，長期的な資金調達の方針や財務健全性等を確認するためのツールとして活用されています

　資本構成をめぐる議論はその後，B/Sの帳簿ベースではなく，企業の市場価格である時価ベースでみた資本コスト（資本提供者の要求収益率）を最小化させる資本構成とは何かに焦点を当て，「企業価値を最大化する最適な資本構成」を探る方向に進展し今日に至っています。最適資本構成の議論は財務の第2の機能に関する中心的テーマであり，次に示す第3の機能と深い関わりを持っています。

1.3.3　資本予算管理

　財務の第3の機能は資本予算の管理です。流動資産は資金あるいは換金が比較的容易な資産で構成されるため，これらの評価額はB/Sに示される帳簿価額（簿価）とほぼ同額とみなされます。しかし，有形固定資産（建物，機械装置，車両運搬具など）の場合，帳簿価額（取得原価）を評価額とすることは望ましくありません。

　有形固定資産はそもそも換金性を念頭におかない資産であり長期にわたり

■図表 1-3-3　資本構成と長期の支払い安全性指標

(1) 資本構成を示す指標

$$\text{自己資本比率}：\frac{\text{自己資本}}{\text{負債・純資産合計}} \times 100 = \frac{4,100}{10,000} \times 100 = 41.0\%$$

- 図表 1-2-2 の B/S に基づき計算しています（以下同様）。
- 本章では自己資本＝純資産とします。
- 負債・純資産合計（資産合計）に占める，自己資本の割合を示す指標です。
- 収益性が高いほど内部留保が蓄積されるため，自己資本比率は高くなります。なお，自己資本比率の逆数を財務レバレッジといいます。

$$\text{負債比率}：\frac{\text{負債}}{\text{自己資本}} = \frac{5,900}{4,100} \fallingdotseq 1.44 \text{ 倍}$$

- 自己資本を分母として負債の活用度を示す指標で，低いほど安全性が高いとみなされます。
- 負債については負債総額を用いる場合と，有利子負債を用いる場合があります。

(2) 長期の支払い安全性指標

$$\text{固定比率}：\frac{\text{固定資産}}{\text{純資産}} \times 100 = \frac{4,950}{4,100} \times 100 \fallingdotseq 120.73\%$$

- 長期にわたり使用する固定資産が，返済の必要がない純資産によってどの程度まかなわれているかを示す指標で，低いほうが望ましいと判断されます。

$$\text{固定長期適合率}：\frac{\text{固定資産}}{\text{固定負債＋純資産}} \times 100 = \frac{4,950}{6,100} \times 100 \fallingdotseq 81.15\%$$

- 長期にわたり使用する固定資産が，長期の資本である純資産と固定負債によってどの程度まかなわれているかを示す指標で，低いほうが望ましいと判断されます。

保有される資産です。使用期間内に投下資本が確実に回収できるかは不確実ですから，これら資産の取得は相対的に高リスクとなります。さらに，投下資本が回収できたとしても，この回収総額が金融機関に預けた預金等よりも少額となれば，金利分の価値さえ生み出せない投資だとみなされることにもなります。

それゆえ有形固定資産の価値を測る場合，その使用期間における投下資本の回収額である将来の現金収入（以下，キャッシュ・インフロー）を，事業のリスクを加味した割引率で割り引いて現時点での価値に変換する作業が必要となります。この手法は現在価値法と呼ばれ，長期の投資プロジェクト評価の際に用いられますが，この投資がプラスの価値を生み出していれば投資実行の判断が下されます。

このようにプロジェクトごとのキャッシュ・インフローを割り引いた現在価値の合計額は，各種市場においてこの評価額が適切に反映される条件が整う場合に限り，貸方の市場価格に反映されることになります。すなわち，流動資産の簿価と固定資産の現在価値の合計額は，貸方の時価と一致することになるのです（図表1-3-4）。現在価値法を踏まえた投資の意思決定が財務の第3の機能となります。

1.3.4　資本コストの推計——資本市場理論

財務の第2及び第3の機能は大規模な上場会社の企業価値（株価）最大化を達成するために必要な機能です。そして企業価値（株価）最大化を財務上最重要視する理由として，長期的な業績伸長が企業価値最大化につながること以外に，株主が投資決定と資金調達のもたらすリスクの最終的負担者だという点が指摘できます。それゆえ，最終的リスク負担者である株主の要求収益率，とりわけ株主資本コストの正確な推計が財務における重要な課題となってくるのです。

第4の財務機能である株主資本コスト推計のアイディアを提供するものが資本市場理論です。リスク（投資収益の変動）とリターン（投資収益の期待値）を2軸にリスク資産を保有する際の最適な組合せを検討する資産選択論に始まり，無リスク資産の導入による資本市場の均衡状態を基礎に市場リスクと期

■図表 1-3-4　固定資産の評価と企業価値の関係

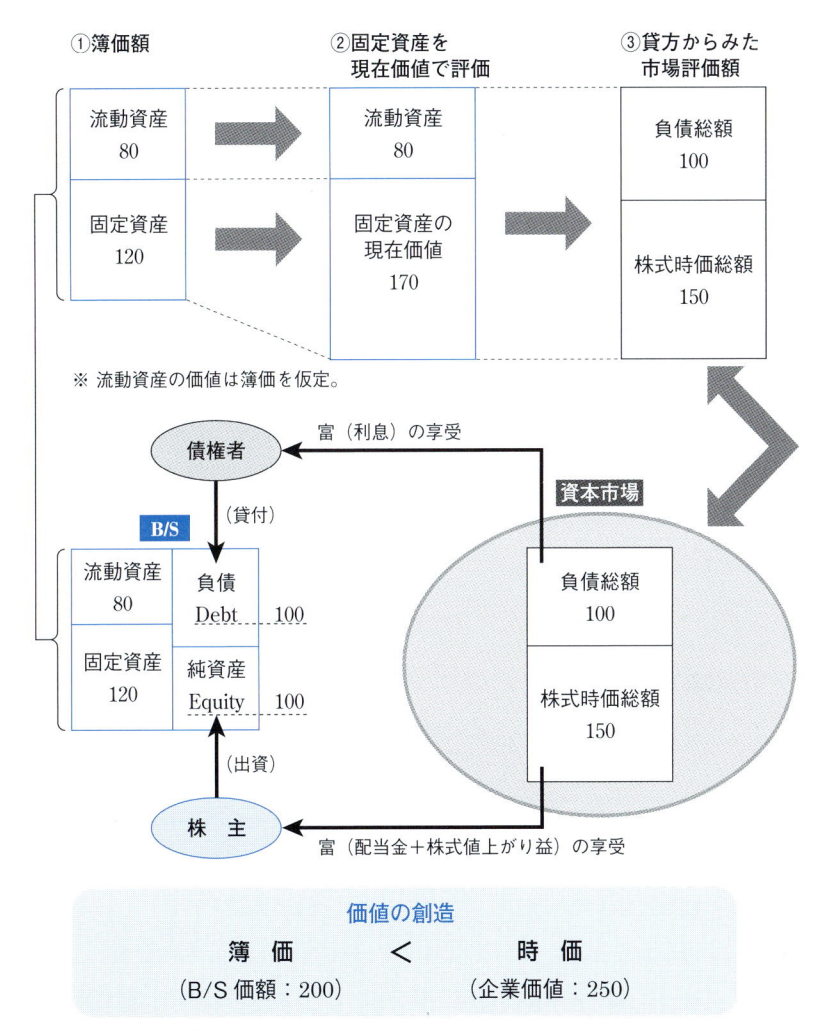

①簿価額　　②固定資産を現在価値で評価　　③貸方からみた市場評価額

| 流動資産 80 | → | 流動資産 80 | → | 負債総額 100 |
| 固定資産 120 | → | 固定資産の現在価値 170 | | 株式時価総額 150 |

※ 流動資産の価値は簿価を仮定。

債権者　　富（利息）の享受

B/S　（貸付）　　　　　　　　　　　　資本市場

| 流動資産 80 | 負債 Debt　100 | | 負債総額 100 |
| 固定資産 120 | 純資産 Equity　100 | | 株式時価総額 150 |

（出資）

株　主　　富（配当金＋株式値上がり益）の享受

価値の創造

簿　価　＜　　時　価

（B/S 価額：200）　　　（企業価値：250）

※ 負債簿価 ＝ 負債時価を仮定。
※ 創造された価値 ＝ 時価（負債総額＋株式時価総額）− 簿価（負債＋純資産）

待リターンの線形関係を導出した**資本資産評価モデル**に至る資本市場理論は，資本コスト推計方法の進展に大きく貢献しました。資本市場理論の援用により財務機能に関する研究が大きく進展したのです。

1.4　経営財務の役割

　前節でみた資本予算及び資本構成の管理は企業価値（株価）最大化という財務機能からみた企業目的観と密接に結びついています。これに剰余金の分配を加えた「調達→投資→分配」は企業と資本提供者の間を循環するキャッシュ・フローサイクルであると同時に経営者の意思決定領域に関わる財務政策そのものでもあります。

　企業価値（株価）最大化は，所有と経営が分離していない**所有者型企業**ならば，株主だけでなく経営者からも支持される企業目的観でした。しかしその後，「**所有と経営の分離**」が進展したことで，企業価値（株価）最大化が両者共通の企業目的観として支持しえない状況が出現することとなりました。そのため，所有と経営が分離した経営者型企業を分析するための枠組みとして，株主を依頼人，経営者を代理人とみなす**エージェンシー理論**（*Column* 1.1）が注目を集めるようになりました。

　所有と経営が分離した上場企業の場合，経営者の責任問題等を企業内部で追求することは困難です。そこで彼らの問題行動を事前に監視・抑制する仕組みの必要性から注目を集めているのが**コーポレート・ガバナンス**（企業統治）をめぐる議論です（詳しくは**第11章**で解説します）。この議論では株主による取締役会の監視と牽制の仕組みが中心的テーマとなっています。

　2014 年に投資先企業に対する機関株主の行動原則が示された**スチュワードシップ・コード**（**第12章**参照）が，翌 2015 年には上場企業の行動原則を示す**コーポレートガバナンス・コード**（**第11章**参照）が制定されました。両コードとも経済的な価値向上に主眼をおき，株主と企業の関係を対立から協調へ変化させることが意図されています。後者のガバナンス・コードにおいては株主以外の利害関係者との協働が強調されるなど，彼らの多様な関心を企業

　この理論の特徴は，権限を譲渡する側をプリンシパル，譲渡される側をエージェントと呼ぶエージェンシー関係を軸に複数の利害関係者の相互関連性を分析対象とする点にあります。エージェンシー理論は，両者の立場（目的・動機）の違いから生じる利害対立の調整過程を明らかにすることを企図した点において経営者型企業の分析に有用な枠組みを提供しています（詳しくは**第10章**で解説します）。

■図表1-4-1　**組織を取り巻く環境要因の階層構造**

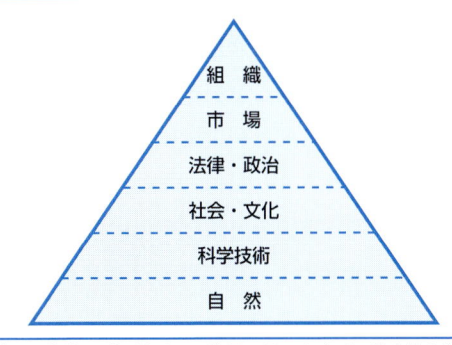

組　織
市　場
法律・政治
社会・文化
科学技術
自　然

● **組　織**：さまざまな企業及び団体がこの階層に属しますが，代表的な営利企業の形態は株式会社となります。

● **市　場**：企業にとっての重要な経営資源であるヒト・カネ・モノを調達する市場である「労働市場」，「金融市場」，「財・サービス市場」を中心にこの階層は構成されますが，競合企業等と鎬を削る場でもあります。なお，財務の観点からは「金融市場」が最も重要な市場となります。

● **法律・政治**：マクロ的にみるならば一国の法体系や政治体制となります。本書の場合は日本再興戦略との関わり，会社法，金融商品取引法等の企業や市場に関わる法令及び主管省庁に焦点が当てられます。なお，訴訟関連やロビイスト活動もこの階層に属します。

● **社会・文化**：その地域や国家に特有の風土等によって，そこで生活する人間集団は固有の文化（信念，価値観，規範）を有するようになります。これらはその地域や国家の法令や政治体制等に影響を及ぼします。

● **科学技術**：新たな技術の開発と活用は社会の物的な製品開発，社会及び市場インフラの形成を通じて人間による各種労働を代替する機器やサービスを提供し，さらには，人間集団の行動パターンにも重大な影響を与えます。

● **自　然**：古くは公害（大気汚染・水質汚濁・騒音等）問題にはじまり、近年では地球温暖化問題がこの階層に属する代表的トピックです。とりわけ地球温暖化問題は，脱炭素社会の実現に向けて，上位のあらゆる階層に影響を与えます。

（出所）　庭本［2006］11頁，コトラー［1991］79頁を参考に筆者作成

経営に取り込もうとする工夫がみられます。

　この利害関係者の多様な関心は企業を取り巻くあらゆる環境要因に向けられています。この環境要因をピラミッド型の階層構造で示したものが図表1-4-1 です。図表1-4-1 は各階層が相互に関連しつつも直下の階層から比較的強い影響を受けることを想定しています。先に述べた2つのコードは政治・法制度要因ですが，近年注目を集めているフィンテック（Fintech，第14章参照）やデリバティブ取引（第13章参照）の拡大に寄与した金融工学（Financial Engineering）は科学技術要因，地球温暖化問題は自然要因として上位の階層に影響を与えます。とりわけ地球温暖化問題は，脱炭素社会への取組みを促し，機関投資家による投資撤退や企業側が生産工程を見直すなど，より上位の階層に直接的・間接的な影響を及ぼしています。

　これら環境要因を無視することは利害関係者の関心を無視することと同義であり，利害対立を惹起させることを通じて企業価値に負の影響を及ぼすことが予想されます。また環境要因の急激な変化によって計画の遅延やその前提が崩れる可能性もありますので，環境要因は企業価値（株価）最大化の制約条件であることに留意する必要があります（第12章参照）。

　経営者は長期的視野で環境全体を俯瞰し，各階層における環境変化に適応しつつ目的を達成することが求められます。その環境変化に適応するための「資本の調達・運用・分配」こそが，経営者に求められる財務機能，すなわち経営財務の役割といえるでしょう。

第 2 章

収益性分析

2.1 収益性とは何か，どうやって測定するのか

　株式会社形態をとる会社は，出資者から預かった資本を運用して利益を獲得し，出資者に報いなければなりません。ここでは，このような会社を企業と呼ぶことにします。企業は，その目的を達成するために出資者から預かった資本をできるだけ高い利回りで運用しなければなりません。このような資本の利回りをパフォーマンス（収益性）と呼びます。そこで本章ではパフォーマンスをどのようにして測定するのか，パフォーマンスをどのようにして評価するのかについてみていくことにしましょう。

　まず収益性とは何かについて考えてみましょう。株式会社は，私的資本に対する利益の獲得を目的としています。もっと平たくいうと「儲けること」，これが企業の目的です。それでは，儲かるというのはどのような状態をいうのでしょうか。利益をたくさん獲得することが儲かった状態でしょうか。これは，間違いではありませんが，必ずしも正解とはいえません。

　簡単な株式投資の例を用いてこのことを説明していきます。図表2-1-1はAさん，Bさん，Cさんの株式投資を示しています。この2つの例を通して得られる結論は，元本が異なる2社についてどちらが儲かったかを比較，評価する場合，単純に利益の額を比べるのではなく，元本に対する利益率で比較して評価すべきであるということです。

　財務分析において元本に対する利益率はROE（Return On Equity：資本利益率）という指標で示されます（次節で詳説しますが，一般にはROEは資本に対する当期純利益の比率で表されます）。この例で株式投資の評価を行う場合にはROEによって評価するのがふさわしいといえます。企業は出資者のお金を投資運用して利益を獲得するための組織ですから，企業のパフォーマンスの評価もまたROEによって行うべきなのです。

　次に，自分のお金だけで投資するAさんと自分のお金と借入金で投資するDさんとEさんを想定します（図表2-1-2）。この3人の収益率を比較してみましょう。ただし，いずれのケースも借入金は年利10％で借りたものとします。

■図表 2-1-1　株式投資の例（1）

【例 1】

投資者	元　本	利　益	元本に対する利益率
A さん	10 万円	1 万円	10%
B さん	10 万円	2 万円	20%

　ともに自分のお金 10 万円を投資する A さんと B さんのパフォーマンスを比較しています。利益の額は A さんが 1 万円，B さんが 2 万円です。利益の額が多いので，B さんのほうが儲かったといえます。このようなケースであれば単純に利益が多いのか少ないのかみれば，2 社のパフォーマンスを比較することができます。

【例 2】

投資者	元　本	利　益	元本に対する利益率
A さん	10 万円	1 万円	10%
C さん	100 万円	2 万円	2%

　評価する 2 社において元本が異なる場合の例です。利益の額をみると A さんが 1 万円，C さんが 2 万円ですから，C さんのほうが儲かったといえるでしょうか。残念ながらそれは違います。利益の額が多いのは C さんですが，儲かったといえるのは A さんです。それは，元本に対する利益率をみたとき，A さんは 10%であるのに対して C さんは 2%にすぎず，A さんのほうが儲かったというのにふさわしいということができるからです。したがって，元本が異なる 2 社の比較を行う場合の評価基準は，元本に対する利益率ということになります。比較する 2 社の資本の額が同じであるケースはほぼないといってよいでしょう。したがって，これが一般的なケースといえます。

例 3 では，投資額に対する利得の割合が同じであるのに，元本に対する利益率が異なっていますが，これは負債の運用成果に差があるからです。すなわち，A さんは自分のお金を投資して 20 ％の運用成果を稼ぎました。負債（借入金）は利用していないので，これが A さんの運用成果のすべてということになります。

　一方，D さんは自分のお金を利用して 20 ％の運用成果を稼いだのに加えて，借りてきたお金でも 20 ％の成果を稼いでいます。借入金に対しては 10 ％の利息を支払わねばならないので，手元に残る成果は 20 ％マイナス 10 ％で，10 ％であったのです。この結果，D さんの成果の合計は，自分のお金で稼いだ 20 ％と借入金で稼いだ 10 ％を合わせた 30 ％になったということになります。この例は，自分のお金だけで投資を行うよりも負債を利用したほうが成果の合計は大きくなるということを示しています。

　この例では，図表 2-1-1 には出てこなかった投資額に対する利得の割合が出てきます。例 1，例 2 は，この例の A さんと同様，投資額に対する利得の割合が元本に対する利益率と同じケースです。負債がない場合はこのようになります。このような投資額に対する利得の割合は，ROA（Return On Asset：総資産利益率）という指標で呼ばれます（次節で詳説しますが，一般には ROA は当期純損益を総資産で割った数値で表されます）。

　例 4 の投資額は例 3 と同じですが，この場合も自分のお金を利用して稼いだ運用成果と負債である借入金を利用して上げた運用成果に分解して考えてみましょう。A さんは，自分のお金のみを投資して 5 ％の運用成果を稼ぎました。E さんもお金を投資して 5 ％の運用成果を稼ぎました。しかし，E さんには借入金の部分があります。これをみると，借入金の投資利回りは 5 ％だったのですが，10 ％の利息を支払わねばならないので，負債の運用成果は 5 ％マイナス 10 ％でマイナス 5 ％となります。自分のお金を投資して稼いだ 5 ％の運用成果が，借入金の運用成果のマイナス 5 ％で相殺され，成果の合計は 0 ％になってしまったのです。

　このように，借入金を利用する場合は，金利分がマイナスの運用成果として加算されることになります。このため金利分を上回る投資額に対する利得の割合が上げられれば，成果の合計は自分のお金の運用成果を上回ることに

■図表 2-1-2　株式投資の例（2）

【例 3】

名　前	元　本	借入金	投資額	利　得
A さん	20 万円	0 万円	20 万円	4 万円
D さん	10 万円	10 万円	20 万円	4 万円

名　前	投資額に対する利得率	利　息	利　益	元本に対する利益率
A さん	20%	0 万円	4 万円	20%
D さん	20%	1 万円	3 万円	30%

※ 借入金の利子率は 10%

　例 3 では，A さんは自分の金だけで 20 万円を，D さんは自分のお金の 10 万円と金利 10%で借りてきた 10 万円のあわせて 20 万円を投資します。A さんも D さんも投資額に対する利得の割合は，20%で同じとします。元本に対する利益率でみると，A さんが 20%であるのに対して D さんは 30%となっており，D さんのほうが儲かったといえます。

【例 4】

名　前	元　本	借入金	投資額	利　得
A さん	20 万円	0 万円	20 万円	1 万円
E さん	10 万円	10 万円	20 万円	1 万円

名　前	投資額に対する利得率	利　息	利　益	元本に対する利益率
A さん	5%	0 万円	1 万円	5%
E さん	5%	1 万円	0 万円	0%

※ 借入金の利子率は 10%

　A さんは自分の金だけで 20 万円を，E さんは自分の金 10 万円と借りてきたお金 10 万円の合計 20 万円を投資します。投資額に対する利得の割合は，A さん，E さんとも 5%で同じだとします。元本に対する利益率でみると，A さんが 5%であるのに対して E さんは 0%となっており，A さんのほうが儲かったといえます。

なります。しかし，投資額に対する利得の割合が金利分を下回ると，成果の合計は自分のお金の運用成果を下回ってしまいます。このような ROE の分析体系を示したのが，次節の図表 2-2-1 です。

2.2　レバレッジの効果について

　例3 で示したように負債をうまく活用することができると企業が持つ本来の収益力を上回る収益性を実現できる可能性があります。一方で，例4 で示したように負債をうまく利用することができないと企業が持つ本来の収益力を下回る収益性しか上げられない可能性もあります。負債のような他人資本を使うことで自己資本に対する利益率を高めることを，レバレッジ効果といいます。レバレッジ（leverage）とはテコ（lever）の作用のことです。テコを使えば小さい力で重い物を動かせます。経営財務におけるレバレッジ効果（第6章参照）も，同様に少ない資本で大きな資産を動かすことを意味しています。ただしレバレッジ効果は収益性が上下に大きく振れる可能性をもたらします。いわば「諸刃の剣」というべきものなのです。

　例3 や例4 で示した企業本来の収益力を測定する指標が ROA，全体の収益性を測定する指標が ROE（税込みベース。以下，これを ROE と呼びます）になります。ROE と ROA の差分が EOL（Efficiency Of Liabilities：負債運用効率）であって，これがレバレッジの効果の測定指標ということになります。全体の収益性のうち負債を利用して獲得した部分がレバレッジの効果です。

　財務省による法人企業統計年報のデータを使って ROE，ROA，EOL を算出して，ROE の分析指標である ROA，EOL を積み上げ棒グラフにしてプロットしたものが図表2-2-2 です。積み上げ棒グラフにしてあるので，ROA と EOL を合わせたものが，ROE の推移を示しています。これをみると 1980 年代まで高かった ROE が 1990 年代以降急激に低下していることがわかります。1997 年が金融危機，2001 年が平成不況，2008 年がリーマンショックにあたり，これらの時期において日本企業の収益性が低い状況にあったことがわかります。しかし，長期的なトレンドで眺めてみると EOL の低下が ROE

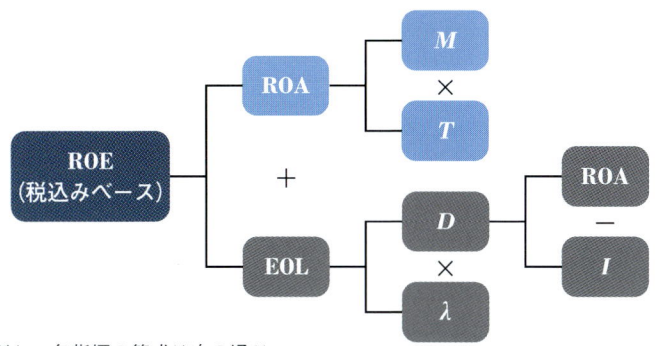

ただし，各指標の算式は次の通り

ROE（税込みベース）（%）【資本利益率】

　= 税引前当期純利益 ÷ 純資産合計（期首期末平均）× 100

ROA（%）【総資産利益率】

　= 利払前税引前当期純利益 ÷ 資産合計（期首期末平均）× 100
　　（ただし，利払前税引前当期純利益 = 金融費用 + 税引前当期純利益）

M（%）【売上高利払前税引前当期純利益率】

　= 利払前税引前当期純利益 ÷ 売上高 × 100

T（回／年）【総資産回転率】

　= 売上高 ÷ 資産合計（期首期末平均）

I（%）【負債利子率】

　= 金融費用 ÷（資産合計（期首期末平均）− 純資産合計（期首期末平均））× 100

RAMDA（λ）（倍）【負債比率】

　=（資産合計（期首期末平均）− 純資産合計（期首期末平均））
　　÷ 純資産合計（期首期末平均）

D（%）【負債運用利鞘】

　= ROA − *I*

EOL（%）【負債運用効率】

　= *D* × RAMDA

（注）　図では RAMDA を λ と表記している。両者は同じものである。
（出所）　森脇［2002］

を低下させていることがよくわかります。

　このように日本企業は，1980年代までは収益性の多くの部分をレバレッジの効果によって生み出していました。これによって高い収益性を実現していたのです。ところが，1990年代以降はレバレッジの効果による部分が小さくなってしまい，これが日本企業の収益性を低下させてしまったのです。

　レバレッジの効果をうまく利用することができるかどうかによって，高い収益性が実現できるかどうかが決まってくるといっても過言ではありません。日本企業の中には，きわめて高い収益力を背景に高い収益性を実現している企業もあります。しかしながら，このような企業は非常に少数派であって，多くの日本企業はほどほどの収益力あるいは低い収益力とレバレッジの効果によって収益性を実現しています。

　しかし，レバレッジの効果を実際に決めているのは負債ではありません。負債の大きさは作用が効く大きさ，テコの棒の長さを決めているにすぎません。テコの棒の方向と角度を決めるのは D（利鞘）です。

　利鞘は企業本来の収益力と負債のコストの差分によって決まります。負債のコストは，借り入れた時点で決まっています。一方，収益力は資本と借り入れた負債を合わせた資産を利用して運用した結果として決まりますので，状況に応じて変化する可能性があります。企業は，利鞘の状況に応じて利用する負債の大きさをコントロールして収益性の最大化を図ることが必要になります。レバレッジの効果は，相対的な概念であって，実際にレバレッジの効果を決めているのは，ROAとI（負債利子率）ということになります。

2.3　ROAとは何か，どうやって測定するのか

　図表2-2-1の分析体系において最も重要な役回りを演じているのは，ROAです。EOLとともにROEの直接的な要素であると同時にEOLの一つの要素であるDを決める要素にもなっており，体系図の中で2つの役回りを演じている指標です。

　ROAは，資産の運用利回りを示す指標です。それゆえ，ROAは資産の運用

■図表 2-2-2　日本企業の ROE（ROA＋EOL）の推移

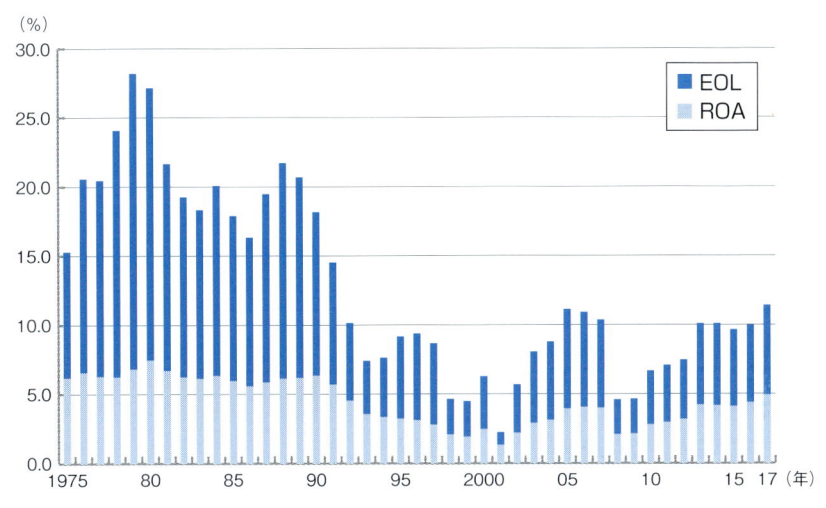

（出所）　法人企業統計年報より筆者作成

Column 2.1 ● 負債比率が極端に高い場合の収益性の構造

　負債比率が極端に高い場合の収益性の構造について考えてみましょう。

　たとえば，負債比率が 19 倍すなわち自己資本比率が 5％という企業の ROE の構造について考えてみましょう。ROA が 1％，I が 0.8％だとすると D は 0.2％になります。この場合 EOL は 0.2％×19 で，3.8％になります。ROE のもう一方の要素である ROA は 1％ですから，ROE は 4.8％になります。そうすると，この場合の ROA の ROE への貢献度は 20％ということになります。

　他の諸条件を一定とし，負債比率を 1 倍すなわち自己資本比率 50％という企業の ROE の構造について考えてみましょう。この場合 EOL は 0.2％×1 で 0.2％になります。ROA は 1％ですから，ROE は 1.2％となります。この場合の ROA の ROE への貢献度は 83％になります。

　このように負債比率が高いほど EOL の ROE への貢献度は高くなります。EOL の意義は大きくなるのです。銀行業のように負債比率が 20 倍にも達するような企業の収益性について考える場合は，EOL の持つ意味がきわめて大きくなるのです。

成果を示す利益の資産合計に対する比率によって示されるべきものです。

ROA の分子には，損益計算書において示される営業利益，経常利益，当期純利益や事業利益といったさまざまな利益が用いられています。解説書によって異なる利益が用いられているというのが実際ではないでしょうか。しかし，ROA の分子に用いるべき利益は，利払前利益でなければなりません。具体的には，EBIT と呼ばれている利益です。EBIT は，Earnings Before Interest and Taxes の略で日本語では利払前税引前当期純利益といいます。利払前利益（利子控除前利益）は，負債のコストである利子を控除する前の利益のことで，負債の運用成果を測定するために必要なものです。

企業は，資産を運用して利益を生み出しています。企業が運用する資産は，2 つの性格を持つ部分に分けて考えることができます。表面的にはコストのないお金である資本と金融費用（利息）という目にみえるコストがある負債の 2 つのです。それゆえ，資産の運用成果もまた，2 つの部分に分け考えることができます。すなわち，資本を源泉とする資産の運用成果と負債を源泉とする資産の運用成果です。資本を源泉とする資産の運用成果は，EBIT の資産合計に対する割合である ROA によって測定することができます。それは，資本に対するコストがないからです。ところが，もう一方の負債を源泉とする資産の運用成果のほうは，ROA だけを用いて測定することができません。それは，負債にはコストが存在するためです。負債を源泉とする資産の運用成果は，ROA から負債の利子率を差し引くことで測定することができきます。

図表 2-3-1 にこの内容を図示しています。企業の投資総額は，貸借対照表に示された総資産になります。総資産は，実際上は区別できませんが，理論上は資本を源泉とする部分と負債を源泉とする部分に分けることができます。総資産に対するリターンは，総資産の利回りを示す ROA です。ROA もまた，資本を源泉とする資産の利回り（ROA1）と負債を源泉とする資産の利回り（ROA2）に分けて考えることができます。ROA1 にはコストがありませんから，ROA1 の純リターンは ROA1−0 で ROA1 と同じ値になります。一方，ROA2 には，I（負債利子率）というコストがあるので ROA2 の純リターンは，ROA2−I で計算される D になります。総資産を構成する資本と負債の割合

Column 2.2 ● ROA は収益性や収益力を示す指標なのか

　ROA は総資産利益率と呼ばれる指標で，資産の運用利回りを示す指標です。このようにいわれていることから，ROA は当然のように収益性や収益力を示す指標であるかのように考えられています。

　しかしながら，既にみたように ROE への貢献度でみると，ROA の単独の貢献度よりも EOL の分析指標としての貢献度のほうが大きいのです。これは，平均的にみると負債比率は 2.3 倍程度（自己資本比率が 30％というのと同じ意味）であって，レバレッジの効果の一部としての貢献度のほうが大きいのが実態です。

　レバレッジの効果の一部としての ROA は，ROA 自身の大きさよりも I との相対的な関係がどうであるかによって貢献度が決まってくる指標になります。つまり，D がプラスなのか，マイナスなのか，プラスだとすればどのくらいの大きさなのかが重要なのであって，ROA の値がいくらであるかはそれほど重要な意味を持ちません。

　このように考えると，収益性に重要な影響を与えているのは D であって，ROA ではないことになります。

　ROA が収益性や収益力を表す指標であることを否定するのは難しいかもしれません。しかし，ROA は収益性の分析体系において収益性や収益力を表すのとは別の役割を持っていて，その役割の重要なものであるということはいうことができそうです。

■図表 2-3-1　ROE と資産の運用成果と負債の運用成果の関係

ROE への貢献	純リターン	総リターン	貸借対照表		コスト
EOL=D×RAMDA	D=ROA2−I	ROA2	総資産	負債	I
ROA=ROA1×1	ROA1−0	ROA1		資本	なし

※ ただし，I＝負債利子率，ROA1＝ROA2

が1：1であれば，ROAとDをそのまま合算してROEを計算することができます。しかし，一般的には資本と負債の割合は1：1ではありませんから，両者の加重平均を計算するためにRAMDA（負債比率）を用います。すなわち，ROA1のほうは1（資本÷資本）を掛けたROAを用い，ROA2のほうはRAMDA（負債÷資本）を掛けたEOLを算出します。両者を合算したものが，ROE（税込みベース）になります。

図表2-3-2は，企業のビジネスサイクルを示しています。①資本に②借入金を加えて，③資産が形成されます。①，②は金額の概念ですが，③は物的概念になります。③資産を運用して④売上高を獲得し，⑤原価及び費用を控除して⑥利得を得ます。⑥利得から⑦金融費用を差し引いたものが⑧利益で，これが①資本に還流していきます。

このようなビジネスサイクルにおいてROEなどの指標は次のように示すことができます。ROEは，⑧利益÷①資本で計算される指標です。当初手元にあったお金と最後に手元に残ったお金を対比したものであって，資本の運用利回りを示す指標です。このビジネスサイクル全体を評価するのに最適の指標ということができます。

次にROAは，⑥利得÷③資産で計算される指標であって，資産の運用利回りを示す指標になります。⑦金融費用は資産の運用成果が確定した後に控除する部分なので，資産の運用利回りは金融費用を控除する前の利益を用いて計算します。したがって，⑥利得は利子控除前利益，すなわちEBITになります。この意味からも，ROAの分子にはEBITを用いるべきということができます。

⑥利得÷③資産で計算されるROAは，さらに2つの要素に分解して考えることができます。すなわち，⑥利得÷④売上高で計算される売上高利益率と④売上高÷③資産で計算される総資産回転率の2つです。

⑥利得÷④売上高で計算される売上高利益率は，売上高に対してどのくらいの利得を獲得したかを示す指標でマージン（利幅）とも呼ばれています。④売上高÷③資産で計算される総資産回転率は，総資産に対してどのくらい売上高を獲得したかを示す指標でターンオーバー（回転）の状況を示す指標ということができます。

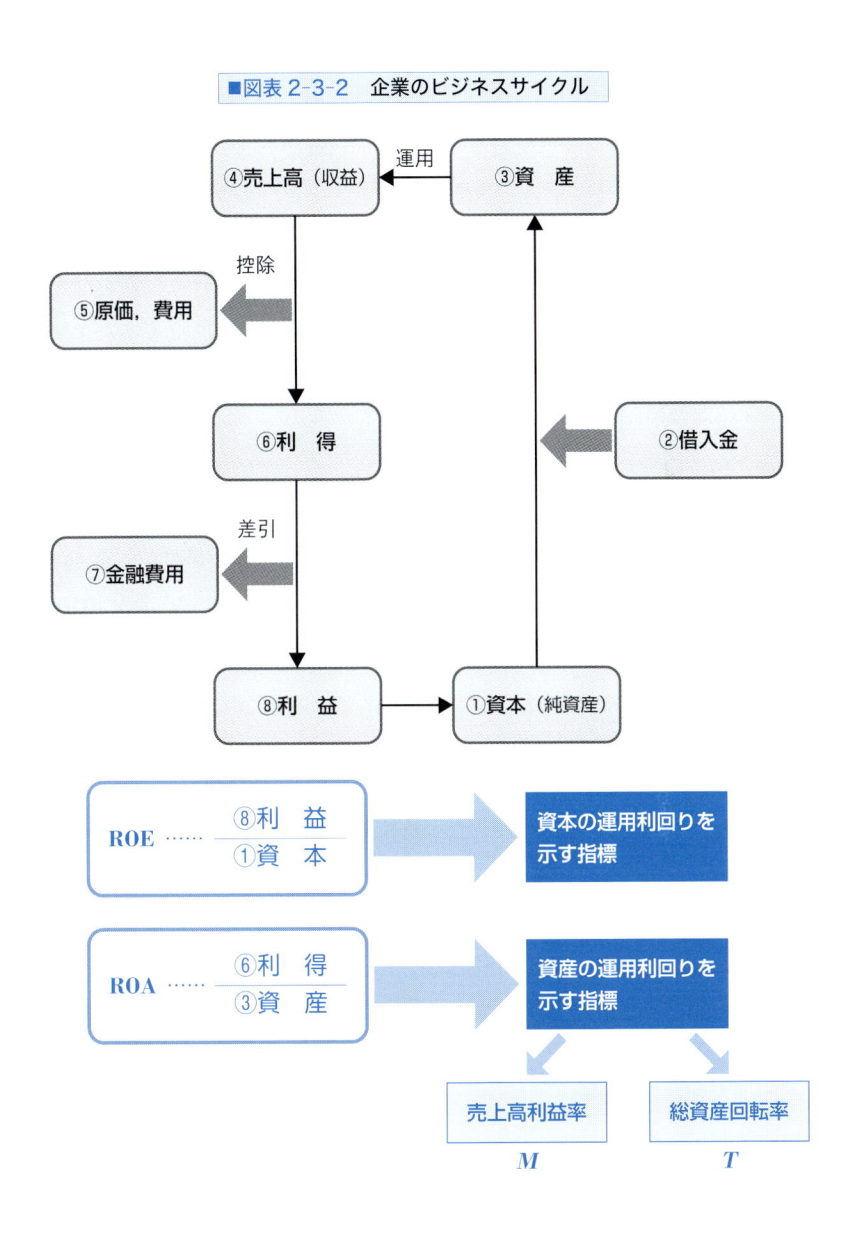

■図表 2-3-2　企業のビジネスサイクル

④売上高（収益）　運用　③資　産

控除

⑤原価，費用

②借入金

⑥利　得

差引

⑦金融費用

⑧利　益　→　①資本（純資産）

ROE …… ⑧利　益／①資　本　→　資本の運用利回りを示す指標

ROA …… ⑥利　得／③資　産　→　資産の運用利回りを示す指標

売上高利益率　　　総資産回転率

M　　　　　　　T

この 2 つの指標の計算式に売上高が出てくるのは，概念として売上高を介在させているからにほかなりません。売上高の役割は，別のものでも代替可能です。この点は，後で詳しく述べます。

　ROA の構成要素である M と T の意味について少しふれておきましょう。

　まず M は，利幅の大きさを示す指標です。利幅は大きいほうが良いといわれることがありますが，利幅の大きさは，企業のビジネスの内容によって変わってきます。一方，T は，総資産に対してどのくらいの売上高を獲得したか，すなわち資産の回転状況を示す指標です。T もまた高ければ高いほど良いといわれることがあります。しかしながら，資産の回転状況もまた企業のビジネスの内容によって変わってくるものです。すなわち，M と T の高い低いはビジネスの内容によって変わってくるものなので，高いから良いと評価することはできない指標なのです。

　図表 2-3-4 に全産業，製造業，非製造業の ROA，M，T を示しています。これをみると製造業は M が高く，非製造業は T が高いことがわかります。つまり，製造業は高い M と低い T で，非製造業は低い M と高い T で ROA を実現しているのです。M や T は収益性の良し悪しは評価する指標はなく，事業の特性を示す指標だということができます。

2.4　利幅とは何か，どうやって測定するのか

　まず，ROA を構成する M，すなわちマージン（利幅）についてみていきましょう。財務比率でいうと売上高利益率（以下に述べるさまざまな売上高利益率の総称としてこの語を用います）という指標になります。利益を分子，売上高を分母とする売上高利益率という指標には，売上高総利益率，売上高営業利益率，売上高経常利益率などさまざまなものがあります。これらをどのように用いて評価をすればよいのでしょうか。

　利幅 M が，ROA の分析指標の一つであることは既にみました。この M を頂点とする利幅の分析体系を考えればそれぞれの指標を評価しやすくなります。M を頂点とする利幅の分析体系を図表 2-4-1 に示しました。

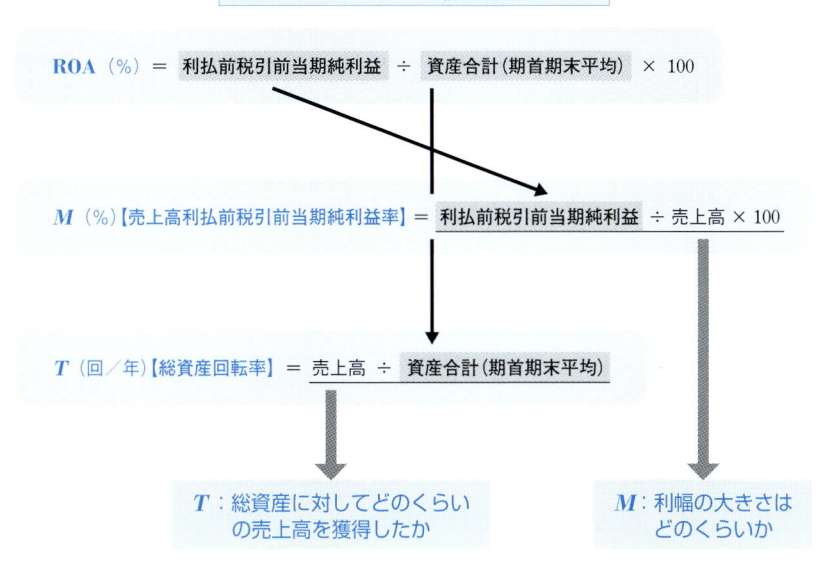

■図表 2-3-3　ROA の構成要素 M と T

$$\text{ROA (\%)} = \text{利払前税引前当期純利益} \div \text{資産合計(期首期末平均)} \times 100$$

$$M\text{(\%)}【\text{売上高利払前税引前当期純利益率}】 = \text{利払前税引前当期純利益} \div \text{売上高} \times 100$$

$$T\text{(回／年)}【\text{総資産回転率}】 = \text{売上高} \div \text{資産合計(期首期末平均)}$$

T：総資産に対してどのくらい
　の売上高を獲得したか

M：利幅の大きさは
　　どのくらいか

■図表 2-3-4　全産業，製造業，非製造業の ROA の構造

		1975-1989年	1990-1999年	2000-2017年	1975-2017年
全産業	ROA	6.40%	3.80%	3.40%	4.60%
	M	4.50%	3.30%	3.40%	3.90%
	T	1.44	1.12	1.01	1.19
製造業	ROA	7.20%	4.20%	3.90%	5.10%
	M	5.90%	4.00%	4.00%	4.70%
	T	1.23	1.05	0.97	1.08
非製造業	ROA	6.00%	3.60%	3.20%	4.30%
	M	3.80%	3.10%	3.20%	3.40%
	T	1.57	1.16	1.03	1.25

（出所）　法人企業統計年報より筆者作成

売上高利払前税引前当期純利益率（M）は，売上高税引前当期純利益率（①）と売上高金融費用率（②）の和です。M を評価する場合，M を①と②に分解して，M の上昇，低下の原因を示せば，M の変動理由を明確に示すことができます。

売上高税引前当期純利益率（①）は，売上高経常利益率（③）に売上高特別利益率（④）を加え，売上高特別損失率（⑤）を控除したものです。①を評価する場合，①を③，④，⑤に分解して，①の上昇，低下の原因を示せば，①の変動理由を明確に示すことができます。

売上高経常利益率（③）は，売上高営業利益率（⑥）に売上高営業外収益率（⑦）を加え，売上高営業外費用率（⑧）を控除したものです。③を評価する場合，③を⑥，⑦，⑧に分解して，③の上昇，低下の原因を示せば，③の変動理由を明確に示すことができます。

売上高営業利益率（⑥）は，売上高総利益率（⑨）から，売上高販売費及び一般管理費率（⑩）を控除したものです。⑥を評価する場合，⑥を⑨，⑩に分解して，⑥の上昇，低下の原因を示せば，⑥の変動理由を明確に示すことができます。⑩はさらに細かく分析ができるので，それを行うことで⑥の変動理由をさらに細かく分析してみることが可能になります。

売上高総利益率（⑨）は，1から売上高原価率（⑪）を控除したものです。⑪はさらに細かく分析できるので，それを行うことで⑨の変動理由を細かく分析することが可能になります。

売上高利益率は，収益性の評価の現場で非常によく利用されています。しかし，売上高利益率が収益性そのものを表しているのではなく，売上高利益率は企業が行う事業の特性を示す指標であることをきちんと認識して用いないと企業の収益性を正しく評価することはできません。M と T を掛け合わせた ROA が収益力を示しているので，M は ROA の変動原因を特定するために用いるべき指標なのです。売上高利益率を用いて企業の収益性を測定，評価することはできません。

M はいずれも売上高を分母とする指標になっていますが，これが唯一の計算方法ではありません。収益認識の方法が変わり，売上高を用いるのが難しいのであれば計算方法を変えればよいのです。

売上高利払前税引前当期純利益率（M）					
＋	売上高金融費用率（②）				
＋	売上高税引前当期純利益率（①）				
	＋	売上高特別利益率（④）			
	－	売上高特別損失率（⑤）			
	＋	売上高経常利益率（③）			
		＋	売上高営業外収益率（⑦）		
		－	売上高営業外費用率（⑧）		
		＋	売上高営業利益率（⑥）		
			－	売上高販売費および一般管理費率（⑩）	
			＋	売上高総利益率（⑨）	
				－	売上高原価率（⑪）
				＋	1

Column 2.3 ● 外掛けの利幅と内掛けの利幅

　利幅とは，財務比率の名前でいうと売上高利益率ということになります。しかし，販売する商品や製品についての利幅を考えると，その測定方法は必ずしも１つではありません。

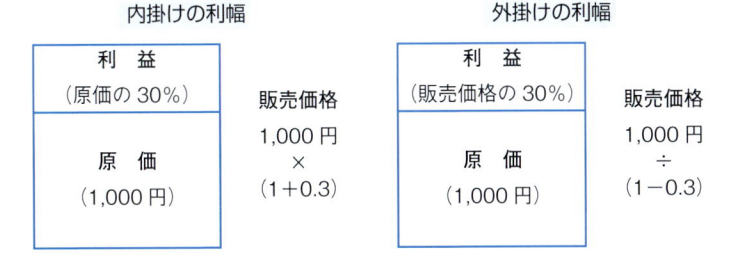

　原価 1,000 円に対して 30％の利益を設定する方法には，外掛けと内掛けの 2 つの方法があります。外掛けとは，販売価格を基準にして利益を設定していく方法のことで，原価÷(1－0.3)＝販売価格という計算式で販売価格を計算します。内掛けとは，原価を基準にして利益を設定していく計算式のことで，原価×(1＋0.3)＝販売価格という計算式で販売価格を計算します。財務比率として用いられているのは外掛けの利幅です。

さて，次に日本企業の ROA，M，T の状況を具体的にみてみることにしましょう。法人企業統計年報のデータを使って 2017 年度における日本企業の産業ごと（全産業，製造業，非製造業を含む 27 業種）の ROA，M，T を示したのが，図表 2-4-2 です。ただし，ROA は総資産営業利益率，T は総資産回転率，M は売上高営業利益率を代理変数として用いています。総資産営業利益率，総資産回転率，売上高営業利益率といった指標については計算結果が準備されているので，それを用いて示しています。また，この表は売上高営業利益率（M）の高い順に業種をランキングして表示しています。

これをみると，M が高い業種は，不動産業・物品賃貸業，情報通信業，化学工業，はん用機械器具製造業，サービス業であることがわかります。これらの業種は ROA のもう一方の要素である総資産回転率（T）が低い業種であることもわかります。したがって，これらの業種は，高い M と低い T によって ROA を生み出している業種だということができます。

また，M のランキングが高い業種が必ずしも，ROA のランキングが高い業種ではないこともわかります。これをみても M の高さが収益性や収益力の高さを表すものではないことが確認できます。

各産業に含まれる企業の社数や企業の規模が異なるので，業種ごとに細かくみてもわかりにくい部分はありますが，ランキングにおける全産業，製造業，非製造業の位置関係をみると，イメージしやすいと思います。

さらに，売上高営業利益率の構造を業種ごとにみてみましょう。紙幅の関係で表をすべて示すことはできませんので，全産業，製造業，非製造業のみについて売上高営業利益率の構造を示したのが図表 2-4-3 です。この表は，売上高営業利益率の数値を売上高原価率と売上高販売費及び一般管理費率（以下，売上高販管費率と呼びます）によって説明しています。

この表をみると，全産業では売上高原価率が 75.0 ％，売上高販管費率が 20.6 ％であるから，売上高営業利益率は 4.4 ％であったことがわかります。原価と販管費部分の内訳で示すと，売上高原価率が 78.4 ％，売上高販管費率が 21.6 ％となり，原価と販管費の割合は 78：22 であったことがわかります。製造業について同様にみると売上高原価率が 77.9 ％，売上高販管費率が 17.0 ％であるから，売上高営業利益率は 5.1 ％であって，原価と販管費の割合は

■図表 2-4-2　産業別の ROA, M, T（2017 年度）

分　類	業　種	ROA (総資産営業利益率)		T (総資産回転率)		M (売上高営業利益率)	
		順位	値 (%)	順位	値 (回 / 年)	順位	値 (%)
非製造	不動産業，物品賃貸業	21	2.9	27	0.3	1	11.3
非製造	情報通信業	1	8.4	11	0.9	2	9.6
製　造	化学工業	2	6.0	24	0.7	3	8.9
製　造	はん用機械器具製造業	4	5.5	17	0.8	4	6.7
非製造	サービス業	16	3.6	25	0.5	4	6.7
製　造	電気機械器具製造業	6	4.8	19	0.8	6	5.8
製　造	製造業	9	4.4	11	0.9	7	5.1
製　造	窯業・土石製品製造業	16	3.6	23	0.7	8	5.0
製　造	情報通信機械器具製造業	11	4.1	19	0.8	8	5.0
製　造	その他の製造業	8	4.5	9	0.9	8	5.0
製　造	輸送用機械器具製造業	7	4.7	7	1.0	11	4.9
非製造	ガス・熱供給・水道業	14	3.8	21	0.8	11	4.9
非製造	電気業	24	2.2	26	0.5	13	4.5
製　造	全産業	13	3.9	9	0.9	14	4.4
製　造	金属製品製造業	10	4.3	6	1.0	14	4.4
非製造	建設業	5	5.4	3	1.3	16	4.2
非製造	非製造業	15	3.7	8	0.9	17	4.1
製　造	非鉄金属製造業	18	3.2	16	0.8	18	3.8
製　造	食料品製造業	12	4.0	4	1.1	19	3.5
製　造	石油製品・石炭製品製造業	3	5.6	2	1.7	20	3.3
製　造	鉄鋼業	22	2.7	17	0.8	21	3.2
製　造	印刷・同関連業	23	2.6	11	0.9	22	3.0
製　造	木材・木製品製造業	18	3.2	5	1.1	23	2.9
製　造	パルプ・紙・紙加工品製造業	25	2.1	11	0.9	24	2.4
非製造	卸売業，小売業	20	3.0	1	1.8	25	1.7
製　造	繊維工業	26	1.2	21	0.8	26	1.5
非製造	農林水産業	27	1.0	15	0.9	27	1.2

（出所）　法人企業統計より筆者作成

82：18であったことがわかります。非製造業は売上高原価率が73.9％，売上高販管費率が21.9％であるから，売上高営業利益率は4.1％であって，原価と販管費の割合は77：23であったことがわかります。

つまり，製造業は比較的に高い売上原価率と比較的に低い売上高販管費率によって売上高営業利益率を実現しており，非製造業は逆に比較的に低い売上原価率と比較的に高い売上高販管費率によって売上高営業利益率を実現していることがわかります。売上高販管費率が高いのはより消費者に近いビジネスを行っている企業でもあります。

このように，Mを構成要素に分析してみると，産業ごと，企業ごとの特性を明らかにすることができます。

2.5 回転とは何か，どうやって測定するのか

図表2-5-1に法人企業統計年報のデータを使って算出した売上高営業利益率（M）と総資産回転率（T）の関係を散布図で示しました。これをみると，基本的にはTが高い業種はMが低く，Mが高い業種はTが低いことがわかります。近似直線を入れておきましたがこれをみてもMとTは逆相関の関係にあることがわかります。また，このグラフでは，近似直線のような斜めの線がROAを示すことになりますが，ほとんどの業種が比較的狭い幅の帯域に含まれているのをみるとROAの値はそれほど違わないもののMとTは業種ごとに大きな差があることがわかります。

T，すなわちターンオーバー（回転）というのは，このような物が入れ替わる様を指しています。回転の速さを測定する指標として回転率とか回転期間があります。もっともわかりやすい例は商品や製品の回転でしょう。商品回転率とか製品回転期間は，商品や製品の入れ替わる速さを示す指標です。

資産の回転の状況は，売上高を資産合計で除した値，すなわち総資産回転率によって測定することができます。ROAを利幅と回転の概念に分解してみるためにROAを図表2-5-2のように分解します。

P/SがROAの一方の要素である売上高利益率であり，S/Aが総資産回転率

■図表 2-4-3　全産業，製造業，非製造業の売上高営業利益率の構造（2017 年度）

	売上高営業利益率		売上高原価率		売上高販売費および一般管理費率	
	順位	値	順位	値	順位	値
全産業	15	4.4%	17	75.0%	10	20.6%
製造業	7	5.1%	11	77.9%	19	17.0%
非製造業	17	4.1%	20	73.9%	9	21.9%

（注）　売上高販売費および一般管理費率が高い業種としては，サービス業，情報通信業，不動産業・物品賃貸業，ガス・熱供給・水道業などがある。一方，売上高原価率が高い業種としては，石油製品・石炭製品製造業，非鉄金属製造業，鉄鋼業，電気業などがある。

（出所）　法人企業統計より筆者作成

■図表 2-5-1　業種ごとの M と T の状況（2017 年度）

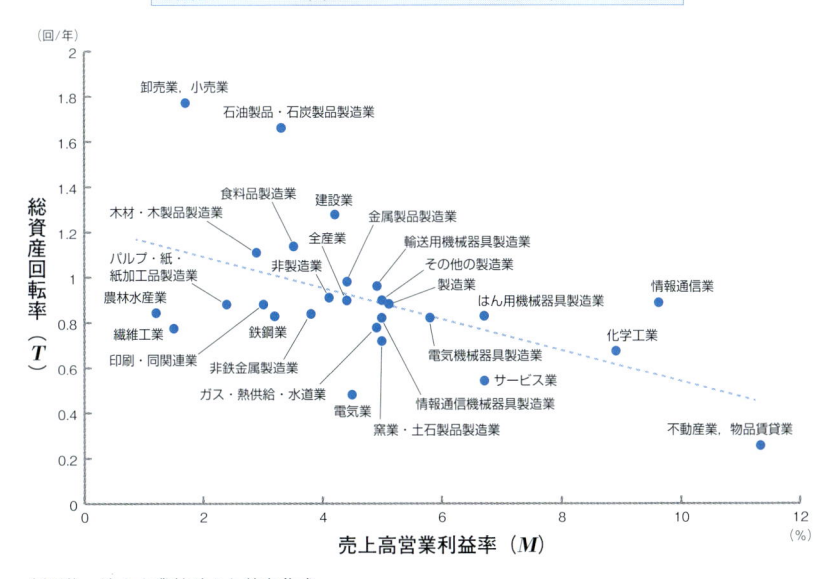

（出所）　法人企業統計より筆者作成

です。このように ROA の分析指標の一つとして回転をみる場合は総資産回転率を用いなければなりません。似たような指標として総資産回転期間がありますが，これは ROA の分析指標にはなりえません。

　しかし，資産の回転の状況を資産ごとの回転の状況に分解してみたい場合には，用いるべき指標が変わってきます。総資産回転率は，資産ごとの回転の状況に分解することができないからです。資産の回転の状況を資産ごとの回転の状況に分解してみる場合には，総資産回転期間を用います（図表 2-5-3）。このようにすることで総資産の回転の状況と各資産の回転の状況を関連づけてみることができるようになります。総資産回転率と総資産回転期間は，図表 2-5-4 のような関係にあります。この 2 つの指標は状況に応じて使い分けるべきものです。ROA の要素としてみる場合は総資産回転率を用い，それを資産ごとの回転の状況につなげて分析を行う場合には，総資産回転率を総資産回転期間に変換して用いるのです。

　入れ替わる状況及び測定方法についての考え方は前述のとおりです。図表 2-5-5 に示した水槽の例を使って回転について説明してみましょう。100 リットルの水槽に水を入れる蛇口と水を出す蛇口が着いているものとします。水を入れる蛇口からは毎分 20 リットルの水を入れることができるようになっているとすると 5 分で水槽をいっぱいにすることができます。一方，いっぱいになった水槽の水を出すほうの蛇口から出してやるとすると 4 分で水を出し切ることができます。

　総資産回転期間の分析指標として各資産の回転期間を考えることができるのは既に述べたとおりですが，実際に回転を考えることのできる資産は流動資産の一部であって，すべての資産ではありません。

　具体的には，水槽の例に示したような回転という状況を想定できるのは，現金及び預金，売上債権，棚卸資産であって，これ以外の資産は回転しているわけではありません。恒常的に出入りがあって，常に入れ替わっている資産は，せいぜい現金及び預金，売上債権，棚卸資産といった資産ということになります。

　次に売上債権と棚卸資産の資産の回転について考えてみましょう。

　売上債権の場合は，契約時に売上債権として発生したものが入ってくる量

■図表 2-5-2　ROA の分解

$$\mathbf{ROA} = M \times T$$
$$= \frac{P}{S} \times \frac{S}{A}$$

ただし，P：利益，S：売上高，A：資産合計

■図表 2-5-3　総資産回転期間

総資産回転期間
　　＝（1/月平均売上高）×（現金及び預金 ＋ 売上債権 ＋ 棚卸資産
　　　　　　　　　　　　　　＋ その他の流動資産 ＋ 有形固定資産
　　　　　　　　　　　　　　＋ 無形固定資産 ＋ 投資その他の資産
　　　　　　　　　　　　　　＋ 繰延資産）

■図表 2-5-4　総資産回転期間と総資産回転率の関係

$$総資産回転期間（月）＝ \frac{12}{総資産回転率（回／年）}$$

■図表 2-5-5　水槽の例

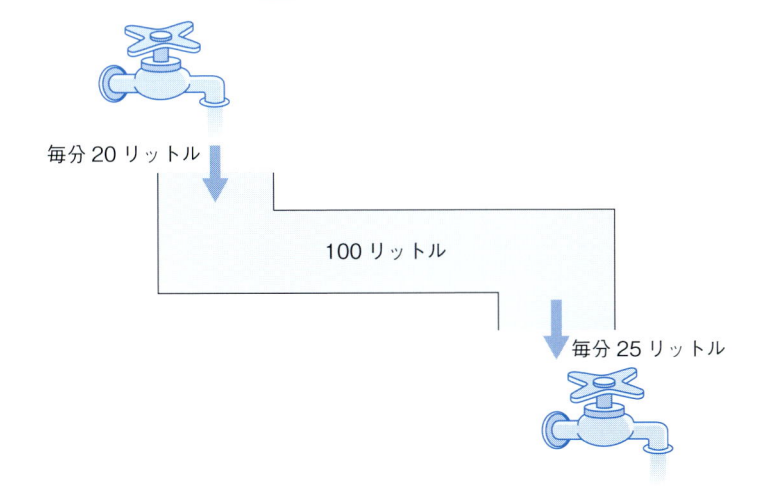

毎分 20 リットル

100 リットル

毎分 25 リットル

になります。入ってくる量は売上高です。出ていく量は売上債権が決済されて現金に変わる量になります。それゆえ，回転の速さを売上高を用いて測定することは理にかなった考え方です。

棚卸資産の場合，最もイメージしやすい商品で考えると入ってくる量は商品仕入高になります。出ていく量は商品が販売された量ですが，その金額は売上高の金額でなく売上原価になります。棚卸資産の場合には，売上高によって実際の回転の状況を考えることはできません。棚卸資産の場合には売上高によって把握したものは，売上高に対してどのくらいの量であるかを示しているだけで回転の状況をみていることにはなりません。しかし，総資産回転期間の分析指標は棚卸資産回転期間，すなわち売上高で把握したものなので，これを実際の回転の状況とつなぐ必要があります。図表2-5-6のように考えることで，両者をつなぐことができます。このようにすることで，棚卸資産回転期間と棚卸資産の回転状況をつないで考えることができます。

最後に，有形固定資産の回転について考えてみましょう。既にみたように有形固定資産は棚卸資産のように回転はしません。しかし，回転しない有形固定資産を回転させるための手続きが減価償却です。すなわち，減価償却を行うことで有形固定資産が部分的に費用化され，疑似的に回転していくのです。有形固定資産は減価償却の手続きによって疑似的に回転します。それゆえ有形固定資産についても回転を考えることができるのです。

つまり，回転の状況は入ってくる量と出ていく量の2つの物差しで測定することができるのです。

2.6 おわりに

本章では，企業の収益性とはどのようなもので，どのように測定するのかをみてきました。企業の収益性を測定する指標はROEであることを説明しました。しかし，ここで説明してきたROEは，分子を税込みベースの当期純利益とするROE（税込みベース）であって，税引後当期純利益を分子とする一般的なROEとは異なるものです。最後になりましたが，この理由を説

　総資産営業利益率のことを総資本営業利益率，総資産回転率のことを総資本回転率
と呼ぶことがあります。それぞれ同じものを示しているので，総資本を総資産と読み
替えて用いればとくに問題はありません。しかしながら，言葉の由来については知っ
ておくほうがよいので，簡単に説明しておきます。

　貸借対照表の右側を他人資本と自己資本とした場合には，貸借対照表の右側，左側
の合計を総資本と呼びます。一方，貸借対照表の右側を負債と資本とした場合には貸
借対照表の右側の合計は負債・資本合計であり，貸借対照表左側の合計は総資産と呼
びます。

　つまり総資本と総資産は同じものを示す2つの呼び名ということになります。他人
資本，自己資本，総資本という呼び方はドイツから，負債，資本，総資産という呼び
方は米国から来たものです。日本では両者を混在させて使われていますが，これは厳
密には正しい使い方ではありません。

■図表 2-5-6　棚卸資産回転期間と棚卸資産の回転状況

棚卸資産回転期間
$$= 棚卸資産在庫期間 \times 売上高原価率$$
$$= \frac{棚卸資産}{月平均売上原価} \times \frac{月平均売上原価}{月平均売上高}$$

Column 2.5 ● EBITDA とは

　EBIT と似た言葉に EBITDA があります。EBITDA は，Earnings Before Interest Taxes
Depreciation and Amortization の略で，日本語でいうと利払前税引前償却前当期純利益
になります。簡単にいうと EBIT に減価償却費を戻し入れたものになります。減価償
却費は利益ではありませんから，EBITDA は利益概念の指標ではありません。利益と
同等に扱うことはできないものなのです。

　しかし，この EBITDA を回収額として扱えるケースが1つだけ存在します。それは，
設備投資のリターンを考えるときです。設備投資を行うと，新たな購入設備は資産に
計上されます。しかし，購入した設備は購入時点から複数期間にわたって利用してい
くもので，その期間には，減価償却の対象になります。それゆえ，この購入資産につ
いてのリターンを考えるとき，計算の分母は，資産の購入額＋減価償却費で計算する
ことになります。このため，これに対する分子の利益もまた利益＋減価償却費とする
必要があります。この場合に分子に用いる利益が EBITDA なのです。

明しておきます。

　何度も述べてきたように，企業は出資者から預かった資本を運用するための組織ですから，その運用成果は資本に対する最終的な利益の割合，すなわちROEによって測定し評価すべきものです。このように考えると企業の収益性の測定指標は，税引後当期純利益を分子とする一般的なROEになります。しかし，ROEの良し悪しを評価するためにROEを構成要素に分解して考えるためには，税込みベースの当期純利益とするROE（税込みベース）を認識しておく必要があります。税込みベースの当期純利益とするROE（税込みベース）でないと分解してみていくことができないからです。また，ROEの分母は，現在の制度下では純資産になるべきですが，本章では旧来の呼び方である「資本」を用いています。これは，純資産が旧来の資本と異なり資本概念以外のものを含んでいるため，ROEやその分析指標を概念的に説明するのに適さないと考えたからです。

　いずれにせよ，企業の目的は高い収益性の実現とそれを持続していくことです。企業の収益性の測定指標はROEですから，企業は高いROEの実現とその持続を目指さなければなりません。我々は，企業の収益性をROEによって測定し，それを分析することによって，望ましいのか，そうでないのか，望ましくないとすればどのような点を改善していけばよいのかを評価していくことになります。

　まず，ROEをきちんと測定することが重要です。次には，ROEを評価するためにROEを分析していくことが必要になります。

　本章では，ROEを分析するための手続及び考え方について説明してきました。ここに示した考え方を理解していただければ，ROEがどのような意味を持つ指標なのか，どのように評価すればよいかが明確になります。ROEが正しく理解され，正しく評価されなければ日本企業のROEをかつての水準まで上昇させることはきわめて難しいと言わざるをえません。正しくROEを評価し，日本企業のROEを再び高い水準に引き上げる努力が必要といえます。

第3章

キャッシュ・フロー計算書

第1章では，財務諸表の中で代表的なものとして，貸借対照表について解説しましたが，本章ではキャッシュ・フロー計算書について焦点を当てます。キャッシュ・フロー計算書の有用性を示し，その活用方法についても解説します。

　最初に，キャッシュ・フロー計算書の導入をめぐる背景や目的などを概説します。続いて，キャッシュ・フロー計算書に何が書かれているのかについて説明します。三番目にキャッシュ・フロー計算書の表示形式についてみます。四番目には，キャッシュ・フロー計算書の作成方法について紹介します。そして最後にキャッシュ・フロー計算書はどのように役立てることができるのかについて述べ，キャッシュ・フロー計算書の効用と有用性を明らかにして，本章の結びとします。

3.1　キャッシュ・フロー計算書導入の背景と目的

　キャッシュ・フロー計算書は，1997年の「連結財務諸表の見直しに関する意見書」の公表に伴い2000年3月期から，金融商品取引法の適用を受ける上場会社に作成・開示が義務づけられた財務諸表です。現在，国内法人に作成が義務付けられている帳票類は，図表3-1-1 に示したとおりです。

　導入の背景としては，企業の破綻が増加していた時期であり（図表3-1-2），損益計算書に表示された利益に対する信頼性が低下したため，利益に代わる信頼に足る指標としてキャッシュ・フロー計算書の数値が注目されたということが，考えられます。しかし，非上場会社に対してはキャッシュ・フロー計算書の作成は義務づけられてはいません。

　米国では日本よりも13年早く1987年に米国の財務会計基準書第95号「キャッシュ・フロー計算書（Statement of Cash Flow）」（SFAS95）によりキャッシュ・フロー計算書が制度化されました。日本より明確に支払能力の評価が目的として示されています。しかし，求められていたのは，オリジナルな情報というより，貸借対照表や損益計算書の情報への何らかの追加的な情報であったと考えられます。

■図表 3-1-1　会社が作成しなければならない帳票類

名　称	財務諸表	計算書類
作成が必要な帳票	賃借対照表 損益計算書 株主資本等変動計算書 キャッシュ・フロー計算書 附属明細書	貸借対照表 損益計算書 株主資本等変動計算書 個別注記表
対象となる会社	上場企業	上場・非上場問わず
根拠となる法律	金融商品取引法	会社法

■図表 3-1-2　企業倒産件数の推移

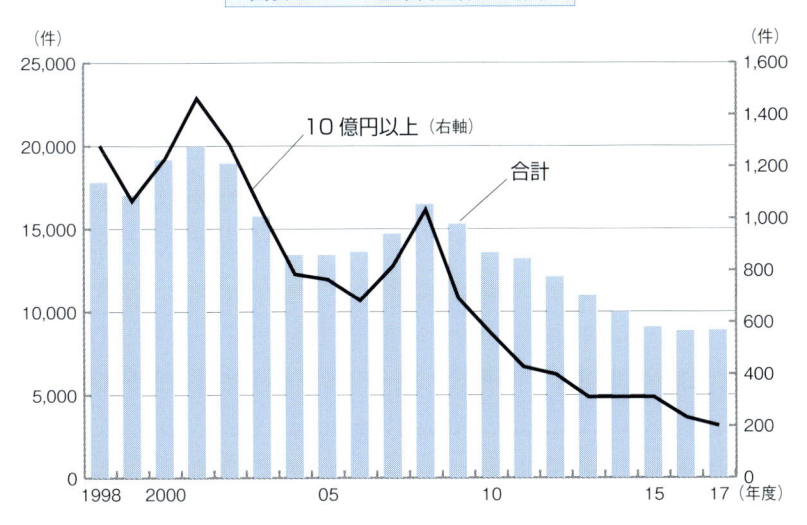

（注）「合計」はすべての規模企業合計，「10億円以上」は10億円以上の企業のみの合計を示している。

（出所）『企業倒産調査年報』（財企業共済協会）負債規模別・業種別（大分類）倒産件数の年度別推移データ（http://ri.bmaa.jp/home/kigyou-tousan-chousa-geppou）より筆者作成

3.2 キャッシュ・フロー計算書に示されているもの

　ここでは，キャッシュ・フロー計算書にどのような数値が示されているのかについてみていきます。

　前述のごとく，キャッシュ・フロー計算書は支払能力の判定・判別に有用だといわれています。しかし，これは，キャッシュ・フロー計算書の効用と呼ぶべきものであって，ここではそのような効用をもたらすキャッシュ・フロー計算書に示されているものは何かという点についてみていきます。

　キャッシュ・フロー計算書は，身近なものにたとえるとお小遣い帳あるいは家計簿のようなものということができます。お小遣い帳は，自分のお財布の中のお金の出入りを記録したもの，家計簿は1つの家族，家庭のお財布の中のお金の出入りを記録したものです。キャッシュ・フロー計算書は，企業などの組織のお金の出入りを記録したものということができます。

　しかし，これだけではキャッシュ・フロー計算書を正確に表現できているとはいえません。キャッシュ・フロー計算書をよくみると必ず期間が表示されています（図表3-2-1参照）。すなわち，キャッシュ・フロー計算書はある期間における企業などの組織のお金の出入りを記録したものなのです。お金は，言い換えると決済手段です。キャッシュ・フロー計算書は決済手段の増減内容を示すものということができます。

　決済手段は，具体的にいうと貸借対照表に示されている現金を指しています。後でも述べていますが，キャッシュ・フロー計算書は，貸借対照表の現金の部分（厳密にいうと，現金及び現金同等物の増減とされているのでやや広い概念になります）の増減理由を示した表ということができます。

　また，キャッシュ・フロー計算書の営業活動からのキャッシュ・フローの部分は，営業活動に関わる収入と支出，あるいは収支差額を示したものなので，営業活動に関わる収益と費用を示した表である損益計算書と密接な関係を持った表ということができます。これらの関連性については後で説明します。

【トヨタ自動車，2018 年 3 月期連結キャッシュ・フロー計算書】

(単位：百万円)

	前連結会計年度 (2017 年 3 月 31 日 に終了した 1 年間)	当連結会計年度 (2018 年 3 月 31 日 に終了した 1 年間)
営業活動からのキャッシュ・フロー		
非支配持分控除前当期純利益	1,926,985	2,586,106
営業活動から得た現金〈純額〉への		
減価償却費	1,610,950	1,734,033
資産及び負債の増減ほか		
受取手形及び売掛金の増加	△ 264,784	△ 105,435
たな卸資産の増加	△ 246,326	△ 171,148
支払手形及び買掛金の増加	145,957	46,648
未払法人税等の増加・減少〈△〉	△ 121,032	238,753
営業活動から得た現金〈純額〉	3,414,237	4,210,009
投資活動からのキャッシュ・フロー		
金融債権の増加	△ 13,636,694	△ 15,058,516
金融債権の回収	12,885,944	14,013,204
金融債権の売却	42,037	33,108
有形固定資産の購入〈賃貸資産を除く〉	△ 1,223,878	△ 1,291,117
有形固定資産の売却〈賃貸資産を除く〉	41,238	71,820
有価証券及び投資有価証券の購入	△ 2,517,008	△ 3,052,916
有価証券及び投資有価証券の売却	260,039	275,574
有価証券及び投資有価証券の満期償還	1,641,502	2,247,964
投資活動に使用した現金〈純額〉	△ 2,969,939	△ 3,660,092
財務活動からのキャッシュ・フロー		
長期借入債務の増加	4,603,446	4,793,939
長期借入債務の返済	△ 3,845,554	△ 4,452,338
短期借入債務の増加	273,037	347,738
当社普通株主への配当金支払額	△ 634,475	△ 620,698
財務活動に使用した現金〈純額〉	△ 375,165	△ 449,135
現金及び現金同等物純増加額	55,647	57,194
現金及び現金同等物期首残高	2,939,428	2,995,075
現金及び現金同等物期末残高	2,995,075	3,052,269

※ 主要な項目以外は表示を省略しています。

(出所)　トヨタ自動車ウェブサイトより
　　　　(https://www.toyota.co.jp/jpn/investors/library/negotiable/2018_3/)

3.3 キャッシュ・フロー計算書の活動区分

　さて，次はキャッシュ・フロー計算書の形式についてみておきましょう。

　キャッシュ・フロー計算書は，現金同等物の増減を営業活動によるキャッシュ・フロー，投資活動によるキャッシュ・フロー，財務活動によるキャッシュ・フローの3つに区分して表示します。営業活動によるキャッシュ・フローとは，「企業が外部からの資金調達に頼ることなく，営業能力を維持し，新規投資を行い，借入金を返済し，配当金を支払うために，どの程度の資金を主たる営業活動から獲得したかを示す主要な情報」（JICPA［1998］）であって，商品や製品の販売による収入，サービスの提供による収入，商品や原材料の仕入による支出，販売活動，一般管理活動に関わる支出など企業が経常的に行っている活動に関わる収入と支出を示した部分です。

　この部分は，損益計算書に示されている企業が経常的に行っている活動に関わる収益と費用と非常に似通った内容のものになります。しかしながら，損益計算書は発生主義に基づいて作成されており，一方でキャッシュ・フロー計算書は現金主義に基づいて作成されているので，金額の認識に時間差が生じ，この2つの表に表示される金額には違いが生じます。また，法人税等にかかる支出と収入は，営業活動によるキャッシュ・フローの区分に法人税等の支払額として示すことになっています。

　投資活動によるキャッシュ・フローとは，「将来の利益獲得及び資金運用のために，どの程度の資金を支出し又は回収したかを示す情報」（JICPA［1998］）を示した部分です。

　財務活動によるキャッシュ・フローとは，「営業活動及び投資活動を維持するためにどの程度の資金が調達又は返済されたかを示す情報」（JICPA［1998］）を示した部分です。自己株式の売却による収入も財務キャッシュ・フローに含めて表示します。

　それぞれどのような内容の数値が示されているかについては，図表3-3-1に示したとおりです。また，キャッシュ・フロー計算書に示された数値間の関係については図表3-3-2に示したようになります。

● 「営業活動によるキャッシュ・フロー」

「営業活動によるキャッシュ・フロー」の区分には，営業損益計算の対象となった取引にかかるキャッシュ・フロー，営業活動にかかる債権・債務から生ずるキャッシュ・フロー並びに投資活動及び財務活動以外の取引によるキャッシュ・フローを記載する。

● 「営業活動によるキャッシュ・フロー」

「投資活動によるキャッシュ・フロー」の区分には，①有形固定資産及び無形固定資産の取得及び売却，②資金の貸付け及び回収並びに③現金同等物に含まれない有価証券及び投資有価証券の取得及び売却等の取引にかかるキャッシュ・フローを記載する。

● 「財務活動によるキャッシュ・フロー」

「財務活動によるキャッシュ・フロー」の区分には，①借入れ及び株式又は社債の発行による資金の調達並びに②借入金の返済及び社債の償還等の取引にかかるキャッシュ・フローを記載する。

（出所）　JICPA［1998］より抜粋

■図表 3-3-2　キャッシュ・フロー計算書の数値の関係

	当連結会計年度	数値の関係
営業活動によるキャッシュ・フロー 　営業活動から得た現金 〈純額〉	XXX,XXX	①
投資活動によるキャッシュ・フロー 　投資活動に使用した現金 〈純額〉	△XXX,XXX	②
財務活動によるキャッシュ・フロー 　財務活動に使用した現金 〈純額〉	△XXX,XXX	③
現金及び現金同等物純増加額	XX,XXX	①＋②＋③， ⑤－④
現金及び現金同等物期首残高	X,XXX,XXX	④
現金及び現金同等物期末残高	X,XXX,XXX	⑤

（注）　「現金及び現金同等物」の現金とは現金と要求払預金，現金同等物とは換金が容易で可能な短期投資を指します。具体的には取得日から満期日又は償還日までの期間が３ヶ月以内の短期投資である定期預金，譲渡性預金，コマーシャル・ペーパー，売戻し条件付現先及び公社債投資信託などが含まれます（JICPA［1998］）。

3.4　キャッシュ・フロー計算書の作成方法

3.4.1　直接法，間接法とは

　キャッシュ・フロー計算書には，直接法と間接法という2通りの表示方法があり，企業が表示方法を選択できるようになっています。しかし，実態としてはほとんどの企業が間接法によりキャッシュ・フロー計算書を作成し，開示を行っています。直接法，間接法というのは営業活動によるキャッシュ・フローの表示方法のことで，直接法は営業活動によるキャッシュ・フローを総額表示で表示する方法，間接法は純額表示で表示する方法です。直接法では，営業収入，原材料又は商品の仕入れによる支出等，主要な取引ごとにキャッシュ・フローを総額表示します。間接法では，損益計算書に示された税金等調整前当期純利益に非資金損益項目，営業活動にかかる資産及び負債の増減を加減算して表示します。いずれの方法を採用しても営業活動によるキャッシュ・フローの収支差額は一致します。

　営業活動によるキャッシュ・フローを直接法で表示した場合と間接法で表示した場合の表示例を，それぞれ図表3-4-1と図表3-4-2に示します。これをみれば間接法のキャッシュ・フロー計算書では貸借対照表や損益計算書の表示項目と似た項目名が使われており，直接法のキャッシュ・フロー計算書では貸借対照表や損益計算書の表示項目とは異なる項目名が使われていることがわかります。このため，間接法のキャッシュ・フロー計算書のほうが貸借対照表や損益計算書との関連がわかりやすいと考えられているように思われます。しかし，これは間違った考え方です。

　投資活動によるキャッシュ・フローと財務活動によるキャッシュ・フローに表示される収入と支出は，原則として総額表示することになっています。たとえば，有価証券の取得にかかる支出と売却にかかる収入を相殺せずにそれぞれ総額で表示します。

　間接法という言葉を聞くと，貸借対照表や損益計算書から誘導計算により作成されるものだとイメージし易いですが，投資活動によるキャッシュ・フローと財務活動によるキャッシュ・フローが総額で表示されているのをみれ

（単位：円）

Ⅰ　営業活動によるキャッシュ・フロー	
営業収入	32,586
原材料又は商品の仕入れによる支出	−12,755
人件費の支出	−4,945
その他の営業支出	−10,757
小　計	4,129
利息及び配当金の受取額	608
利息の支払額	−305
法人税等の支払額	−2,285
営業活動によるキャッシュ・フロー	2,147

（注）　JICPA［1998］より抜粋

■図表 3-4-2　営業活動によるキャッシュ・フローの間接法による表示

（単位：円）

Ⅰ　営業活動によるキャッシュ・フロー	
税金等調整前当期純利益	3,768
減価償却費	685
のれん償却額	30
有形固定資産除却損	20
貸倒引当金の増加額	80
退職給付引当金の増加額	50
受取利息及び受取配当金	−708
支払利息	470
為替差損	10
売上債権の増加額	−869
たな卸資産の減少額	820
仕入債務の減少額	−290
未払消費税等の増加額	63
小　計	4,129
利息及び配当金の受取額	608
利息の支払額	−305
法人税等の支払額	−2,285
営業活動によるキャッシュ・フロー	2,147

（注）　JICPA［1998］より抜粋

ば，実際は直接法で作成されていると考えるのが自然です。

3.4.2 直接法と間接法の採用をめぐる議論

米国では，キャッシュ・フロー計算書を導入する際に直接法と間接法の両方を認めつつも直接法のほうが有用であるとして直接法を推奨しています。しかし，直接法を採用した場合には当期純利益と営業活動によるキャッシュ・フローの調整表を示すことを要求しており，実質的には直接法と間接法のどちらを推奨しているのか明確ではありません。実態としては米国においては間接法によるキャッシュ・フロー計算書の作成が主流になっています。

国際会計基準においては，国際会計基準第7号の改訂版である「キャッシュ・フロー計算書（Cash Flow Statements）」（改訂 IAS7）で米国と同様直接法を推奨しつつも直接法と間接法の両方を認め，選択は企業に委ねました。しかし，米国とは異なり，調整表の表示は要求していません。ただ，国際会計基準の中心である欧州においても実態としては間接法によるキャッシュ・フロー計算書の作成が主流になっています。

日本においても，直接法の有用性を認めつつも直接法と間接法の両方を認めています。調整表の表示は，要求していません。

日本の上場企業についてキャッシュ・フロー計算書を直接法で作成している会社は，図表3-4-3に示した4社だけです。日本の証券取引所に上場している銘柄数は4,000銘柄ほどなので，その割合はわずか0.1％ということになります。この背景には「キャッシュは事実であり，利益は意見である」といわれているように利益には経営者の恣意性が反映されるため，客観性に欠けており，キャッシュ・フロー情報と比べて信頼性が低いと考えられ，キャッシュ・フロー情報を用いて利益の質を確認する必要がある，との考え方があるように思われます。

間接法のキャッシュ・フロー計算書は，直接法のキャッシュ・フロー計算書に比べ情報量が少ないといわれています。情報量の少ない間接法のキャッシュ・フロー計算書が主流を占めているため「キャッシュ・フロー計算書は貸借対照表と損益計算書の従属的な位置づけに甘んじている」（上野［2001］）と指摘されていることは問題です。

■図表 3-4-3　直接法でキャッシュ・フロー計算書を作成している会社

株式コード	社　名	決算期(年/月)	上場市場
4291	JIEC	2018/03	東証 2 部
1734	北弘電社	2018/03	札証
7578	ニチリョク	2018/03	東証 2 部
4762	エックスネット	2018/03	東証 1 部

Column 3.1 ● 間接法によるキャッシュ・フロー計算書に対する批判

　損益計算書に示されている利益とキャッシュ・フロー計算書に示されている営業活動からのキャッシュ・フローとは全く異なるものです。この点についてヒースは「利益は，貨幣単位で測定された財産の変動であって［決して］お金ではない」といっています(鎌田・藤田[1982])。ところが，間接法のキャッシュ・フロー計算書では両者を必要以上に関連のあるものとして扱っており，このためキャッシュ・フロー計算書の役割が本来と異なるものとして理解されてきたように思います。

　上野［2001］では，「間接法によるキャッシュ・フロー計算書では，純利益や減価償却費などの非現金項目が現金の源泉であるかのように扱われているが，純利益や減価償却費などの非現金項目は現金の源泉ではなく，これは利用者を混乱させる考え方である」と述べられています。また，「ヒースは，間接法は致命的である。利益および減価償却費が現金の源泉であるという信じられない考え方を強いることによって利用者を混乱させている，と言っている(Heath［1981］, p.170)」とヒースも同じ立場をとっていると述べられています。

3.5 キャッシュ・フロー計算書の用途

3.5.1 キャッシュ・フロー計算書と他の財務諸表

　キャッシュ・フロー計算書の利用例についてみる前に財務諸表におけるキャッシュ・フロー計算書の位置づけ，貸借対照表や損益計算書との関係について確認しておきます。

　貸借対照表，損益計算書，キャッシュ・フロー計算書，株主資本等変動計算書という4つの基本財務諸表は，図表3-5-1に示したような関係にあります。キャッシュ・フロー計算書は，貸借対照表の資産の部に示されている現金及び現金同等物の増減理由を収入と支出の面から説明する資料です。現金及び現金同等物を増加させる収入と現金及び現金同等物を減少させる支出は，営業活動によるキャッシュ・フロー，投資活動によるキャッシュ・フロー，財務活動によるキャッシュ・フローの3つの活動に整理されて表示されます。

　損益計算書は，貸借対照表の純資産の部に示されている留保利益の増減理由を収益と費用の面から説明する資料です。純利益を増加させる収益と純利益を減少させる費用を示し，営業活動に関わる利益（営業利益），経常的な活動に関わる利益（経常利益）を計算し，臨時的な損益，法人税などを加減算して当期（純）利益が計算されます。当期（純）利益は純資産の留保利益に加算されます。

　株主資本等変動計算書は，損益計算書に示された利益以外による株主資本の増加を説明するための資料です。資本の部が純資産の部に変わり，損益計算書で説明される留保利益の増減以外の理由による純資産の増減が増えたため株主資本等変動計算書が必要になりました。

　また，キャッシュ・フロー計算書の営業活動によるキャッシュ・フローと損益計算書はともに企業の経常的な活動に関わる数値を示しているという点で，密接な関係にあります。営業活動によるキャッシュ・フローに示された収入は損益計算書に示された収益の回収額，営業活動によるキャッシュ・フローに示された支出は損益計算書に示された費用の支払額ですから，両者は原因と結果の関係にあるということができます。

■図表 3-5-1　貸借対照表，損益計算書，キャッシュ・フロー計算書の関係

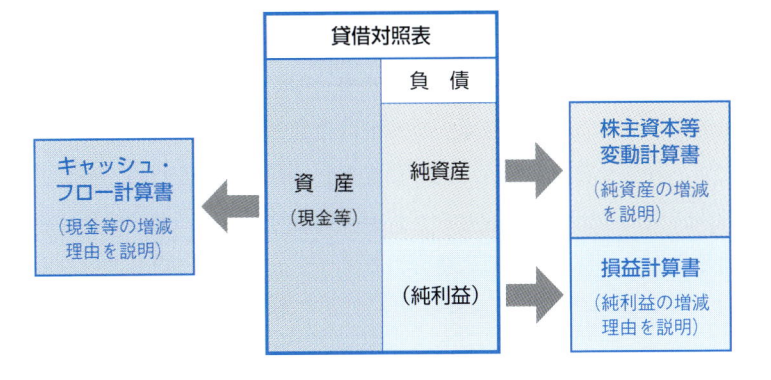

Column 3.2 ● キャッシュ・フロー計算書と損益計算書の関係

　損益計算書に示された売上高（収益）は，企業が顧客と契約を結んだ時点で認識されます。企業は契約を締結すると顧客に請求書を発行し，請求金額を未収分として認識します。顧客は請求書を受け取った一定期間後に請求書の金額を支払いますが，企業は顧客から支払額を受け取った時点で収入を認識します。したがって，収益と収入は原因と結果の関係にあり，後からみると両者の金額は一致するはずです。ところが，時間（期間）の概念を入れる両者の金額は一致しなくなります。ある企業のある決算期における収益と収入の金額は一致しないのが一般的です。

　収入と収益の関係は，次の式で示すことができます。

> 収入 ＝ 期首の未収分 ＋ 収益 － 期末の未収分
> 　　 ＝ 収益 － 未収分の増加

　支出と費用についても同様に考えることができます。ゆえに，収入と収益，支出と費用の関係をまとめると次のように示すことができます。

> 収支 ＝（収益－費用）－ 未収分の増加 ＋ 未払分の増加
> 　　 ＝ 利益 － 未収分の増加 ＋ 未払分の増加

　これが，直接法と間接法のキャッシュ・フロー計算書の関係です。

3.5.2 流動性（支払能力）の評価 1

　企業会計審議会が 1998 年に公表した意見書では，キャッシュ・フロー計算書の作成目的は，「企業集団の一会計期間におけるキャッシュ・フローの状況を報告するため」とされています。また，資金情報を開示する資金収支表に代えて導入された財務諸表とされています（BAC［1998a］）。

　本来的にはキャッシュ・フロー計算書は企業の持続可能性の評価に用いるものです。収益や費用が発生主義で測定されるものであるため，現金主義により収入，支出の実態を把握したうえで両者を対比することで持続可能性を評価することになります。この場合，キャッシュ・フロー計算書でみるべき部分は，営業活動によるキャッシュ・フロー（以下，CFO：Cash Flow from Operating Activities）の部分になります。

　CFO がプラスに保たれていれば支払能力あり，マイナスに陥ってしまった場合は支払能力に問題があると評価します。つまり，事業に関わる支出を事業に関わる収入で賄えているかどうかをみるわけです。支出が収入で賄えていない場合は事業を続ければ続けるほど赤字が増える計算になります。

　2018 年 6 月 22 日に会社更生法を申請し破綻した日本海洋掘削（株）（以下，日本海洋掘削）の売上高，利益，CFO，投資活動によるキャッシュ・フロー（以下，CFI：Cash Flow from Investing Activities），財務活動によるキャッシュ・フロー（以下，CFF：Cash Flow from Financing Activities）などの推移を示したのが，図表3-5-2 です。これをみると，経常利益，当期純利益は，この間に大幅に減少しており，2016 年 3 月期以降はマイナスに陥ってしまっています。業績面では，2016 年 3 月期〜 2018 年 3 月期については非常に悪い状況であったとみることができます。

　一方で，CFO をみると，2016 年 3 月期はプラスの値になっており，この期について利益は赤字であったが支払能力に関しては問題がなかったということができます。2017 年 3 月期，2018 年 3 月期は，CFO がマイナスになっているので，この 2 期については支払能力に問題があったとみなければなりません。とくに 2017 年 3 月期から 2018 年 3 月期にかけて CFO のマイナス額は大きくなっているので，この間において支払能力はさらに悪化してしまったということになります。

■図表 3-5-2　日本海洋掘削の売上高，利益，CFO などの推移

（単位：百万円）

決算年月	2014/3	2015/3	2016/3	2017/3	2018/3
売上高	40,134	32,584	36,227	15,376	20,272
経常利益	12,281	3,260	−3,219	−11,516	−12,055
当期純利益	6,106	1,892	−7,017	−23,053	−45,459
包括利益	10,075	3,995	−8,323	−23,222	−45,269
純資産額	58,810	62,238	53,345	29,823	−15,565
総資産額	104,436	115,902	109,589	80,221	70,398
CFO	7,556	1,511	5,497	−801	−3,957
CFI	−9,998	3,669	799	−5,732	−3,919
CFF	6,221	3,113	4,630	−6,950	−3,793
現金及び現金同等物の期末残高	20,607	32,723	42,745	29,183	17,264

（出所）　有価証券報告書より筆者作成

Column 3.3 ● 支払能力と CFO，CFI，CFF

　企業の支払能力を評価する場合に注目すべきは，CFO です。CFO は企業が経常的に行っている活動に関わる収入と支出を示した部分ですから，CFO がマイナスであるということは，企業が経常的に行っている活動においてお金が足りていないことを示しています。企業が経常的に繰り返す活動においてお金が足りていないということは事業を続ければ続けるほど赤字が増えることになります。ゆえに，支払能力をみるうえでは CFO を注目することになります。

　CFI や CFF についてはどうでしょうか。CFI は投資の支出ですからマイナスになるのが普通です。CFI がプラスになった場合は，苦しいので資産の切り売りを行っている可能性を疑う必要があります。支払能力がないのに CFF がマイナスになっている場合は，銀行がお金を引き上げている可能性を疑う必要があります。

3.5.3 流動性（支払能力）の評価 2

「キャッシュは事実であり，利益は意見である」という言葉にあるようにキャッシュ・フロー計算書に示されている数値は事実であって，操作されることはない，と考えられています。しかしそうではありません。

収益の認識と収入の認識に時間的差異があることは，既に述べたとおりです。この時間的差異が短くなったり，長くなったりすると，ある時点における収入額は変わってきます。たとえば，2ヶ月後に受け取るはずだった1億円の収入を今月受け取ってしまえば，今月の収入は1億円増加します。逆に今月受け取るはずだった1億円を2ヶ月後に受け取ることにすれば，今月の収入は1億円減少します。

このように考えると，キャッシュ・フロー計算書の数値も操作されている可能性があるといえます。キャッシュ・フロー計算書に示された売上債権の増減額，棚卸資産の増減額，仕入債務の増減額がこのような操作の結果の数値であるならば，CFOは操作された数値ということになり，本当のCFOはキャッシュ・フロー計算書の数値とは異なると考えなければなりません。このような考え方に立って，日本海洋掘削の真のCFOの算出を試みたのが，図表3-5-3 です。

これをみると，2016年3月期のCFOは図表3-5-2では55億円ほどのプラスの値になっていますが，それは売上債権の大幅な減少によるものであることがわかります。さらに，この売上債権の減少は，売上債権回収期間の大幅な短縮の結果であることがわかります。この期は，売上債権を早く回収することで収入を増加させており，その結果CFOはプラスになっていたのです。この期の実際のCFOはマイナスであった可能性が高いといえます。

2017年3月期についても売上債権の回収期間の短期化による収入の増加が見られ，この期の約8億円のマイナスというCFOもまた収入増加という操作の結果の数値だと考えられます。それゆえ，この期のCFOも実際にはもっと大きなマイナスの数値であった可能性が高いといえます。

2018年3月期は，棚卸資産の在庫期間短縮化による収入増加がみられますが，これは，ほかに打つ手がなくなったための苦肉の策といえるでしょう。

■図表 3-5-3　CFO の構成要素の要因分析

（単位：百万円）

決算年月	2014/03	2015/03	2016/03	2017/03	2018/03
売上債権増加	487	2,413	−8,186	−3,247	1,451
月売上高	3,345	2,715	3,019	1,281	1,689
売上債権	9,936	12,349	4,163	916	2,367
⊿月売上高	918	−629	304	−1,738	408
売上債権回収期間	2.971	4.548	1.379	0.715	1.401
⊿売上債権回収期間	−0.924	1.577	−3.169	−0.664	0.686
月売上高による部分	3,577	−1,869	1,381	−2,396	292
回収期間による部分	−2,241	5,274	−8,605	−2,005	879
両方による部分	−848	−992	−962	1,154	280
検　算	487	2,413	−8,186	−3,247	1,451
棚卸資産増加	829	1,176	2,209	963	−2,279
月売上原価	2,221	2,291	2,948	1,992	2,440
棚卸資産	3,705	4,881	7,090	8,053	5,774
⊿月売上原価	274	70	657	−957	449
棚卸資産在庫期間	1.668	2.131	2.405	4.044	2.366
⊿棚卸資産在庫期間	0.191	0.462	0.275	1.639	−1.677
月売上原価による部分	404	117	1,400	−2,300	1,814
在庫期間による部分	373	1,027	629	4,831	−3,340
両方による部分	52	32	180	−1,567	−752
検　算	829	1,176	2,209	963	−2,279
仕入債務増加	271	−34	145	−500	292
月売上原価	2,221	2,291	2,948	1,992	2,440
仕入債務	846	812	957	457	749
⊿月売上原価	274	70	657	−957	449
仕入債務支払期間	0.381	0.354	0.325	0.229	0.307
⊿仕入債務支払期間	0.086	−0.026	−0.030	−0.095	0.077
月売上原価による部分	81	27	233	−311	103
支払期間による部分	167	−59	−68	−281	154
両方による部分	23	−2	−20	91	35
検　算	271	−34	145	−500	292

（注）　この表の売上債権，棚卸資産，仕入債務の増減は貸借対照表の数値を用いて計算したものです。キャッシュ・フロー計算書の数値を用いて計算する方法は古山［2018］に示しています。

（出所）　有価証券報告書より筆者作成

3.5.4　資金の調達と運用をみる

先述の通り，キャッシュ・フロー計算書には営業活動についての CFO のほかに投資活動についての CFI と財務活動についての CFF が示されています。これらはどのような役割を持っているのでしょうか。仮に支払能力評価がキャッシュ・フロー計算書の唯一の機能だとすれば，CFI や CFF は CFO を算出するための過渡的プロセスでのみ必要なものということになります。計算過程のみで必要なものならば計算結果としては意味を持たないことになってしまいます。だとすれば，CFI や CFF に分けて算出すること，キャッシュ・フロー計算書に表示することに意味はありません。

ここでは，CFO に加えて CFI と CFF を算出し，表示することの意味について考えてみましょう。

CFO がプラスとゼロもしくはマイナス，CFI がプラスとゼロもしくはマイナス，CFI がプラスとゼロもしくはマイナスの組合せで企業をグループ分けしてみます。

たとえば，CFO がプラス，CFI がプラス，CFI がプラスの企業群を 111 と表現します。CFO がゼロもしくはマイナス，CFI がゼロもしくはマイナス，CFI がゼロもしくはマイナスの企業群を 000 と表現します。2 の 3 乗で 8 通りのパターンがあります。次の 8 種類のグループに分けることができます。

上場会社をこの 8 種類のグループに分類し，それぞれのグループにどのくらいの社数が含まれているかをみたのが，図表 3-5-4 です。

これをみると，100 というグループに含まれる会社の数が最も多く，次いで 101 というグループに含まれる会社の数が多くなっています。

図表 3-5-4 に東証 1 部，マザーズそれぞれのタイプ別企業割合を示しました。東証 1 部についてみると，8 つのタイプのうち 100 の比率が圧倒的に高く，次が 101 で，他タイプは少数にとどまっていることがわかります。一方，東証マザーズについてみると，ここでも 100 の割合が大きいものの東証 1 部ほどではなく，次いで大きいのが 101 でここまでは東証 1 部と似た状況だといえますが，3 番目に大きいのが 001 であってそれなりの割合存在していることがわかります。この部分は，このグループの面白い特徴です。

■図表 3-5-4　キャッシュ・フロー計算書のタイプと企業割合

番　号	タイプ	タイプ(記号)	企業割合	
			東証 1 部	マザーズ
1	営＋投－財－	100	67%	38%
2	営＋投－財＋	101	17%	28%
3	営＋投＋財＋	111	0%	2%
4	営－投－財－	000	2%	7%
5	営－投－財＋	001	5%	12%
6	営＋投＋財－	110	6%	8%
7	営－投＋財－	010	1%	0%
8	営－投＋財＋	011	1%	5%

Column 3.4 ● 主なタイプの解釈について

　図表 3-5-4 の 8 種類のタイプは。企業のライフサイクルを表しているといわれています。このうち出現頻度の高い主なタイプについて解説を行っておきます。

　100 というタイプは，CFI がマイナスなので投資を行っている企業ですが，投資のための資金は CFO の範囲内に留めており，余ったお金は借入などの返済に充てている企業です。101 というタイプは，CFI がマイナスなので投資を行っている企業です。CFO はプラスですが，投資額が大きいために CFO からのお金だけでは足りず，外部から資金を調達している企業です。001 というタイプは，CFI がマイナスなので投資を行っている企業です。CFO がマイナスなので，投資額を賄うことができず外部から資金を調達している企業です。

　100 は成熟型企業，101 は成長型企業と呼ぶことができます。これに対して 001 は，歴史が浅くて売上高が急激に伸びている企業によくみられるタイプです。高成長型企業と呼ぶことができます。

3.6 おわりに

　以上，キャッシュ・フロー計算書について導入の背景，導入の目的，表示形式，作成方法及び利用例についてみてきました。

　キャッシュ・フロー計算書は，その有用性が十分に認識されているとはいえず，上野［2001］で述べられているように，貸借対照表と損益計算書の従属的な存在として扱われてきているように思われます。

　しかしながら，利用例に示したように貸借対照表や損益計算書にはない，とても有用な情報が示されているものです。

　支払能力の評価においては，貸借対照表や損益計算書からは知りえない資金の過不足の状況を示してくれるきわめて有用な表です。

　また，資金の調達と運用の評価においては，当該企業がライフサイクルからみてどのような状況にあるのかを確認することができます。これは，現金の増減理由をすべての増加理由とすべての減少理由に分けて示したうえで，3つの活動区分に整理して示してくれているキャッシュ・フロー計算書を使わないとできない見方です。

　このように有用な情報を提供してくれるキャッシュ・フロー計算書がその有用性を十分には認識されず，そのために活用されていないという事実はとても悲しいことであり，もったいないことであるといえます。

第4章

投資の評価方法

4.1 現在価値法と正味現在価値法

4.1.1 単利と複利

　他者に金銭を貸し出す際に貸出側が受け取る，あるいは銀行等へ預金をする際に預金者側が受け取る，貸付や預金の対価のことを利息といいます。金銭の貸借によって利息が発生・増加するパターンには単利と複利の2つのパターンがあります。銀行への預金を想定する場合，銀行に預けた「元本だけ」に利息がつくパターンを単利といい，「元本に加え発生した利息」に対して利息がつくパターンを複利といいます。

　預金元本100万円，金利10％（年率），期間3年の銀行預金を想定して単利と複利の違いを説明すると次のようになります。まず単利の場合，預金元本だけに利息がつくため，1年後に10万円，2年後に10万円，3年後に10万円と3年間で計30万円の利息がつき，3年後の預金の期末残高は130万円となります（図表4-1-1）。

　他方，複利の場合，1年後の利息は単利のケース同様10万円となるものの，この利息を口座から引き出さない場合，2年後の利息は11万円，3年後の利息は12.1万円と3年間で計33.1万円の利息がつき，3年後の預金の期末残高は133.1万円となります（図表4-1-2）。

　以上の説明から明らかなとおり1年目こそ利息額は同じですが，複利の利息額は2年目以降単利のそれを上回ることになります。単利だけが存在する世界においても，預金額を全額引き出した後，再度全額を預金することによって複利預金の組成は可能であるため，利殖（利子によって財産を増やすこと）を是とする合理的な人々は複利による資産の運用を選択するはずです。このように資産運用を行う人々の関心は複利に向かうことになりますので，この複利計算は企業が行う投資評価の基礎にもなるのです。

4.1.2 現在価値と将来価値

　現在受け取ることができる100万円と1年後に受け取ることができる100万円の価値は同じかという問いに対しては，金利の存在する世界ならば「同

■図表 4-1-1　単利預金にみる利息の増加パターン

元　本	100 万円	100 万円	100 万円	100 万円
単　利		10%	10%	10%
利　息		10 万円	10 万円	10 万円
期末残高	100 万円	110 万円	120 万円	130 万円

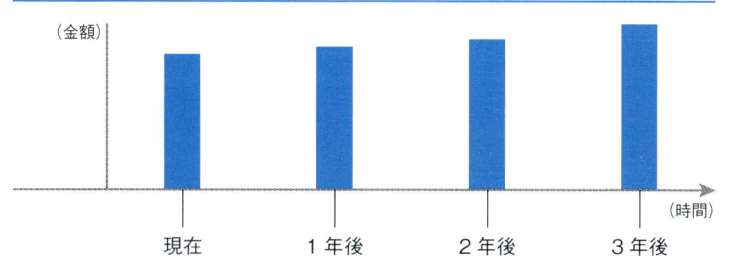

● 預金の期末残高　＝ 元本 ＋ 元本 × 金利 × 年数

$$1 年後の期末残高 ＝ 100 ＋ 100 × 0.1 × 1 ＝ 110（万円）$$
$$2 年後の期末残高 ＝ 100 ＋ 100 × 0.1 × 2 ＝ 120（万円）$$
$$3 年後の期末残高 ＝ 100 ＋ 100 × 0.1 × 3 ＝ 130（万円）$$

■図表 4-1-2　複利預金にみる利息の増加パターン

期首残高		100 万円	100 万円	121 万円
複　利		10%	10%	10%
利　息		10 万円	11 万円	12.1 万円
期末残高	100 万円	110 万円	121 万円	133.1 万円

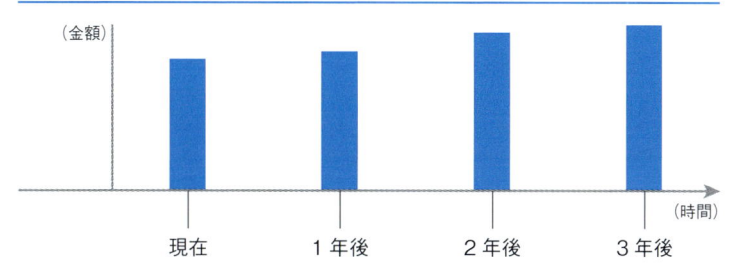

● 預金の期末残高　＝ 元本 × $(1＋金利)^{年数}$

$$1 年後の期末残高 ＝ 100 × (1+0.1)^1 ＝ 110（万円）$$
$$2 年後の期末残高 ＝ 100 × (1+0.1)^2 ＝ 121（万円）$$
$$3 年後の期末残高 ＝ 100 × (1+0.1)^3 ＝ 133.1（万円）$$

じではない」が正解となります。なぜなら，手持ちの 100 万円を預金口座に預けさえすれば，1 年後には利息相当分だけ預金が増えるからです。

よって誰もが利用できる金利が年率 10％ならば，現在の 100 万円と 1 年後の 110 万円は等しい価値を有することになります。このように金利が介在することで現在の金額が将来の同じ金額より高く評価されることを貨幣の時間的価値といい，投資を評価するうえでの重要な概念となります。

上の例は 1 年（1 期間）というシンプルな状況を想定していますが，年利 10％の条件はそのままに期間を 5 年後まで延長しても解釈は同じです。途中の払戻しを行わなかった場合，この 100 万円の預金は 5 年後に 161.051 万円（＝現在の 100 万円 × $(1+0.1)^5$）となりますから，現在の 100 万円は 5 年後の 161.051 万円と等価であるとみなされます。この場合，現在の 100 万円のことを「5 年後の 161.051 万円の現在価値」（Present Value：PV）といい，5 年後の 161.051 万円のことを「現在の 100 万円の将来価値」（Future Value：FV）といいます。

将来価値（FV）を現在価値（PV）に変換することを「割り引く」と表現しますので，金利を「割引率」（Discount Rate），「1/(1 ＋ 金利)」を割引係数（Discount Factor）といいます。このように将来のキャッシュ・フローを金利で割り引くことで現在の価値に変換する方法を現在価値法といい，投資評価における代表的な方法の一つです。

図表 4-1-3 の設例 1 は同一条件で 5 年後のみキャッシュ・フローが発生するパターンを，設例 2 は毎期キャッシュ・フローが発生するパターンを示しています。どちらの設例も銀行預金を想定しており，元本に当たる現在の期末残高額も 100 万円ですので，現在価値が元本と同額になるのは当然のことです。

ここで留意すべきことは，適切な割引率（割引係数）によって将来キャッシュ・フローの現在価値が適切に推定されるならば，元本に相当する金額が不明な場合でも現在価値法によって推計できる点です。この現在価値法をベースとする投資の評価方法が次に述べる正味現在価値法となります。

■図表 4-1-3　現在価値（PV）の計算例

【設例 1】元本 100 万円，年率 10%，5 年後に全額引出すため現金収入が発生。

期首残高		100	110	121	133.1	146.41
利　息		10	11	12.1	13.31	14.641
引出額		0	0	0	0	161.051
期末残高	100	110	121	133.1	146.41	0
現在価値		0	0	0	0	100

　　　　　現在　　　1 年後　　　2 年後　　　3 年後　　　4 年後　　　5 年後

$$\mathbf{PV} = \frac{5\,年後の\,CF}{(1+0.1)^5} = \frac{161.051}{1.61051} = 100\ （万円）$$

【設例 2】元本 100 万円，年率 10%，毎年引出すため現金収入が発生。

期首残高		100	105	95.5	75.05	37.5
利　息		10	10.5	9.55	7.505	3.75
引出額		5	20	30	45.055	41.25
期末残高	100	105	95.5	75.05	37.5	0
現在価値		4.55	16.52	22.53	30.77	25.62

　　　　　現在　　　1 年後　　　2 年後　　　3 年後　　　4 年後　　　5 年後

$$\mathbf{PV} = \frac{5}{1.1} + \frac{20}{1.1^2} + \frac{30}{1.1^3} + \frac{45.055}{1.1^4} + \frac{41.25}{1.1^5} \fallingdotseq 100\ （万円）$$

――― 現在価値の一般式 ―――

$$\mathbf{PV} = \frac{CF_1}{1+r} + \frac{CF_2}{(1+r)^2} + \frac{CF_3}{(1+r)^3} + \cdots + \frac{CF_n}{(1+r)^n}$$

$$= \sum_{t=1}^{n} \frac{CF_t}{(1+r)^t}$$

CF：収入
r：金利

4.1.3　正味現在価値法

正味現在価値法（Net Present Value Method：NPV 法）は異なる資産の運用成果を比較することによって投資の可否を判断する方法のことです。この方法の特徴は 2 つの投資案件の将来キャッシュ・フロー額が等しいことを条件に，これら投資案件の初期投資額を比較してより少額となる案件を選択する点にあります（図表 4-1-4）。

以上の内容について設例 3 を用いて説明します。まず，投資を行えば 1 年後には 2,300 万円になることが確実な 2,000 万円の実物資産があると仮定します。次いで，この投資案と同等の安全性が担保され，かつ誰もが利用可能な定期預金（年率 10 ％）が存在するものと仮定し，この預金で資金を運用して 1 年後には 2,300 万円とするために必要な預金元本を計算します。この元本を現在価値法で求めると，約 2,090.91 万円となります（図表 4-1-5）。

実物投資の初期投資額は 2,000 万円，必要な預金元本は約 2,090.91 万円となりますので，運用成果が同じならば，実物投資を選択することが望ましいと結論されます。そして預金元本から初期投資額を引いた差額である約 90.91 万円を正味現在価値といい，これがプラスの場合，投資が実行されることになります。この設例は 1 期間でしたが，2 期間については図表 4-1-5 の設例 4 を参照してください。

このように正味現在価値は必要な預金元本と初期投資額の差額として認識され，この金額がプラス（初期投資額が少額）であれば「投資を実行すべき」と判断されます。なお，ここでの数値例は資産投資の確実性を仮定していますので，割引率となる定期預金の金利水準にリスクが反映されないことも仮定しています。しかしながら現実世界における投資の成果は不確実ですから，リスクに応じて割引率の水準を変更するなどの工夫が必要となります。

4.2　内部収益率法

4.2.1　内部収益率法の特徴

内部収益率法（Internal Rate of Return Method：IRR 法）も正味現在価値法同

■図表 4-1-4　正味現在価値法の特徴

$$\text{NPV} = \text{必要な預金元本} - \text{実物投資への初期投資額}$$

$$= \text{PV} - I$$

$$= \frac{\text{CF}_t}{(1+r)^t} - I$$

r は代替的な投資（運用）案件の金利

● 2 つの投資案件の初期投資額を比較する点に特徴があります。

■図表 4-1-5　正味現在価値法の数値例

【設例 3】

	初期投資額（預金元本）	1 年後の運用成果
実物投資	2,000 万円	2,300 万円
定期預金	2,090.91 万円	2,300 万円

$$\text{預金元本} = \frac{2,300}{(1+0.1)} = 2,090.9090\cdots \fallingdotseq 2,090.91 \text{（万円）}$$

$$\text{NPV} = 2,090.91 \text{（万円）} - 2,000 \text{（万円）} = 90.91 \text{（万円）} > 0$$

● NPV>0 であるから，投資を実行をすべきであると判断されます。

【設例 4】

	初期投資額（預金元本）	2 年後の運用成果
実物投資	2,000　万円	2,400 万円
定期預金	1,983.47 万円	2,400 万円

$$\text{預金元本} = \frac{2,400}{(1+0.1)^2} = 1,983.4710\cdots \fallingdotseq 1,983.47 \text{（万円）}$$

$$\text{NPV} = 1,983.47 \text{（万円）} - 2,000 \text{（万円）} = -16.53 \text{（万円）} < 0$$

● NPV<0 であるから，投資を実行をすべきではない，と判断されます。

様，投資判断の際に活用される方法です。この内部収益率は一般に「正味現在価値がゼロとなる割引率」と定義されますが，「投資収益率」でもあります。内部収益率が投資収益率である理由について，先程用いた**設例3**に基づき説明しましょう。

そもそも投資収益率とは投資によって得られた新たな儲け（投下資本の増加分）を初期投資額で除すことにより求められますので，**設例3**にみる実物資産の投資収益率は15％（$= (2,300 - 2,000) \div 2000$）と計算されます。

また，内部収益率は正味現在価値をゼロにする割引率とも定義されますので，1年後の2,300万円が現在の2,000万円と等しくなる割引率をiとおき，$2,300 \div (1+i) = 2,000$ をiについて解くとその値は15％となります。投資収益率は投下資本の増加率でもありますから，現在の2,000万円に（$1+0.15$）を乗じると2,300万円となり，1年後の2,300万円を（$1+0.15$）で除すことで2,000万円となるのは当然といえば当然のことです（図表4-2-1）。

内部収益率法による投資の可否の判断については，比較対象となる金利をrとおき，内部収益率iが比較対象の金利rより大である場合に限り，投資を実行することになります（図表4-2-2）。

正味現在価値法の場合，その算式の中に実物資産投資と代替的な資産運用先という2つの投資案件が組み込まれ，初期投資（元本）の比較がなされます。他方，内部収益率法の場合，主たる関心が実物資産投資の内部収益率を求めることにあるため，その算式の中に比較対象となる投資案件は組み込まれておらず，事後的に代替的な資産運用先の金利（収益率）との比較が行われます。この点が2つの評価方法の大きく異なる点です。

4.2.2　内部収益率法の問題点

ところで，図表4-2-1 に示される**設例5**及び**設例6**はそれぞれ図表4-1-5に示される**設例3**及び**設例4**と同じ数値を用いており，投資判断についても同じ結論となっています。ただし，正味現在価値法と内部収益率法の投資判断が常に一致するわけではありません。これら2つの評価方法が同じ投資判断となるには一定の条件があります。

その条件とは実物投資への投資が，割引率の上昇に伴い減少するタイプの

$$■図表 4\text{-}2\text{-}1 \quad 内部収益率法の数値例$$

【設例 5】

	初期投資額（預金元本）	1 年後の運用成果
実物投資	2,000 万円	2,300 万円

$$投資収益率 = \frac{2{,}300-2{,}000}{2{,}000} = 100 = 15 \text{（%）}$$

$$\frac{2{,}300}{1+i} = 2{,}000 \text{ より, } i = \left[\left\{\frac{2{,}300}{2{,}000}\right\} - 1\right] \times 100 = 15 \text{（%）}$$

● 比較対象の金利 $r=10\%$，よって $i=r$ であるから投資を実行すべき，と判断されます。

【設例 6】

	初期投資額（預金元本）	2 年後の運用成果
実物投資	2,000 万円	2,400 万円

$$\frac{2{,}400}{(1+i)^2} = 2{,}000 \text{ より, } i = \left[\left\{\frac{2{,}400}{2{,}000}\right\}^{\frac{1}{2}} - 1\right] \times 100 \fallingdotseq 9.54 \text{（%）}$$

● 比較対象の金利 $r=10\%$，よって $i<r$ であるから投資を実行すべきではない，と判断されます。

$$■図表 4\text{-}2\text{-}2 \quad 内部収益率法の特徴$$

$$\text{NPV} = 投資の現在価値（資産投資額）- 資産投資額$$

$$= \text{PV} - I$$

$$= \frac{\text{CF}_1}{(1+i)^1} + \frac{\text{CF}_2}{(1+i)^2} + \cdots + \frac{\text{CF}_n}{(1+i)^n} - I$$

$$= 0$$

● 上式を i について解き，これが基準金利 r より大であれば投資を行う，と判断されます。

投資案件であることです。図表4-2-3は設例4及び設例6で示された数値例と同じですが，ちょうどこのタイプに合致しています。折れ線グラフが正味現在価値と割引率の関係を表していますが，この折れ線グラフが横軸と交差するところでちょうど正味現在価値がゼロとなりますので，この割引率（約9.54％）が内部収益率となります。

　しかし，正味現在価値が割引率の減少関数ではなく，割引率の上昇にともない正味現在価値が増減するような投資案件には注意が必要です。キャッシュ・フローが2期以上発生し，その符号がマイナスからプラス，プラスからマイナスへと変化する場合，複数の内部収益率が計算されることがあるからです（図表4-2-4）。キャッシュ・フローの符号が2回以上変化することによって生じる現象なのですが，このようなケースにおいては内部収益率法に基づいて投資案件を評価することは避けるべきでしょう。以上が内部収益率にみる第1の問題点です。

　内部収益率にみる第2の問題点は投資の規模に影響されてしまう点です。図表4-2-5には初期投資額が異なる2つの投資案件が示されています。投資案Aと投資案Bは投資規模こそ異なるものの同じ割引率が適用されていますが，正味現在価値でみれば投資案Aが採用されるものの，内部収益率でみるならば投資案Bが採用されるという矛盾した結果が生じています。この場合，どちらの投資案を実行すべきでしょうか。

　このような場合は正味現在価値を重視して投資の可否を判断することが望ましいでしょう。図表4-2-5には投資案Aと投資案Bのキャッシュ・フローの差額（A−B）についての現在価値，正味現在価値，そして内部収益率が示されています。この差額を独立した投資案Cとみなす場合，「投資案Aの正味現在価値＝投資案Bと投資案Cの正味現在価値の合計値」となる点に留意してください。投資案Aの実施は投資案B及びCの同時実施と同義なのです。投資案Aの実施は投資案Bの単独実施よりも富の絶対額が増加することで企業の成長性も高まるのです。

　このように内部収益率法にはいくつかの問題点が内包されていますので，投資評価の際には正味現在価値法を優先的に活用すべきでしょう。

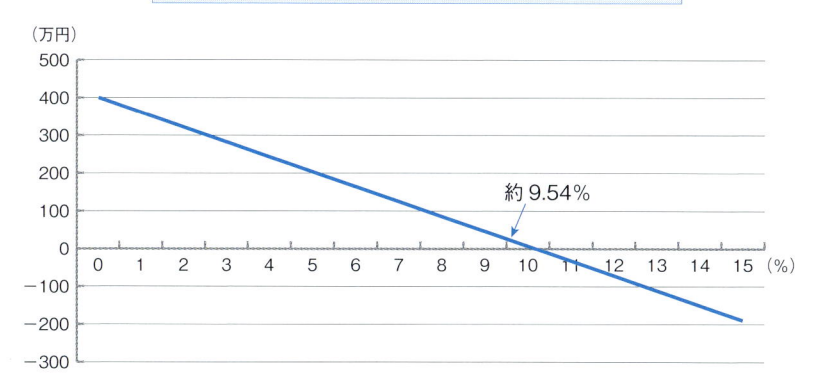

■図表 4-2-3　正味現在価値と内部収益率との関係（1）

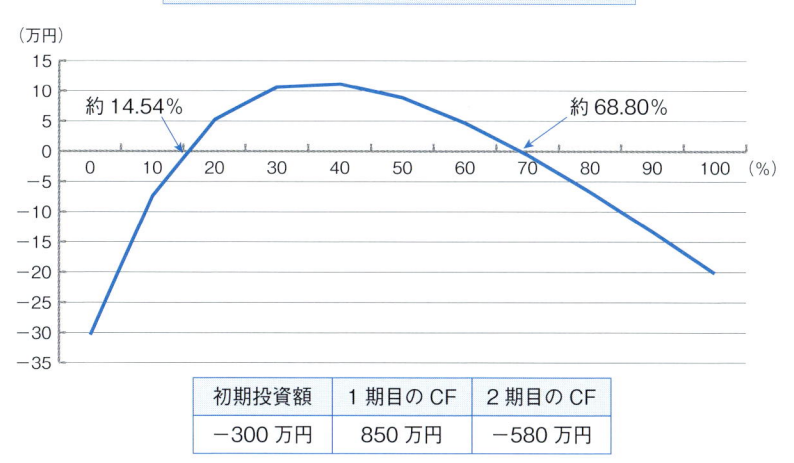

■図表 4-2-4　正味現在価値と割引率の関係（2）

初期投資額	1 期目の CF	2 期目の CF
−300 万円	850 万円	−580 万円

■図表 4-2-5　規模の異なる投資案件の NPV と IRR

（単位：万円）

投資案件	初期投資額	CF			割引率（％）	現在価値	NPV	IRR（％）
		1 期目	2 期目	3 期目				
投資案 A	−6,800	3,000	3,000	3,000	7	7,872.95	1,072.95	15.44
投資案 B	−2,000	1,000	1,000	1,000	7	2,624.32	624.32	23.38
A−B	−4,800	2,000	2,000	2,000	7	5,248.63	448.63	12.04

4.3 その他の評価方法

4.3.1 回収期間法

これまで説明してきた正味現在価値法と内部収益率法には相違点もありましたが，貨幣の時間価値を考慮してキャッシュ・フローを割り引くという共通点がありました。しかしながら将来キャッシュ・フローの現在価値を求めずに，投下資本の回収速度，すなわち回収期間の長短によって投資を評価する方法もあります。この評価方法を回収期間法（Payback Period Method）といいます。

図表4-3-1に示されるとおり，投資額4,000万円，年間の回収額が800万円となっていますので，このケースの回収期間は5年間となります。この評価方法の問題点は貨幣の時間価値を考慮しない点，投資額をすべて回収した後に発生するキャッシュ・フローを考慮しない点にあります。短期投資ならばこの方法で評価することに問題はないでしょうが，長期投資の評価には適しているとはいえません。

4.3.2 会計的収益率法

会計的収益率法（Average Rate of Return Method）とは，投資の収益性を会計利益と固定資産簿価に基づき計算された平均資本収益率によって評価する方法です。ここでは利払い後の純利益を用いた利益率の計算を説明します（図表4-3-2）。まずは投資期間内における平均利益を5期間の算術平均として計算します。次に投資期間内の平均投資額を期初と期末の平均（期中平均）で求めます。これらを用いて計算された平均資本収益率は16.4％となります。

会計的収益率の第1の問題点は回収期間法と同様に貨幣の時間価値を考慮しない点にあります。第2の問題点は減価償却費控除後の利益を用いているため，投下資本回収の進捗状況が十分に把握できない点にあります。第3の問題点は投資の可否を判断できる客観的な基準が見当たらない点です。直感的にわかりやすい点があるものの，正味現在価値法や内部収益率法ほどの合理性はありません。

■図表 4-3-1　回収期間法

投資額	4,000					
回収額		800	800	800	800	800
未回収額		3,200	2,400	1,600	800	0

現在　　1年後　　2年後　　3年後　　4年後　　5年後

■図表 4-3-2　会計的収益率法

投資額	5,000					
減価償却費		1,000	1,000	1,000	1,000	1,000
純利益		−10	350	480	550	680
CF	−5,000	990	1,350	1,480	1,550	1,680
固定資産簿価	5,000	4,000	3,000	2,000	1,000	0

現在　　1年後　　2年後　　3年後　　4年後　　5年後

平均利益額：$\dfrac{-10+350+480+550+680}{5\,（期間）} = 410\,万円$

平均投資額：$\dfrac{（期初固定資産＋期末固定資産）}{2} = \dfrac{5,000}{2} = 2,500\,万円$

平均資本収益率：$\dfrac{平均利益額}{平均投資額} \times 100 = \dfrac{410}{2,500} \times 100 = 16.4\%$

キャッシュ・フロー：減価償却費 ＋ 純利益

4.3.3 収益性指数法

収益性指数法（Profitability Index Method：PI 法）は将来キャッシュ・フローの現在価値と投下資本の現在価値（絶対値）を比率として捉え，その比率が大きいものから優先して投資を実行するという方法です。図表 4-3-3 には図表 4-2-5 で示した規模の異なる投資案件が 2 つ示されていますが，収益性指数は投資案件間の比較が容易なため，投資案件の優先順位をつける際に利用されます。

この収益性指数法は貨幣の時間価値を考慮している点，基準値が投下資本の現在価値（投資が初回だけならば初期投資額）であるため，1.0 を基準値とみなしうる点などが利点として挙げられます。

問題点としては，内部収益率法と同様，投資の規模を考慮していない点が指摘できます。図表 4-3-3 において収益性指数が高い案件は投資案 B ですが，正味現在価値が多額な案件は収益性指数が低い投資案 A です。収益性指数法は内部収益率法と類似の問題点を抱えていますので，正味現在価値による投資評価が最も望ましいといえるでしょう。

4.4 企業による投資評価の状況

これまで投資の評価方法，とくに長期投資の評価方法を中心に説明してきました。キャッシュ・フローを割り引く評価方法として正味現在価値法，内部収益率法，収益性指数法を，それ以外の評価方法として回収期間法，会計的収益率法を紹介してきました。それぞれに固有の特徴がありますが，貨幣の時間価値を考慮する割引キャッシュ・フロー法の中でも，欠点の少ない正味現在価値法が最も望ましい投資評価方法であるといえそうです。

理論的な検討はさておき，わが国の上場企業がどのような指標を用いて投資の評価を行っているかについてのアンケート調査結果をみると，やや意外な事実が明らかとなります。わが国の上場企業が最も活用している指標は回収期間，次いで会計的収益率，収益性指数の順となっており，最も望ましいとされた正味現在価値は 5 位と，積極的に活用されているとは言い難い状況

■図表 4-3-3　収益性指数法の特徴と投資判断

（単位：万円）

投資案件	投資の現在価値 （初期投資額）	現在価値 （割引率 7%）	PI	IRR （%）	NPV
投資案 A	−6,800	7,872.95	1.158	15.44	1,072.95
投資案 B	−2,000	2,624.32	1.312	23.38	624.32

$$収益性指数法 = \frac{投資案件のキャッシュ・フローの現在価値}{投下資本の現在価値（初期投資額）の絶対値}$$

── 収益性指数法の投資判断基準 ──

収益性指数（PI）＞1.0 ならば，NPV＞0 であるから投資を実行すべき。

収益性指数（PI）＜1.0 ならば，NPV＜0 であるから投資を実行すべきではない。

■図表 4-4-1　わが国上場企業が投資決定の際に用いる指標（214 社，2011 年）

1 位	回収期間	2.56	7 位	ハードル・レート	0.80
2 位	会計的収益率	2.03	8 位	感応度分析	0.65
3 位	収益性指数	1.57	9 位	シミュレーション分析	0.59
4 位	内部収益率	1.32	10 位	修正現在価値	0.36
5 位	正味現在価値	1.29	11 位	その他	0.34
6 位	割引回収期間	0.98	12 位	リアルオプション分析	0.17

（注）　利用頻度を 0 〜 4 の 5 段階に分け，その平均値を示している。
（出所）　芹田／花枝［2015］34 頁図表 1 を一部引用して筆者作成

にあります（**図表 4-4-1**）。

　回収期間と会計的収益率は直感的にわかりやすく使い勝手のよい指標であることが上位にランクされる理由になっていると推察されます。他方，正味現在価値はわかりにくい指標であることが，やや低い活用度となって表れているように推察されます。

　このように理論と現実にかい離がみられる理由は，株主利益を重視し株価を意識する経営スタイルがわが国には十分に根付いていない点にあるのかもしれません。投資の評価に対する考え方が今後どのように変化していくのか，興味深いところです。

第 5 章

債券価値の評価

5.1 債券の定義と分類

5.1.1 債券とは何でしょうか

債券は，借用証書の一種です。借り手が貸し手から資金を調達する際に，借り手が貸し手に対して書類を発行します。この書類全般を，広く借用証書と呼びます。借用証書には，次の2つの文章両方が書いてあります。まず，今借り手が資金を調達したことを記録する文章です。次に，借り手が将来の資金支払いを約束する文章です。

借用証書には，債券以外に，株式や預金証書などさまざまなものがあります。他の借用証書と比べて，債券は次の2点両方の特徴を持ちます。第1に，借り手にとって，債券を発行して調達した資金は，負債になります。そこで，借り手は，満期に貸し手へ資金を返す義務を負います。満期に返す資金を額面といいます。第2に，通常，債券市場という場で，借り手が貸し手に債券を発行したり，貸し手同士が債券を売買したりできます。

債券市場で資金を調達する借り手を，発行体と呼びます。一方，債券市場や株式市場などに参加する貸し手を，投資家と呼びます。

また，同じ発行体が，異なる時点で債券を発行したり，条件の異なる債券を発行したりする場合があります。発行時点や発行条件の異なる債券を区別するために，各債券に銘柄というラベルが付きます。

5.1.2 債券の分類

債券をいくつかの観点から分類できます。ここでは，クーポン（Coupon）受渡の有無という観点から，割引債と固定利付債という2種類を紹介します。クーポンは，借用証書で借り手が支払いを約束する，契約上の利息です。

まず，割引債では，クーポンの受け渡しがありません。その代わり，発行時点で投資家が発行体に貸す資金の額が，通常額面よりも少なくなります。そして，満期に，発行体が投資家へ額面を返します。図表5-1-1で，今発行されて2年後に満期を迎える割引債を例にして，債券の移転と資金の移転を，時間の流れに沿って示します。

■図表 5-1-1　割引債のタイムテーブル（架空例）

(注)　1.　┈┈▶は資金の移転を，‐ ‐ ▶は債券の移転を，それぞれ表します。本券という言葉の意味については，図表 5-1-3 をみてください。

　　　2.　今発行されて 2 年後に満期を迎える割引債を描いています。また，今から満期までの間，投資家が割引債を保有する状況を描いています。

　　　3.　今投資家が貸す資金の額は，通常額面よりも少なくなります。たとえば，投資家が，今 98 円貸して，2 年後に額面 100 円を受け取ります。

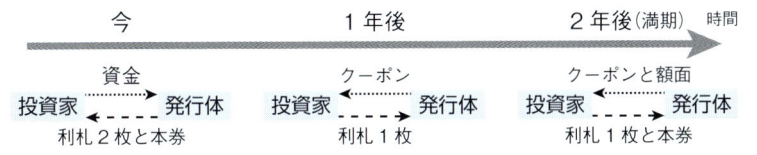

■図表 5-1-2　固定利付債のタイムテーブル（架空例）

(注)　1.　┈┈▶は資金の移転を，‐ ‐ ▶は債券の移転を，それぞれ表します。利札と本券という言葉の意味については，図表 5-1-3 をみてください。

　　　2.　今発行されて 2 年後に満期を迎える固定利付債を描いています。また，今から満期までの間，投資家が固定利付債を保有する状況を描いています。さらに，クーポンの受け渡しが 1 年 1 回だと仮定しています。

次に，固定利付債では，発行1期間後から満期までの間，発行体が定期的に一定額のクーポンを支払います。加えて，満期に発行体が額面を返します。図表5-1-2で，今発行されて2年後に満期を迎える固定利付債を例にして，債券の移転と資金の移転を，時間の流れに沿って示します。また，図表5-1-3で，固定利付債の見本を示します。固定利付債は，額面返済を約束する本券と，クーポン支払いを約束する利札という2つの部分に分かれます。現実には，債券は電子化されており，図表5-1-3のような紙は通常発行されません。しかし，具体的なイメージを掴んでもらうために，図示します。

5.2　債券価格と利回りに関わる理論

5.2.1　債券市場における2種類の価格概念

債券市場には，債券価格と利回りという2種類の価格概念があります。つまり，発行体や投資家の行動によって，債券市場で債券価格と利回り両方が決まります。また，発行体や投資家の行動が変わると，通常，債券価格と利回り両方が変化します。

債券価格を，通常額面100円当たりで表示します。

利回りは，投資家が債券投資から得る1年当たり収益を，債券の購入価格で割った比率です。利回りには複数の概念が有り，ここでは複利最終利回りを紹介します。本章では，「投資家が『複利最終利回りと等しい収益率』でクーポンを再投資すると仮定した，利回りの計算方法」を複利と呼びます。最終利回りは，投資家が，今購入した債券を満期まで保有する場合に達成できる利回りです。

以下，5.2.2項と5.2.3項で，債券価格と複利最終利回りに関する理論を紹介します。この理論は，次の2点両方を前提にしてできあがっています。

● 　証券市場，投資家や発行体が，次の①〜④をすべて満たします。①債券市場では，債券に関するすべての情報が，速やかに債券価格へ反映されます。②投資家全員が，手持ち資産の最大化を目的に行動します。③投資

■図表 5-1-3　固定利付債の見本

株式会社△△ 第 1 回社債券 **金 100 万円** 発行　2018年10月1日 満期　2021年9月30日	株式会社△△ **金 14,000 円** 支払期日　2021年9月30日
	株式会社△△ **金 14,000 円** 支払期日　2020年9月30日
	株式会社△△ **金 14,000 円** 支払期日　2019年9月30日

（注）　株式会社△△は，発行体を指します。企業が発行する債券を社債といいます。左側にある大きな紙 1 枚を本券といいます。本券は，額面 100 万円の返済を約束する借用証書に当たります。これに対して，右側にある小さな紙 3 枚を利札といいます。個々の利札は，クーポン支払いを約束する借用証書に当たります。クーポン支払期日に，投資家は，対応する利札を切り離して，その利札と引き替えにクーポン 14,000 円を受け取ります。

Column 5.1 ● 複利最終利回りと資本コスト

「発行体が，クーポンや額面を，予定通り確実に返済します」と仮定して，新たに社債を発行する場合の複利最終利回りを計算します。この計算結果は，税引き前における負債の資本コストを表します。資本コストについては**第 7 章**で説明します。

Column 5.2 ● スポット・レートとイールド・カーブ

本文では，「複利最終利回りの値が，全銘柄で等しいです」と仮定しました。この仮定は現実に成り立ちにくいと考えられます。そこで，この仮定を外して，「割引債の複利最終利回りが，満期までの残り期間にともなって変化できる」と仮定します。満期までの長さにともなって変化できる割引債複利最終利回りを，**スポット・レート**（Spot Rate）といいます。

横軸が満期までの残り期間を測り，縦軸がスポット・レートを測る平面を設定します。この平面に，両者の組合せを点で示します。そして，それぞれの点を線で結びます。描かれた線を，**イールド・カーブ**（Yield Curve）といいます。ちなみに，本文で仮定したように複利最終利回りが一定なら，イールド・カーブは横軸と平行の直線になります。

家全員が，債券の売買と債券や資金の貸借すべてを，無コストで自由に行えます。④発行体が，クーポンや額面を，予定通り確実に返済します。

● 複利最終利回りの値が，全銘柄で等しいです。

5.2.2 割引債の価格と複利最終利回りに関わる理論

《満期 1 年の割引債》

今，発行体が割引債を発行しました。この割引債の満期は 1 年後です。この債券を保有する投資家は，クーポンを受け取らず，満期 1 年後に額面 100 円だけを受け取ります。

この割引債について，（5-1）式が成り立つはずです。Pz_1 は，今，債券市場でこの割引債に付く価格を表します。また，y は複利最終利回りを表します。

$$Pz_1 = \frac{100 \text{ 円}}{1+y} \tag{5-1}$$

たとえば，今，y が 8 ％つまり 0.08 になりました。この例で Pz_1 は，額面 100 円を（1+0.08）で 1 回割った約 92.59 円になるはずです。

（5-1）式は，市場で決まる割引債価格と，額面の現在価値とが等しくなるはずだという意味を持ちます（図表 5-2-1 [a]）。2 つの例を使って，両者が等しくなる仕組みを説明します。

例 1 では，今，債券市場で Pz_1 が 90 円という，現在価値よりも低い水準になったとします（図表 5-2-1 [b]）。この状況で，今投資家が割引債を買えば，今価格 90 円を支払って，今の価値で約 92.59 円相当の額面を受け取れます。そこで，受け取りから支払いを引いた約 2.59 円分，投資家は手元の資産を増やせます。したがって，今，投資家は割引債を買います。この結果，Pz_1 が 90 円から上昇して，最終的に約 92.59 円になります。図で表すと，図表 5-2-1 [b] から図表 5-2-1 [a] に変わります。

例 1 を忘れましょう。例 2 では，今，債券市場で Pz_1 が 95 円という，現在価値よりも高い水準になりました（図表 5-2-1 [c]）。割引債を保有する投資家は，今割引債を売るはずです[1]。なぜなら，もし，今割引債を売れば 95 円を

1　理論上，割引債を保有しない投資家も，割引債を売れます。この売却を空売りといいます。ただし，空売りを理解するのは難しいので，本章ではこれ以上詳細な説明を行いません。

■図表 5-2-1　割引債の価格決定理論（架空例）

[a]　（5-1）式成立

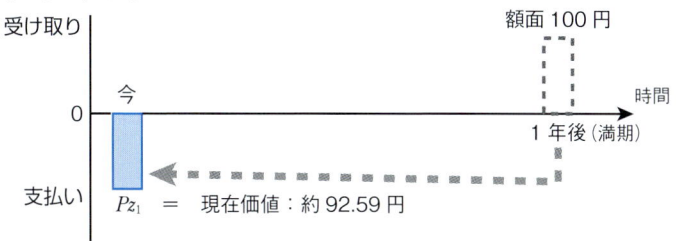

[b]　（5-1）式不成立：例1

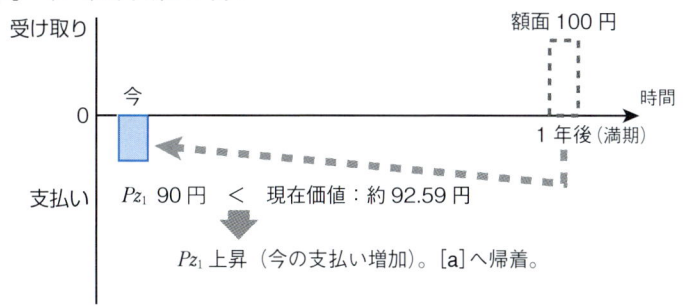

[c]　（5-1）式不成立：例2

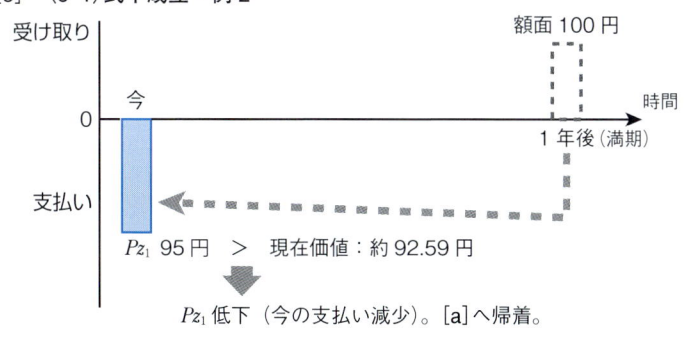

受け取れます。一方，もし，割引債を今売らず満期まで保有すれば，今の価値で約 92.59 円相当の額面を受け取るからです。投資家が割引債を売る結果，Pz_1 が 95 円から低下して，最終的に約 92.59 円になります。図で表すと，図表 5-2-1 [c] から図表 5-2-1 [a] に変わります。

例 1 で割引債を低価格で買う取引と，例 2 で割引債を高価格で売る取引とを，まとめて裁定取引と呼びます。

《満期 2 年の割引債》

今，発行体が割引債を発行しました。この割引債の満期は 2 年後です。この割引債について（5-2）式が成り立つはずです。Pz_2 は，今の割引債価格です。

$$Pz_2 = \frac{100 \text{円}}{(1+y)^2} \tag{5-2}$$

たとえば，y が 8 ％になりました。この例で，Pz_2 は，額面 100 円を（1 + 0.08）で 2 回割った約 85.73 円になるはずです。

《満期 n 年の割引債》

割引債：価格 Pz_n の決定理論　さまざまな年数の満期を扱えるようにするために，満期を n 年という記号で表します。

今，発行体が，割引債を発行しました。満期は n 年後です。この割引債について，（5-3）式が成り立つはずです。Pz_n は，今の割引債価格です。

$$Pz_n = \frac{100 \text{円}}{(1+y)^n} \tag{5-3}$$

割引債：複利最終利回り y の決定理論　（5-3）式で Pz_n を右辺に移項すると，債券投資の正味現在価値がゼロになります。そこで，複利最終利回り y は，内部収益率の一種だとわかります。

今までの数値例では，まず y にある値を設定して，次にその値に対応する割引債価格を計算しました。ここでは順番を入れ替えて，まず割引債価格にある値を設定して，次にその値に対応する y を計算する手続きを紹介します。

（5-3）式を変形すると，y の計算式（5-4）式を得られます（100 を掛けているのは，％単位で表示するためです）。そこで，満期 n と割引債価格 Pz_n と割引債価格両方の値を得られたら，これらの値を（5-4）式右辺に当てはめる結

Column 5.3 ● 債券と，株式や銀行借入との違い

　企業の主な資金調達手段としては債券である社債の発行以外に株式発行や銀行借入があります。これらの違いを取り上げます。

　まず，社債と株式は，次の5つで大きく異なります。このうち①〜③は割引社債と固定利付社債の両方について成り立つ相違点で，④と⑤は固定利付社債だけについて成り立つ相違点です。

①　社債には原則として満期があります。一方，株式には原則として満期がありません。

②　企業は，複数銘柄の社債を発行できます。一方，大半の企業は，ただ1種類の株式を発行します。

③　社債を保有する投資家は，原則として発行企業の経営に関与できません。一方，株式を保有する株主は，発行企業の経営に関与できます。

④　固定利付債のクーポン額は，発行企業の業績と無関係に，契約で決まります。一方，株主に支払われる配当額は，クーポン額よりも，発行企業の業績と関連する傾向にあります。

⑤　企業がクーポンを支払えなくなれば，高い確率で倒産します。一方，企業は配当を支払えなくても，直接倒産するとは限りません。

次に，社債と銀行借入の違いは，社債と株式の違いよりも小さいと考えられます。強いて挙げると，理論上，両者は次の2つで異なります。

⑴　社債は，満期が長く一括返済になる傾向にあります。一方，銀行借入は，満期が短く分割返済になる傾向にあります。

⑵　社債を保有する投資家が不特定多数になりがちです。この結果，発行企業の倒産時などで，社債保有者同士の利害調整や社債保有者と他の利害関係者との利害調整に多額の費用がかかると考えられます。一方，銀行借入では貸し手銀行が少ないので，利害調整にかかる費用が少ないと考えられます。

果，y の値を計算できます。

$$y = \left[\left(\frac{100\,\text{円}}{Pz_n}\right)^{\frac{1}{n}} - 1\right] \times 100 \qquad (5\text{-}4)$$

たとえば，満期 n が 1 年で Pz_n が 92.59 円なら，y は ［(100円/92.59 円) － 1]×100 ＝ 約 8 ％になります。

　割引債：価格 Pz_n と複利最終利回り y との関係　　他の事情を一定にして，Pz_n と y との間に，一方が上昇すると他方が低下する関係が成り立ちます。たとえば，y が上昇したら，(5-3) 式右辺分母が大きくなります。この結果，(5-3) 式で右辺全体が小さくなり，左辺 Pz_n が低下します。図表 5-2-2 で，横軸が複利最終利回りを測り，縦軸が割引債価格を測る平面に，両者の関係を線で示します。線が右下がりになるので，この関係を確認できます。

5.2.3　固定利付債の価格と複利最終利回りに関わる理論

《固定利付債：価格 Pc_t の決定理論》

　今，発行体が固定利付債を発行しました。満期は t 年後です。発行体は，1 年後以降 t 年後まで，1 年に 1 回クーポン C 円を支払うと仮定します。また，発行体は，満期に額面 100 円を返します。

　5.2.2 項と同様に，今の固定利付債価格 Pc_t が，クーポンや額面の現在価値合計と等しくなるはずです（(5-5) 式）。

$$Pc_t = \frac{C\,\text{円}}{1+y} + \frac{C\,\text{円}}{(1+y)^2} + \cdots + \frac{C\,\text{円}}{(1+y)^t} + \frac{100\,\text{円}}{(1+y)^t} \qquad (5\text{-}5)$$

　たとえば，$t=2$，$C=10$，$y=8$ ％の固定利付債を考えます。(5-5) 式にこれらの値を当てはめると，(5-6) 式が成り立ちます。

$$Pc_2 = \frac{10\,\text{円}}{1+0.08} + \frac{10\,\text{円}}{(1+0.08)^2} + \frac{100\,\text{円}}{(1+0.08)^2} \qquad (5\text{-}6)$$
$$= \text{約 } 9.25\,\text{円} + \text{約 } 8.57\,\text{円} + \text{約 } 85.73\,\text{円} = \text{約 } 103.55\,\text{円}$$

　(5-6) 式を図示すると，図表 5-2-3 になります。図表 5-2-3 は，図表 5-2-1 [a] に似ています。この類似から，固定利付債が，クーポンと額面それ

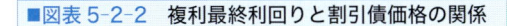

■図表 5-2-2　複利最終利回りと割引債価格の関係

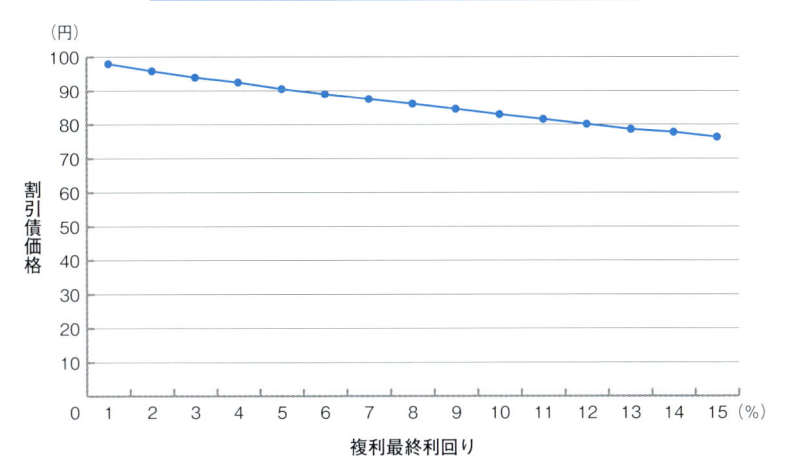

（注）　満期 2 年額面 100 円の割引債の例について，複利最終利回りと割引債価格との関係を描いています。

■図表 5-2-3　固定利付債の価格決定理論（架空例）

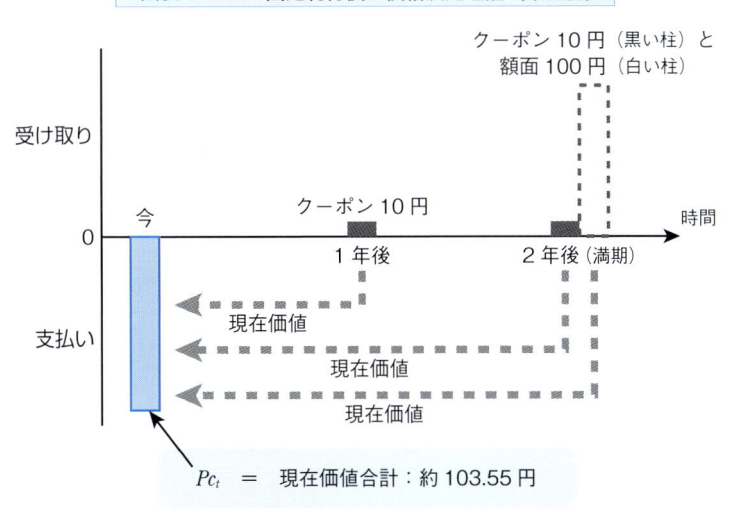

（注）　今発行されて，2 年後に満期を迎える固定利付債を描いています。

ぞれを額面にする割引債のセットと実質的に同じものだといえます。そこで，最終的に，固定利付債価格と，割引債セットの価格合計とが等しくなるはずです。たとえば，(5-6) 式数値例の固定利付債は，次の 3 つの割引債セットと同額の収入を投資家にもたらします。5.2.1 項の仮定から，割引債の複利最終利回りはすべて 8 ％です。

- 1 年後に額面 10 円を返済する割引債（今の価格は約 9.25 円）
- 2 年後に額面 10 円を返済する割引債（今の価格は約 8.57 円）
- 2 年後に額面 100 円を返済する割引債（今の価格は約 85.73 円）

カッコ内の価格を合計すれば，Pc_2 と同じ約 103.55 円になります。

固定利付債価格と割引債価格合計とが等しくなる仕組みを，裁定取引で説明できます。いったん，今，固定利付債と割引債セットとの間で価格が異なるとします。すると，今，投資家が 2 者のうち低い価格の付いたほうを買います。同時に，2 者のうち高い価格の付いたほうを保有する投資家が，そちらを売ります。これら裁定取引の結果，最終的に両者の価格が等しくなります。

《固定利付債：複利最終利回り y の決定理論》

割引債の複利最終利回りと同じく，固定利付債の複利最終利回りも内部収益率の一種です。固定利付債の複利最終利回りを計算する手続きは複雑です。しかし，Microsoft Excel の YIELD 関数や IRR 関数などを使って，(5-5) 式を満たす y の値を計算できます。

《固定利付債：価格 Pc_t と複利最終利回り y との関係》

割引債の場合と同じく，他の事情を一定にして，Pc_t と y とが逆方向に変化します。

また，変化前の y と，満期がそれぞれ等しい割引債と固定利付債を考えます。他の事情を一定にして y が変化すれば，割引債価格は，固定利付債価格よりも，（絶対値で）大きな率，変化します。たとえば，y が 8 ％から，1 ％〜15 ％のどれかになるとします。5.2.2 項で取り上げた満期 2 年の割引債と，この項で取り上げた満期 2 年の固定利付債それぞれで，価格の変化率を計算します。計算結果は図表 5-2-4 のとおりです。図表 5-2-4 で，y が変化する

Column 5.4 ● 複製ポートフォリオ

(5-6) 式の固定利付債の額面は，一般的な 100 円です。これに対して，割引債セットのうち 1 点目と 2 点目の額面は，それぞれ 10 円という，一般的ではない金額になっています。この理由は，1 年後と 2 年後それぞれで，割引債セットが，固定利付債クーポンと同額の収入 10 円をもたらすようにするためです。

したがって，割引債セットは，将来固定利付債と同額の収入をもたらすように，わざわざ作られたものだと理解できます。「『将来，必ず同額の収入や支出をもたらす取引』を複数作る作業」を，**複製**（Replication）といいます。また，**複製によって新たに作られた取引**を，**複製ポートフォリオ**（Replicating Portfolio）といいます。本文の例では，割引債セットが複製ポートフォリオに当たります。複製の考え方を，デリバティブの価格づけに応用できます。**第13章** Column 13.2 と Column 13.3 をみてください。

■図表 5-2-4　割引債価格変化率と固定利付債価格変化率との比較

複利最終利回り	複利最終利回り変化	割引債価格変化率	固定利付債価格変化率
1%	−7%ポイント	約 14.3%	約 13.6%
2%	−6%ポイント	約 12.1%	約 11.5%
3%	−5%ポイント	約 9.9%	約 9.4%
4%	−4%ポイント	約 7.8%	約 7.4%
5%	−3%ポイント	約 5.7%	約 5.5%
6%	−2%ポイント	約 3.8%	約 3.6%
7%	−1%ポイント	約 1.8%	約 1.7%
8%（変化しない）	0%ポイント	0.0%	0.0%
9%	1%ポイント	約−1.8%	約−1.7%
10%	2%ポイント	約−3.6%	約−3.4%
11%	3%ポイント	約−5.3%	約−5.0%
12%	4%ポイント	約−7.0%	約−6.7%
13%	5%ポイント	約−8.6%	約−8.2%
14%	6%ポイント	約−10.2%	約−9.8%
15%	7%ポイント	約−11.8%	約−11.2%

（注）　債券価格の変化率を，［（変化後の債券価格−変化前の債券価格）÷　変化前の債券価格］× 100 で計算します。

ときに，割引債価格変化率（絶対値）が，固定利付債価格変化率（絶対値）よりも大きいです。

5.3 リスクと投資家の対処

5.3.1 信用リスク

5.2.1 項で，「発行体が，クーポンや額面を，予定通り確実に返済します」と仮定しました。

この仮定を外すと，今債券に投資する投資家は，発行体が将来クーポンや額面を返済するか返済しないか，100％確実に当てることができなくなります。将来のクーポン支払いや額面返済に関わる不確実性を，信用リスク（Credit Risk）といいます。不確実性が小さい状況を「信用リスクが低い」と呼びます。逆に，不確実性が大きい状況を「信用リスクが高い」と呼びます。

5.3.2 投資家による信用リスクへの対処

信用リスクに関する情報の一例に，格付があります。格付業者が，個別発行体や個別銘柄の信用リスクを符号に集約して公表します。この投資情報を，格付といいます。

主要格付業者の一つが採用する格付の符号と定義を，図表 5-3-1 に示します。上にある符号が低い信用リスクを示し，下にある符号が高い信用リスクを示します。

投資家の信用リスク対処方法の一つに，複利最終利回りの調整があります。たとえば，他の事情を一定にして，通常，社債の信用リスクは，国債の信用リスクよりも高いです。そこで，投資家達は，社債を国債よりも低い価格で売買するでしょう。5.2 節の議論から，社債の複利最終利回りが，国債の複利最終利回りよりも高くなると推測できます。図表 5-3-2 に，現実の社債と国債の複利最終利回りを示します。図表 5-3-2 で，上記推測が現実に成り立ちます。一般化すれば，図表 5-3-2 は，よりリスクの高い証券に対してより高いリターンを要求する投資家行動を示します。

■図表 5-3-1　格付符号と定義

格付符号	定　義
AAA	信用力は最も高く，多くの優れた要素がある。
AA	信用力は極めて高く，優れた要素がある。
A	信用力は高く，部分的に優れた要素がある。
BBB	信用力は十分であるが，将来環境が大きく変化する場合，注意すべき要素がある。
BB	信用力は当面問題ないが，将来環境が変化する場合，十分注意すべき要素がある。
B	信用力に問題があり，絶えず注意すべき要素がある。
CCC	債務不履行に陥っているか，またはその懸念が強い。債務不履行に陥った債権は回収が十分には見込めない可能性がある。
CC	債務不履行に陥っているか，またはその懸念が極めて強い。債務不履行に陥った債権は回収がある程度しか見込めない。
C	債務不履行に陥っており，債権の回収もほとんど見込めない。

（注）　株式会社 格付投資情報センターの長期個別債務格付を示します。
（出所）　株式会社 格付投資情報センターウェブサイト
　　　　（https://www.r-i.co.jp/rating/about/definition.html）

■図表 5-3-2　国債と社債の複利最終利回り

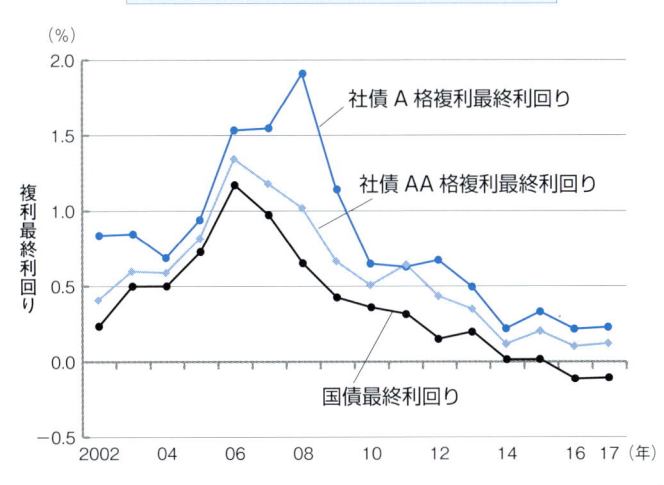

（注）　1.　国債複利最終利回り（4年と5年の単純平均）と，社債複利最終利回り（残存期間4年以上5年未満，平均値）を描いています。社債格付は，株式会社 格付投資情報センターによります。
　　　　2.　2002年末〜2017年末のデータを示します。
（データ出所）　国債複利最終利回りは，財務省「国債金利情報」。社債複利最終利回りは，日本銀行『金融経済統計月報』，原資料は日本証券業協会

5.3.3 信用リスク以外のリスク

　実在する債券に投資する投資家は，信用リスク以外に，価格変動リスク，クーポン再投資リスク，流動性リスク，期中償還リスクなどに直面します。このうち価格変動リスクは，「将来の債券価格変化によって，投資家が予想外の損益に直面するかもしれない」というリスクです。

　5.2.3 項で，複利最終利回りが変化するときの，割引債価格変化率と固定利付債価格変化率の大小関係を議論しました。この議論を拡張して，デュレーション（Duration）という尺度を導き出せます。デュレーションは，価格変動リスクを測る尺度の一つです。デュレーションの値が大きい銘柄で，価格変動リスクが高いと評価できます。逆に，デュレーションの値が小さい銘柄で，価格変動リスクが低いと評価できます。

第6章

企業価値評価
（バリュエーション）とは

6.1　企業価値とは

企業価値とは何かと幾人かに問いかけると，返ってくる答えは人によって千差万別であると思われます。近年は，企業の価値をめぐって株主価値，事業価値，ブランド価値，顧客価値，従業員価値，社会的な価値など，さまざまな価値が使われております。図表6-1-1のような株式会社リコーの企業価値向上を実現するためのサイクルは，さまざまな企業価値の考え方を反映しています。つまり，企業価値の定義は確立されていないということですが，一般的に経営財務の観点からは，企業価値を「投資家の視点からの企業の経済的評価額」と捉えます。その場合に対象とする企業は，主に上場企業を想定します。また，その際にも，企業価値そのものの意味が，使用される文脈によって異なってきますので，注意が必要になります。

わが国においても企業戦略におけるM&Aのプレゼンスが高まっている中で，企業価値の算定はきわめて重要なプロセスの一部です。なぜならば，M&Aの交渉において，その価値をもとに買収価格交渉が行われることが多いからです。買い手（バイサイド）にとっては価値のないものに多額の買収額を支払うことは企業価値の損失につながりますし，売り手（セルサイド）にとっては自社の企業価値を適正に評価してもらうことによって安売りを防止することができます。また，非現実的な価値評価を行った場合には，税務上寄附行為と認定されたり，差額が受贈益に問われる可能性があり，税制上において，不利益となる可能性を含んでいます。さらに，買収企業や被買収企業の株主から，M&Aの無効について訴えを提起される危険性があります。取締役は，善管注意義務・忠実義務が課されているため，不当な企業価値評価が行われると，それらの義務に抵触する可能性があります。また，株主の不利益になったとして，M&A自体が無効となる可能性もあります。

さて，企業価値の算出を行う際には，さまざまな手法が存在します。最初に，最もわかりやすいのは，企業を清算するケースでしょう。企業活動を停止し，自社の持つ資産を売却します。その売却総額が企業価値と考えられます。それは，資本の提供者である債権者と株主に配分されます。たとえば製

■図表 6-1-1　企業価値創造の例

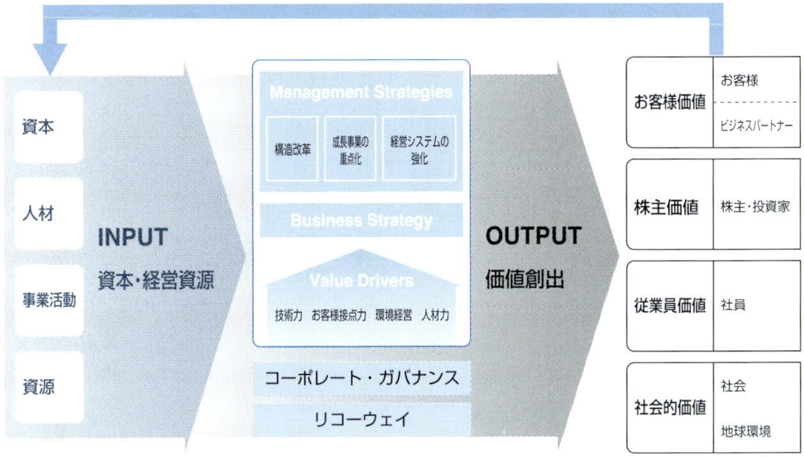

（出所）　株式会社リコー

Column 6.1 ● M&A とは

　M&A とは Mergers and Acquisitions の略で，企業の合併と買収を意味します。M&A は，日本においても企業戦略として当たり前になりつつあり，株式会社レコフの集計によると，日本企業が関連する 2018 年の M&A の件数は前年比 26.2％増の 3,850 件に達し，過去最多となっています。M&A の目的はさまざまですが，内部成長では時間がかかる研究開発，人材採用と育成，新規顧客や市場の獲得等の問題を解決する意味で，「時間を買う」ことが重要な点として挙げられます。さらに新規事業への参入リスクを軽減させることや，既存事業とのシナジー効果を発揮させることが可能になる点も指摘されています。しかしながら，M&A を成功させて企業価値を高めたケースは多くはなく，ビジネス界においてはリスクが高いといわれています。そのため，中長期的な観点から戦略性を持った M&A を実施する必要があります。

造業を対象とし，事業活動を1年間行い，1年後に清算した場合の企業価値を考えます。1年間事業活動を行った成果である売上高から製造原価，支払利息，人件費，法人税等などの費用を差し引いた後の株主に帰属する「当期純利益」が資産に含まれます。ここでは説明をわかりやすくするため，利益を「当期純利益」とします。その利益の分だけ資産が増加し，清算価値，言い換えれば企業価値が高まっていると考えられます。

しかしながら，上記のように期間限定で企業活動が行われることはほとんどなく，ゴーイングコンサーン（継続企業）を前提として事業活動は続けられます。この場合，企業価値は毎年利益の分だけ増加することになります。これにより，現在の企業価値は将来にわたって生み出される利益の現在価値の総和と捉えることができます。その利益は株主に帰属されますので，株主資本に計上されます。このような意味から，企業価値を向上させるということは，株主価値を向上させるということと同じ意味であると考えられます。

6.2 EV（Enterprise Value）とは

近年，EV（Enterprise Value）という言葉が頻繁に登場します。これは，企業価値というよりも，「会社の値段」と表現したほうがいいかもしれません。昨今，M&A に対する重要度が高まっている状況で，会社の値段であるEVを正確に計算すること，つまり精緻なバリュエーション（Valuation）が求められています。バリュエーションは，株式や投資の価値計算，あるいは事業や会社の経済的価値計算を意味します。ここで注意すべきこととして，EV は前節の企業価値とは意味合いが異なるということです。

企業価値は事業価値と非事業資産価値に分類されます。事業価値とは，その事業が将来にわたって生み出すフリーキャッシュ・フロー（Free Cash Flow：FCF）を加重平均資本コスト（Weighted Average Cost of Capital：WACC，次章で詳述）で割り引いた現在価値の総和として算定されます。第4章で紹介した現在価値の計算です。非事業資産価値とは，将来生み出すフリーキャッシュ・フローの創出に直接寄与しない資産のことです。たとえば，既に手元に

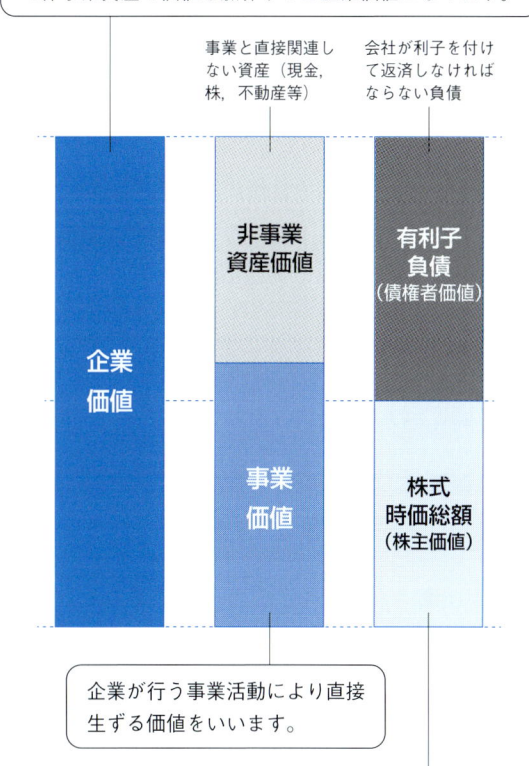

■図表6-2-1　企業に対する価値の分類

事業価値に，事業活動とは関係のない現金，遊休資産等の非事業資産の価値を加算すると企業価値になります。

事業と直接関連しない資産（現金，株，不動産等）

会社が利子を付けて返済しなければならない負債

非事業
資産価値

有利子
負債
（債権者価値）

企業
価値

事業
価値

株式
時価総額
（株主価値）

企業が行う事業活動により直接生ずる価値をいいます。

企業価値から他人資本（一般には有利子負債）を差し引いた残りが株主に帰属することとなるため，この株主に帰属する価値を株主価値といいます。

ある現金及び現金同等物，遊休・不稼働資産，非事業用の投資有価証券等が挙げられます。つまり，企業価値は以下のとおりに表現されます。

$$企業価値 = 事業価値 + 非事業資産価値$$
$$= 株主価値 + 債権者価値$$
$$= 株式時価総額（株価×発行済株式数） + 有利子負債$$

そして，EV は以下の定義式で算定されます。

$$EV = 株式時価総額（株価×発行済株式数）$$
$$+ 純有利子負債（ネットデット）$$

企業価値の式との違いは，有利子負債が純有利子負債になっているということです。純有利子負債は，有利子負債から，すぐに現金になるのが可能なものを差し引いた金額で，以下の式で表されます。

$$純有利子負債 = 有利子負債 - 非事業資産価値（現金及び現金同等物）$$

以上を整理すると以下のような式になります。

$$EV = 株式時価総額（株価×発行済株式数）$$
$$+ 有利子負債 - 非事業資産価値$$

このように EV は計算されますが，図表 6-2-2 をみると事業価値と EV が同一であることに気づかれるでしょう。これは EV が市場から評価されている企業の事業価値であることを意味します。つまり，欲しい会社を完全に買収するためには，株式時価総額分の株式を買い取り，債権者に有利子負債全額分を返済する必要があるのです。ここで，非事業資産価値を引いていることに疑問を感じる方もおられるかもしれません。これは，買収すると自分のものになる現金及び現金同等物を負債返済に充てることができるからで，返済額をその分減らすことができます。以上のことから，EV は企業価値というよりも，会社を買い取るための価格と捉えたほうが把握しやすいでしょう。

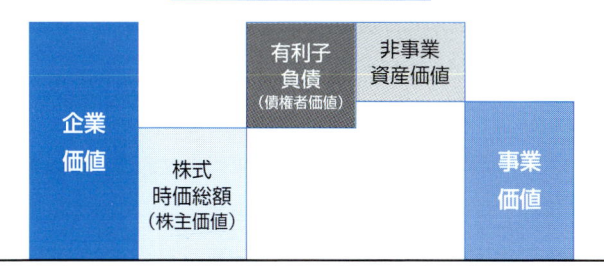

■図表 6-2-2　EVとは

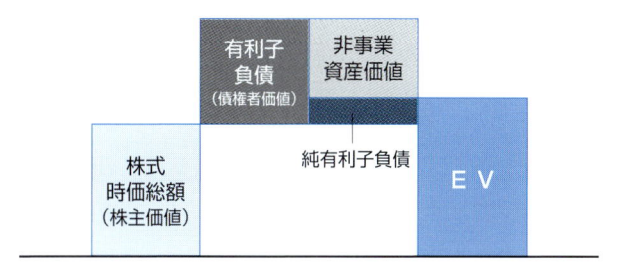

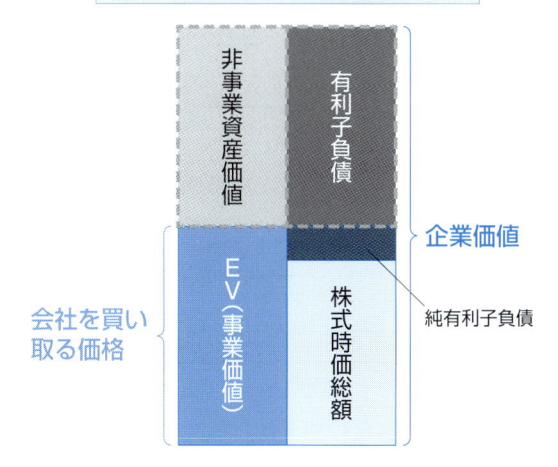

■図表 6-2-3　EVと企業価値は異なる

6.3 バリュエーション

　投資家が事業や会社の経済的価値を評価する手法は数多く存在します。そこで，ここでは代表的な評価手法について，図表6-3-1で示されるように，おおまかに3つに分けて紹介します。ここで注意すべき点は，バリュエーションする際に，単一の手法で経済的価値が決められることはないということです。複数の手法によって算出された数値をもとに，シナジー効果等の定性的な評価も加味しながら，総合的な観点から経済的価値は決定されるケースが多いのです。

6.3.1　コストアプローチ

　コストアプローチとは，資産の価値からアプローチする方法です。これは，6.1節で説明した清算価値を基礎としており，貸借対照表の資産と負債の差額である純資産の評価と考えられます。このように，貸借対照表の純資産を基準に企業を評価することから経営者や投資家にとってわかりやすいアプローチです。このアプローチには大きく分けて，図表6-3-2で示されるように簿価純資産法と時価純資産法の2つの手法が存在します。

　最初に簿価純資産法は，対象企業の資産から負債を差し引くことによって企業価値を計算する手法です。株式価値（自己資本）を発行済株式数で割り，1株当たりの株価を算出します。資産の時価評価などを必要とせずコスト発生がないことと，客観的な手法であることが最大のメリットといえます。

　次に時価純資産法は，資産項目（有価証券や土地・建物），負債項目を時価評価し，その差額をもって株主価値を計算する手法です。時価の考え方として，再調達原価（企業に帰属する個別の資産や負債を再調達したと仮定したうえで時価を評価する）と正味売却価額（資産すべてを処分することによって得られる金額を時価として評価する）の2つがあります。

　簿価純資産法，時価純資産法のいずれを利用するかは，それぞれの評価目的と発生するコストに合わせて選択することになります。しかしながら，コストアプローチは一時点における資産の状況を評価しますから，評価対象企

■図表 6-3-1　企業価値評価手法

評価手法	コスト アプローチ	マーケット アプローチ	インカム アプローチ
手　法	● 簿価純資産法 ● 時価純資産法	● 類似会社比較法 ● 市場株価法 ● 類似取引比較法	● DCF 法 ● 収益還元法 ● 配当還元法

■図表 6-3-2　コストアプローチ：純資産法

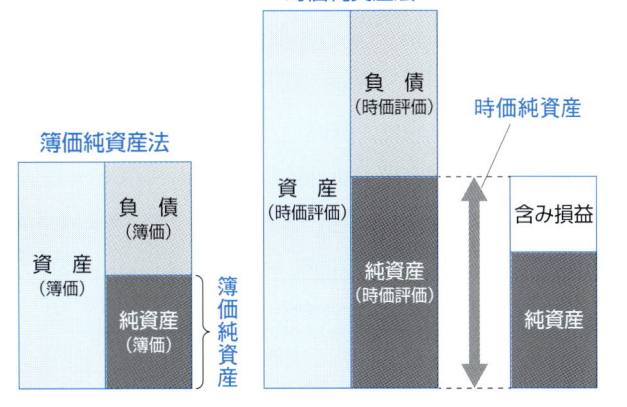

業の成長性や収益力を測定しているわけではありません。そのため，企業の
ゴーイングコンサーンを前提とした場合には，それを採用する理論的根拠に
乏しいという問題があります。そのため，比較的小規模な企業や急成長が望
めないような企業の評価にはよく採用されています。

　上記のような問題を緩和する意味で，時価純資産に営業権（のれん）を加え
て企業価値を算出する方法もよく使われています。営業権とは，ブランド力
や人的資源，特許等の無形資産で示される帳簿上では評価できない要因によ
って生み出される超過収益力のことです。これにより，評価対象企業の収益
力も考慮した企業価値を算出することができるようになります。

6.3.2　マーケットアプローチ

　マーケットアプローチは，評価対象会社の類似会社や対象会社が属している
業種の株式市場における価値を基準として事業価値や株主価値を算定する考
え方です。マーケットアプローチの代表的な手法として，図表6-3-3で示さ
れている類似会社比較法（マルチプル法），他に市場株価法や類似取引比較法など
が挙げられます。

《①類似会社比較法：マルチプル法》

　類似会社比較法とは，上場している類似会社の経営指標を用いて評価対象
会社の価値を計算する方法で，市場における相対的な価値を算出する方法で
す。使用される経営指標として，EBIT（Earning Before Interest and Taxes：利
払前税引前当期純利益），EBITDA（Earning Before Interest, Taxes, Depriciation and
Amortization Ratio：利払前税引前償却前当期純利益），PER（Price Earnings Ratio：
株価収益率），PBR（Price Book-value Ratio：株価純資産倍率），PSR（Price Sales
Raito：売上高倍率）が代表的なものです。

　類似会社比較法によって企業評価を実施する場合，最も重要な最初のプロ
セスは適正な類似企業を選ぶことです。類似企業を選択する際の基準である
業種，業態が類似していることは勿論のこと，企業規模と成長率も似ている
ことが望ましくなります。次に，以上のことを踏まえたうえで，採用する経
営指標を特定することです。

　ここでは，代表的なものとして，EBITDA倍率（EBITDA Ratio）を紹介しま

■図表 6-3-3　類似会社比較法で使われる経営指標と計算式

類似会社比較法

キャッシュ・フローベース	利益ベース	純資産ベース	売上高ベース
EV/EBITDA	**PER**	**PBR**	**PSR**
$\dfrac{事業価値}{営業利益+減価償却費}$	$\dfrac{株価}{1株当たり当期純利益}$	$\dfrac{株価}{1株当たり純資産}$	$\dfrac{株価}{1株当たり売上高}$

Column 6.2 ● PER 倍率とは

　PER（Price Earnings Ratio：株価収益率）は，株価÷1株当たり当期純利益（時価総額 ÷ 当期純利益）で求められ，株価が会計上の 1 株当たり当期純利益（EPS：Earning Per Share）の何年分かを表しています。株価の相対的な割高・割安感を判定する指標としてよく用いられます。具体的には以下の式で株主価値が求められます。

株主価値 ＝ 類似会社の PER × 当期純利益

　たとえば，比較対象企業の PER が 20 倍で，自社の当期純利益が 1 億円とすると，株主価値は，1 億円 ×20 倍で，20 億円となります。ただし PER は当期純利益を使うために，含み資産の売却や特別に大きな引当金などの特別損益の影響を受けやすいため補正が必要になる場合もあります。

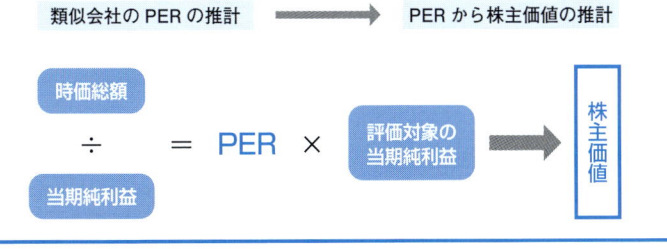

す。EBITDAについては**第2章**で説明しました。実務においてEBITDAは営業キャッシュ・フローの近似値として使われており，本業が稼ぎ出すキャッシュ・フローを分析する際に利用されます。手順としては最初に事業内容が類似している上場会社を選び，類似会社のEBITDA倍率を求めます。EBITDA倍率は以下の式で表されます。たとえば，EBITDA倍率が8倍なら買収額を本業が稼ぎ出す営業キャッシュ・フローの8年で回収できるという意味です。

$$\text{EBITDA 倍率} \; = \; \frac{\text{EV}}{\text{EBITDA}}$$

　次に算出した類似会社のEBITDA倍率に評価対象会社のEBITDAを乗じて，評価対象会社のEVを求めます（**図表6-3-4**参照）。たとえば，類似上場会社のEVが1,000億円で，直近の事業年度のEBITDAが100億円である場合，EBITDA倍率は1,000億÷100億円で10倍となります。対象会社のEBITDAが50億円であったとすると，10倍を適用した結果のEVは500億円（＝EBITDA 50億円×10倍）と計算されます。

《②市場株価法》

　市場株価法とは評価対象会社が株式を上場している場合に採用する方法の一つです。採用する株価の算定期間は，決定日（取締役会決議の日など）の前日終値が一つの基準となるものの，突発的な株価の暴騰や暴落といった株式市場の影響を排除するため，終値1ヶ月平均値，終値3ヶ月平均値，終値6ヶ月平均値などがあります。これらは，評価目的に合わせて単一もしくは併用して企業評価額が求められます。

《③類似取引比較法》

　類似取引比較法とは，類似取引比準法ともいわれており，評価対象の会社と事業内容が同一か類似している複数の上場会社のM&Aの取引額から算出される利益倍率を比較参考しながら，その取引の価格を算定する方法のことです。類似取引比較法は，これまでに生じたよく似たM&A取引での取引価格が発表されていて，なおかつ買収される会社が上場企業で，財務の数値がわかっているような場合に使われる方法です。デメリットとして以下の2点が挙げられます。

Column 6.3 ● EBITDA 倍率

EBITDA 倍率は，対象会社を買収したときに，何年分の営業キャッシュ・フローで賄えるかという意味で，「簡易買収倍率」とも呼ばれます。一般的に EBITDA を算出するにあたっては，以下のような簡便な方法を使います。

EBITDA ＝ 営業利益 ＋ 減価償却費

EV をこの EBITDA で割ることにより，EBITDA 倍率は算定されます。この倍率について，M&A の際目安とされているのが「8 倍〜 10 倍」という倍率です。M&A 戦略に積極的な日本電産の永守社長は EBITDA 倍率が 10 倍を超える案件には手を出さないと述べております。

EBITDA は資本構成による支払利息の影響や，国や規模による税率の違いの影響を除けるという点でメリットがあるため，EBITDA 倍率は国際的に使用されている指標です。しかしながら，EBITDA は投資について考慮されておらず，巨額な投資を行っている企業の EBITDA 倍率は過小に評価されてしまいます。

■図表 6-3-4　EBITDA 倍率と計算例

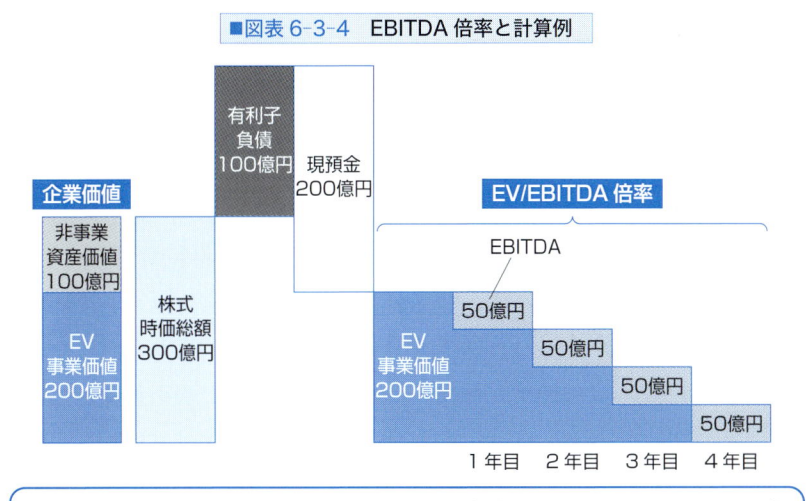

営業利益 40 億円，当期純利益 10 億円，減価償却費 10 億円の上記の図のような会社があったとしましょう。PER は，30 倍（300 億円÷10 億円）となり割安とは考えにくい状態です。そこで EBITDA 倍率を求めてみましょう。EV は，株式時価総額 300 億円＋有利子負債 100 億円－現預金 200 億円で，200 億円となります。EBITDA は，40 億円＋10 億円の 50 億円となり，EBITDA 倍率は，200 億円÷50 億円の 4 倍となり割安と判断できます。PER ではキャッシュ・フローや非事業用資産が含まれていないことから，そのような差が生じたと考えられます。

最初に，評価対象となった会社が上場していない場合には，財務に関する情報開示が乏しく，どの程度類似しているかの評価が難しいため，とくに中小企業のM&Aの場合には類似取引比較法はほとんど使用できないということです。

　次に，類似取引比較法では過剰な買収プレミアムが加算されることもあるということです。買収プレミアムとは，企業を買収する際に支払うべき価格（買収額）と時価総額の差額のことです。とくにM&Aが積極的に行われているような業界では，過剰な買収プレミアムが加算される傾向にあり，類似取引比較法の数値が適正なものといえない場合もあります。

6.3.3　インカムアプローチ

《①インカムアプローチとは》

　インカムアプローチとは評価対象企業の将来の収益価値をもとに事業価値を算定する手法です。企業の価値は「ゴーイングコンサーン（継続企業）」が生み出すインカム（収入）の現在価値を足し合わせたものであるとの考え方です。それは，企業買収において最も利用されている手法といっても過言ではありません。具体的には，将来の経済的利益を，その利益実現に見合ったリスク等を考慮した割引率で割り引くというファイナンス論ではお馴染みの方法です。

　割り引く対象となるインカムである経済的利益として，キャッシュ・フロー，税引後営業利益（NOPAT）や当期純利益，配当が挙げられます。キャッシュ・フローに対してはDCF（Discounted Cash Flow）法，税引後営業利益に対して収益還元法，配当金に対しては配当割引法が用いられます。インカムアプローチにおいては，DCF法が最も代表的な手法ですので，ここではDCF法についてご紹介します。

　DCF法は，将来企業が生み出すキャッシュ・フローを加重平均資本コスト（WACC）で割り引いた現在価値の合計を事業価値とする方法です。この事業価値に非事業資産価値を足し合わせて企業価値を算出します。この場合のキャッシュ・フローとは，税金を支払い，事業に必要な投資を行った後の債権者と株主に分配可能なフリーキャッシュ・フローのことです。

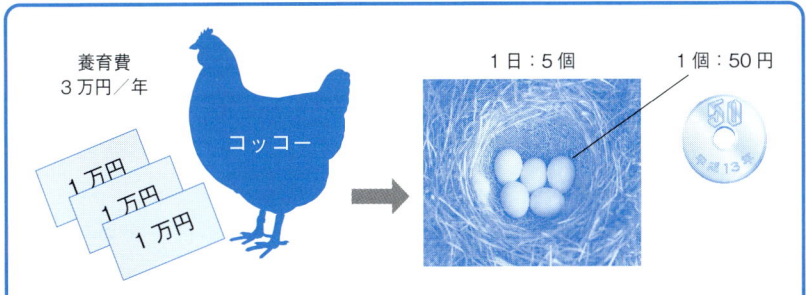

　ある鶏が，一日5個，年間1,800個の高品質の卵を産んでくれると考えます。この鶏の名前はコッコーです。卵は1個50円で売ることができて，コッコーの養育費は年間で3万円かかります。コッコーを所有すると，1年で50円×1,800個−3万円で，6万円の利益を獲得することができます。以上の条件のもとでコッコーの価値をマーケットアプローチで導き出します。

［マーケットアプローチ］

1. 市場株価法

　これは簡単です。毎日，鶏が取引されている市場，いわゆるセリ市場での価格を参考にするというものです。コッコーをセリ市場に出して，終値1ヶ月平均値あるいは終値3ヶ月平均値を参考にします。たとえば終値3ヶ月平均値が33万円でしたら，コッコーの価値は33万円になります。一定期間の平均値を用いる理由は，市場はさまざまな外的な要因により変動することが多々あるからです。

2. マルチプル法

　鶏のセリ市場がない場合を考えましょう。年間高品質の卵を1,600個産み出す鶏が30万円で取引されていたとします。卵は1個50円で販売されて，飼育費用はコッコーと同じで年間で3万円です。この鶏は，年間で，50円×1,600個−3万円＝5万円の利益を上げることができます。これが，30万円で取引されているということは，30万円÷5万円で，利益の6倍の価格がつけられているわけです。これにより，年間6万円の利益を上げるコッコーの評価額は，6万円×6倍＝36万円となります。

DCF法のメリットとして過去ではなく将来を評価する点が指摘されます。「コストアプローチ」は過去の財務データをもとに企業価値を算出するため，ターゲット企業の過去を買うということになりかねません。重要な点は，ゴーイングコンサーンとしての企業の将来価値を適正に評価することです。M&Aの大きな目的の一つとしてシナジー効果が挙げられますが，これは将来の成果です。シナジー効果を発揮させることによって企業価値を高めるのは，過去ではなく将来なのです。

　逆にデメリットとして，DCF法で使われる将来の収益は予測するしかないということです。あくまで予測ですから過去の財務データのように確定したものではありません。そのため，将来の収益を自社にとって有利になるよう恣意的に作ることができます。たとえば，将来の事業投資計画を本来の予想より故意に良く化粧すれば，価値をより大きくすることも可能となってしまうのです。

《② DCF法とターミナルバリュー》

　DCF法の手順は図表6-3-5のように示されます。最初に将来実施する事業計画の合理性と妥当性を評価することが重要です。次に複数年の将来の事業計画に基づいて各年度のフリーキャッシュ・フローを算定します。何年分のそれを算定するかはケースバイケースですが，通常は3年から5年分，長くて10年分の事業計画をもとに算定を行います。次に割引率（ここではWACC）を決定し，将来フリーキャッシュ・フローの割引計算を行います。そして，事業が順調に進んだ場合には，3年から5年でその事業が清算されることはほとんどありません。そこで，事業計画期間以降のキャッシュ・フローを推測します。具体的には，図表6-3-6で示されるようにターミナルバリュー（Terminal Value：TV）を算定する必要があります。

　つまり，事業価値を以下のように2つの部分に分けて計算する必要があります。

　　事業価値 ＝ 予測期間中のフリーキャッシュ・フローの
　　　　　　　　現在価値の合計値
　　　　　　　＋ ターミナルバリュー

■図表 6-3-5　DCF 法の手順

FCF の 予想
- 3 〜 5 年後の収益予想からフリーキャッシュ・フロー（FCF）の予測を行う

割引率 算出
- 割引率（WACC）を算出

FCF の 現在価値
- 予測したフリーキャッシュ・フローを，算出した割引率を用いて現在価値に直す

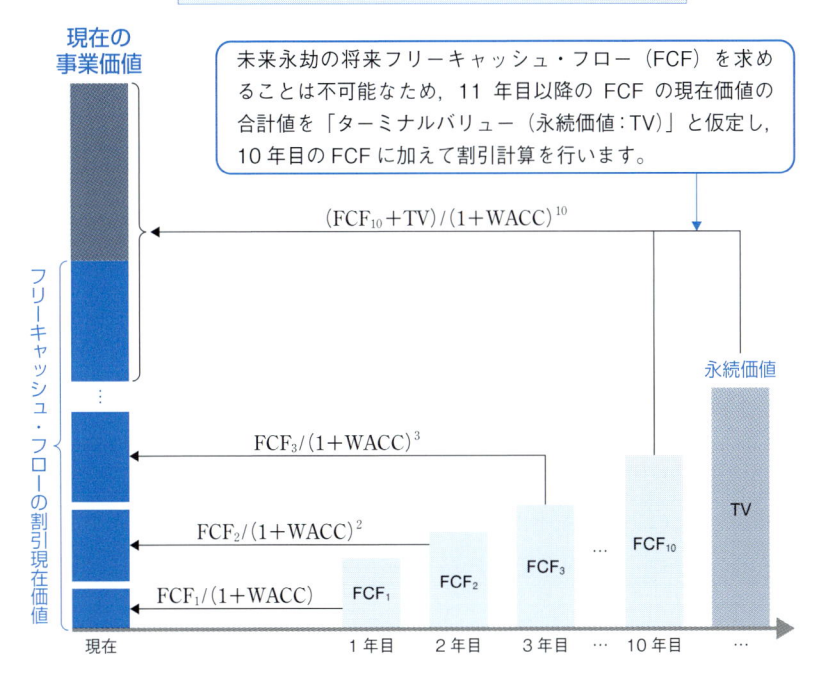

■図表 6-3-6　ターミナルバリューを加えた事業価値

未来永劫の将来フリーキャッシュ・フロー（FCF）を求めることは不可能なため，11 年目以降の FCF の現在価値の合計値を「ターミナルバリュー（永続価値：TV）」と仮定し，10 年目の FCF に加えて割引計算を行います。

$(FCF_{10}+TV)/(1+WACC)^{10}$

$FCF_3/(1+WACC)^3$

$FCF_2/(1+WACC)^2$

$FCF_1/(1+WACC)$

M&A の際には，DCF 法で求めた部分とターミナルバリューを足し合わせて，事業価値を計算するのが合理的とされています。この事業価値に非事業資産価値を加えると企業価値が算定されます。

　ターミナルバリューは永続価値（あるいは残存価値）と呼ばれます。ターミナルバリューは予想する最終事業年度のフリーキャッシュ・フローかその翌年度のフリーキャッシュ・フローの算定値をもとに，このフリーキャッシュ・フローが継続するか，あるいは一定の成長率で成長するか，いずれかの仮定で算定されます。つまり，策定した将来事業計画の最終年度以降も事業活動が継続されることを前提として，そのことによる価値を見積もった将来計画の最終年度のフリーキャッシュ・フローとして加算するのです。

　しかしながら，フリーキャッシュ・フローが 10 年，30 年，50 年〜と永続的に生み出されることを前提にすること自体ナンセンスであると思われる方も多いのではないでしょうか。たとえば企業寿命 30 年説というのがあります。そこで割引率を 10 ％として，30 年後の 1 億円の現在価値を計算すると，1 億円 ÷（1＋0.1）の 30 乗でおよそ 573 万円にしかなりません。そのため，実際には，30 年間の価値の合計額で全体の評価額の大半を占めることになります。具体的には，1 億円が永続的に生み出されると仮定して，割引率を 10 ％とすると，30 年間の合計値 9 億 4,200 万円は，永久的に継続する場合の合計値 10 億円（1 億円 ÷ 0.1）のおよそ 94 ％を占めることになります。このことからも，企業がゴーイングコンサーンであると仮定しても，大きな問題にはなりません。

　ターミナルバリューの計算方法として主に使われるのは，予測期間が終了したあと一定の成長率（永久成長率）でフリーキャッシュ・フローが成長するとみなして計算する方法です。この方法では，ターミナルバリューの金額を，予測最終年度のフリーキャッシュ・フローか予測最終年度の翌年のフリーキャッシュ・フロー（最終年度のフリーキャッシュ・フローに調整を加えて計算します）を，（割引率－永久成長率）で割ることによって求めます。もう一つの手法はマルチプル法です。フリーキャッシュ・フローの予想最終年度にマルチプル（倍率）を掛けて算定します。

　最後に，ターミナルバリューの事業価値に占める割合は非常に大きくなる

Column 6.5 ● 寿司屋チェーンの価値を求めよう！

あなたがある寿司屋チェーンを買収したいとします。この寿司屋チェーンの価値はいくらか計算しましょう。

1. 最初にフリーキャッシュ・フローの予測をします（5年間）。

5年間のフリーキャッシュ・フローの予測値

(単位：万円)

	1年目	2年目	3年目	4年目	5年目
予測値	5,000	6,000	7,000	8,000	9,000

2. 割引率（WACC）を計算します（計算式については**第4章**参照）。
買収対象企業のWACCを10%とします。

3. 予測したフリーキャッシュ・フローの現在価値を求めます。

	1年目	2年目	3年目	4年目	5年目
予測値	5,000	6,000	7,000	8,000	9,000
計算式	$\dfrac{5,000}{1+0.1}$	$\dfrac{6,000}{(1+0.1)^2}$	$\dfrac{7,000}{(1+0.1)^3}$	$\dfrac{8,000}{(1+0.1)^4}$	$\dfrac{9,000}{(1+0.1)^5}$
現在価値	4,545	4,960	5,260	5,465	5,590

4. ターミナルバリューを求めます。
ターミナルバリューは，予測期間の翌年のフリーキャッシュ・フローを

（WACC － キャッシュ・フローの成長率）

で割ることによって算定します。WACCは上記のように10%，キャッシュ・フローの成長率を2%，予測期間の翌年のフリーキャッシュ・フローを8,000万円とすると以下のように算定されます（5年目の9,000万円を使うケースもあります）。

8,000万円 ÷（10%－2%）＝ 10億円

となります

5. フリーキャッシュ・フローの現在価値の合計値とターミナルバリューの現在価値を足して，事業価値を求めることができます。

事業価値 ＝（4,545＋4,960＋5,260＋5,465＋5,590）
　　　　　＋（10億円/(1+0.1)の5乗）
　　　　＝ 2億5,820万円 ＋ 6億2,000万円 ＝ 8億7,820万円

その額のターミナルバリューの占める割合はおよそ70%と大きくなっており，ターミナルバリューの算定が重要であることを示しています。

6. 上記で求めた事業価値に非事業資産価値を加えて企業価値が算定されます。この寿司屋チェーンが現金で1億円持っていますと，企業価値は，8億7,820万円に1億円を加えて，9億7,820万円となります。

ため，その評価は重要な役割を果たします。具体的には，予想最終年度のフリーキャッシュ・フローが適切か否か，一定成長率が妥当なものか否か，きわめて慎重に検討する必要があります。

第7章

ポートフォリオ理論と資本コスト

株式や債券などに関連する投資理論と企業の資金調達は密接に関係しています。投資運用に関する理論の中で重要視されるキーワードはリスクとリターンです。リスクとリターンの基本的な定義や意味を理解した後に，投資に関する理論を学んでいきます。次に，企業の資金調達における理論を学んでいき，企業の財務担当者が日々どのようなことに注目しているのかを理論的に学んでいきます。

7.1　リスクとリターンについて

　リスクとリターンの関係をよくいわれる言葉で表せば「ハイリスク・ハイリターン」や「ローリスク・ローリターン」となります。リターンとは，ある資産を一定期間保有すれば，どの程度の投資収益が得られるのかということを意味しています。リターンは基本的に下記の式で求められます。

$$\text{リターン（\%）} = \frac{\text{得られた金額}}{\text{購入金額}} \times 100$$

　たとえば，株式を購入したとします。購入した時の株価が 100 円でした。ここで，配当金 3 円を受け取り，その株式を 102 円で売却しました。得られた金額は，まず配当金の 3 円。そして，100 円で購入したものを 102 円で売却したのだから，102 円 − 100 円 = 2 円。得られた金額は配当金と売却益の合計で 5 円となります。この 5 円を購入金額の 100 円で除し，パーセント（%）表示にするために 100 を乗じます。つまり，この株式のリターンは 5 ％になります（図表 7-1-1，Column 7.1）。

　一方，リターンに対して，そもそもリスクをどのように捉えたらよいのでしょうか。経済学上では不確実性をリスクと呼びます。たとえば，株価は毎日上昇したり下落したりします。株価が上昇するのか，下落するのかを的確に予測することは難しく不確実といえるでしょう。この不安定な状態をリスクと呼びます。つまり，株価が上昇することもリスクといえますし，一方で株価が下落することもリスクといえるのです。これを価格変動リスクといいます。ここで，注意していただきたいのは株価が上昇することもリスクと呼

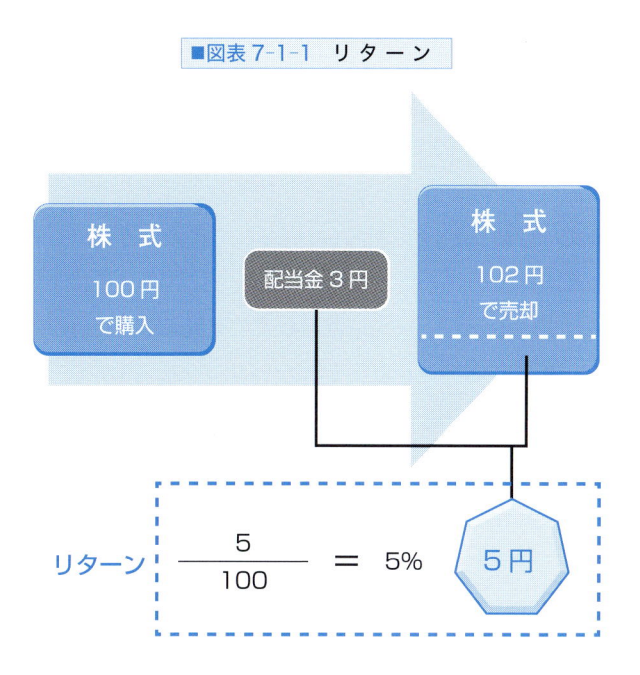

■図表 7-1-1　リターン

株　式
100 円
で購入

配当金 3 円

株　式
102 円
で売却

リターン　$\dfrac{5}{100} = 5\%$　5円

Column 7.1 ● 期待収益率について

　景気変動などのシナリオに基づいて期待収益率を計算する場合には，特定の
シナリオが起こる確率を用いて計算します。

（例）　株式 A を購入しました。株式 A は好景気の場合には 20％のリターンと
　なりますが，不景気の場合には 5％のリターンになります。ここで，好景気
　になる確率が 40％であり，不景気になる確率が 60％である場合に，株式 A
　の期待収益率は何％になりますか？

　好景気の場合：20％ × 40％ ＝ 8％
　不景気の場合： 5％ × 60％ ＝ 3％

　株式 A の期待収益率は好景気の場合の 8％と不景気の場合の 3％の合計で
11％になります。

ぶということです。日本円ではなく外貨建ての資産を保有している場合には，資産の価格変動リスクだけではなく，**為替リスク**にも注意を払う必要があります。

また，企業が倒産するのか，倒産しないのかといった不確実性も存在します。このリスクを**信用リスク**といいます。たとえば，今にも倒産しそうな企業に対して「信用力が無い」という言い方をすることがあります。

さらに，株式や債券などの金融商品は売却して換金できないものであれば，ただの紙切れと同様の扱いとなります。すなわち，スムーズに市場で株式や債券が取引されているから，株式や債券などの**有価証券**は価値があるのです。ここで，スムーズに有価証券が取引されないリスクを**流動性リスク**といいます。この流動性リスクは市場であまり取引されていない企業の債券や，短期的な売却が困難である不動産などを組み込んだ**仕組債**でよくみられます。つまり，無名な企業の債券は市場ではメジャーではないため，取引が盛んではないのです。したがって，マニアックな企業の債券や仕組債は売却しようとしても，購入してくれる買い手が少なく換金に時間がかかります。場合によっては，買い手がみつからないときもあります。現金が欲しいときに換金できない。これは投資家にとってリスクとなります（*Column* 7.2）。

マクロ経済的な要因として，**インフレ・リスク**が挙げられます。インフレになると，物価が持続的に上昇するため，相対的に貨幣の価値が低下していきます。特に，債券は償還時（満期）に返却される金額が決まっているため，債券の保有期間中にインフレになると償還金額の価値が減少することになります。

他にも，金融機関のシステムに関するエラーをきっかけに金融機能が不全に陥るリスクや，制度的仕組みが不安定である事をきっかけとして金融危機を引き起こすリスクを**システミック・リスク**と呼びます（**図表7-1-2**，*Column* 7.3）。

Column 7.2 ● 再投資リスク

再投資リスクとは,過去に投資していた案件が何らかの事象によって終了し,その返却された資金の新たな投資先を探さなくてはならないリスクのことをいいます。再投資リスクが発生した場合,新規の投資で得られる収益率が,過去の投資で得られた収益率と同じとは限らないというリスクです。場合によっては新規に投資する場合に新たに手数料を支払わなくてはならなかったり,投資運用条件が悪くなったりすることがあります。

■図表 7-1-2　リスクの種類

リスクの種類	内　容
価格変動リスク	株価変動などのリスク
為替リスク	為替レートが変動することで生じるリスク
信用リスク	企業が倒産するリスク
流動性リスク	金融商品が現金化できないリスク
インフレ・リスク	インフレによる資産価値減少リスク
システミック・リスク	金融決済システムや金融制度の不安定さが招くリスク

Column 7.3 ● ヘルシュタット・リスク

外国為替における決済の機能が突然停止してしまい大きな損失を被ることを**ヘルシュタット・リスク**と呼びます。具体的には,ドイツのヘルシュタット銀行が 1974 年に破綻したことで発生しました。その破綻の発表が午後であったため,午前中に発生した米国の銀行との為替取引において,既に米国の銀行側はヘルシュタット銀行への入金を完了させていました。本来であれば,午後の決済によってヘルシュタット銀行から米国の銀行側へ取引分の入金が予定されていましたが,そのヘルシュタット銀行が破綻したため米国の銀行は大きな損失を出しました。このようなリスクは世界的な取引の場合,各国の時差によっても生じる可能性があります。

7.2 リスクの評価方法

　リスクをどのように表現したらよいのでしょうか。前節において，リスクのあれこれを議論してきましたが，とりあえずリスクの主要な要素である価格変動リスクに焦点を当ててみましょう。

《①分　散》

　分散とは，その数値が平均値からどれだけ離れているのかを示す指標です。簡単にいうとバラツキを示します。まず，分散の式をみてみましょう。

$$分散 = \frac{\sum (数値 - 平均値)^2}{個数}$$

　分散の式で分子を2乗するのは，数値が仮に平均値より小さくなった場合，マイナスとして計算されてしまいます。リスクは価格の上昇も下落もリスクと捉えます。したがって，マイナスになってしまう数値を2乗しプラスへ変換することで散らばり具合を示した数値となるのです。次に，$\sum$（シグマ）ですがこれは「計算結果をすべて合計してください」という意味となり総和といいます（図表7-2-1）。

　たとえば，テストの点数について分散を求めます。8人にテストを受けてもらい，600点が3人，500点が1人，400点が1人，300点が3人という結果であれば，テストの平均値が450点。この例の場合，個数は人数の8人になります。つまり，1人目は $(600-450)^2 = 22,500$ となり，これを全員分計算しその結果をすべて合計すると140,000となります。最後に人数の8で割り算してあげれば分散となります。分散を算出すると，17,500となります（図表7-2-2）。

《②標準偏差》

　分散では数値をプラスにするために2乗して散らばり具合を計算していましたが，2乗すると平均値より離れている数値が多ければ多いほど巨大な数字になります。これでは桁数が増えてしまい不便に感じることがあります。そのようなときには，標準偏差を用いると便利です。標準偏差では，2乗した

■図表 7-2-1　分散の考え方

【例：ある企業の株価の推移】

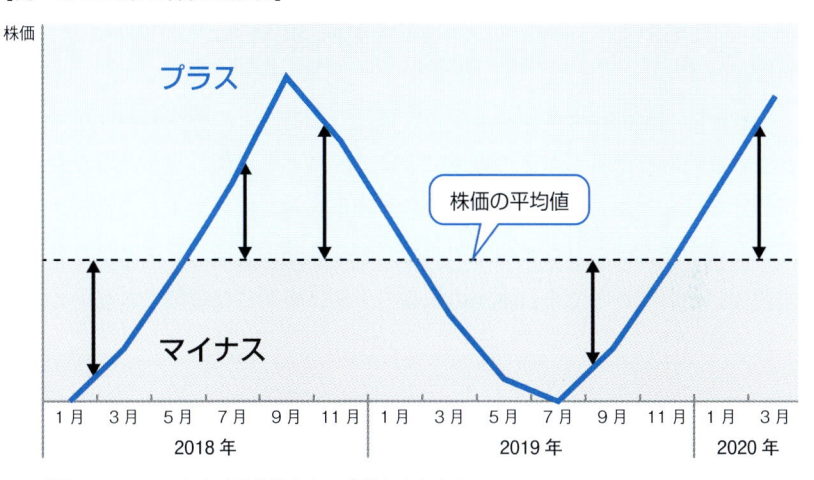

（注）　1.　◀━━▶ 矢印は平均値からの乖離を表します。
　　　　2.　平均値からの乖離を求めて 2 乗することによってリスクの大きさを表します。

■図表 7-2-2　分散の計算方法をマトリックスで分解

点数	平均点	点数−平均点	③の 2 乗	人数	④×⑤			
①	②	③(①−②)	④	⑤	⑥			
600	450	150	22,500	3	67,500			
500	450	50	2,500	1	2,500	⑥の合計	⑤の合計	⑦/⑧
400	450	−50	2,500	1	2,500	⑦	⑧	合計（分散）
300	450	−150	22,500	3	67,500	140,000	8	17,500

数値を平方根で調整することによって見やすい数値に変換します。標準偏差を式にすると下記のようになります。

$$標準偏差 = \sqrt{分散}$$

上記の例と同様に，8人にテストを受けてもらい，600点が3人，500点が1人，400点が1人，300点が3人という結果であれば，標準偏差は132.287…となります。

一般的に，分散や標準偏差を用いて資産の価格がどの程度のバラツキを持っているのかを計算し，その結果によってリスクを評価します。ただし，気をつけなければならないことは，分散や標準偏差は既に発生した過去のデータに基づいて計算された数値ですので，将来も過去と同じリスクになるとは限らないということです。本当の未来の予測は人間には理解できないのかもしれません。

7.3 ポートフォリオ理論

ポートフォリオとは，過去に紙でできた株券や債券をストックしておくファイルのことを意味していました。つまり，1種類の株式や債券だけで投資運用を行うのではなく，さまざまな資産の組合せによって運用を行うときに必要となる理論のことをポートフォリオ理論といいます。

まず，ポートフォリオ理論の代表的な分散投資から説明していきましょう。たとえば，全財産をはたいて株式1種類だけを保有していた場合，その株式を発行している企業が突然倒産してしまえば，投資家は全財産を失ってしまいます。ところが，株式を1種類だけではなく，仮に2種類保有し，各々50％ずつを保有していたとしましょう。株式を保有している2社の内1社が倒産した場合，分散していたおかげで全財産の50％は失わずに済みます。上記が分散投資の直感的な理解となります（図表7-3-1）。

では，今度は数学的に理解を深めていきましょう。期待収益率と標準偏差を用いてポートフォリオを描いてみましょう（図表7-3-2）。まず，株式Aは

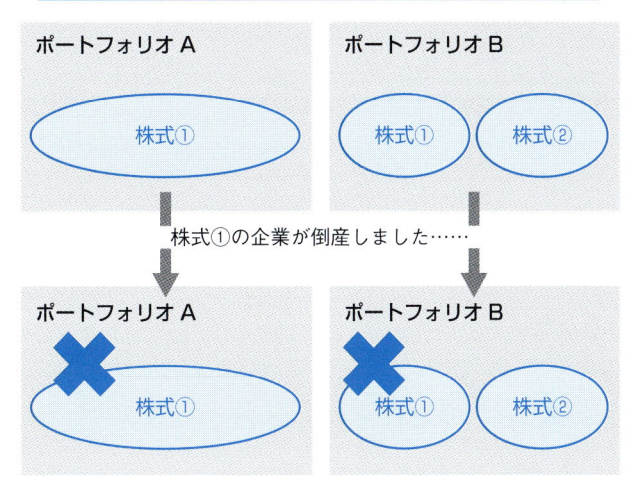

■図表 7-3-1　分散投資とポートフォリオ（直感的な理解）

ポートフォリオ A は全財産を失いますが，ポートフォリオ B は 50％分の財産が確保できます。これを分散投資といいます。

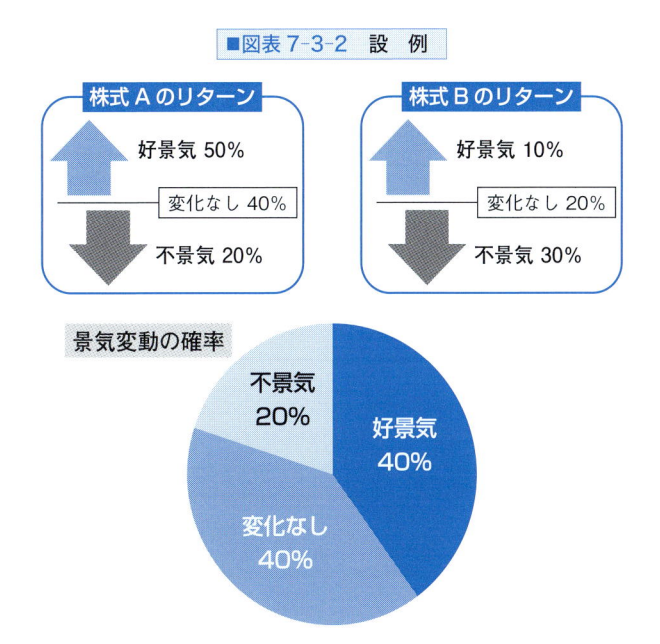

■図表 7-3-2　設　例

好景気時には50％のリターンです。景気が変わらずそのままの場合，40％のリターンとなります。不景気の場合には20％のリターンです。一方，株式Bは好景気時には10％，景気に変化がない場合は20％，不景気の場合には30％となるとします。景気変動は好景気になる確率が40％，そのままの状態が40％の確率であり，不景気が20％の確率で起こるとしましょう。

　株式Aと株式Bの2種類の保有割合を株式A100％→株式A75％＋株式B25％保有→株式A50％保有＋株式B50％保有→株式A25％保有＋株式B75％保有→株式B100％というようにポートフォリオを変化させています。左から順にポートフォリオの名前を①②③④⑤とします（図表7-3-3）。例として，好景気の時のポートフォリオ①〜⑤の計算式を示します。GRを好景気時におけるポートフォリオのリターン，GARを好景気時の株式Aのリターン，株式Aの保有割合をWA，好景気時の株式BのリターンをGBR，株式Bの保有割合をWBとすると，

$$GR = GAR \times WA + GBR \times WB$$

となります。この計算によって，好景気時のポートフォリオ①〜⑤の値が埋まります。同じく，この計算式で景気がそのままのパターンにおけるリターンNR，不景気時のパターンDRを各々計算します。

　次に期待収益率Eの計算を行います。景気変動確率について好景気の確率をGP，そのままの確率をNP，不景気の確率をDPとします。計算式は下記のとおりです。

$$E = GR \times GP + NR \times NP + DR \times DP$$

となります。この計算をポートフォリオ①〜⑤まで計算します。さらに，ポートフォリオごとの標準偏差を求めれば図表7-3-4が完成します（この表では標準偏差は与えられた数値です）。

　ここで，この表をみるとリスクを表す標準偏差は株式Aと株式Bの保有割合が50％ずつの時が一番低くなっています。では，ポートフォリオ①〜⑤のうち，リスクの割に期待収益率が高いポートフォリオはどれでしょうか？

　表の一番下の行は期待収益率を標準偏差で除したものです。この数値をみ

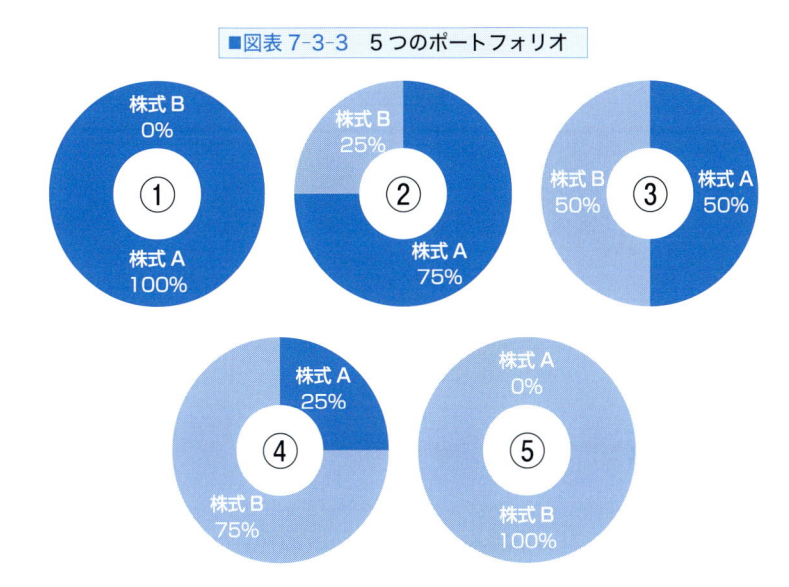

■図表 7-3-3　５つのポートフォリオ

■図表 7-3-4　分散投資とポートフォリオ

	ポートフォリオ	①	②	③	④	⑤
景気の シナリオ	株式保有割合→ ↓景気変動確率	A 100% B 0%	A 75% B 25%	A 50% B 50%	A 25% B 75%	A 0% B 100%
好景気	40%	50%	40%	30%	20%	10%
そのまま	40%	40%	35%	30%	25%	20%
不景気	20%	20%	23%	25%	28%	30%
期待収益率 （ⅰ）	－	40%	35%	29%	24%	18%
標準偏差 （ⅱ）	－	0.15	0.09	0.03	0.04	0.10
（ⅰ）/（ⅱ）	－	2.67	3.88	9.67	6.00	1.80

（注）　数値は小数点第二位までを表記し，小数点第三位を四捨五入しています。

ると，ポートフォリオ③がリスクの割には期待収益率が高いことが伺えます。このように，分散投資をすることによってリスクを分散させながら，ある程度の期待収益率を確保することができます。

その際に，重視される点として株式 A もしくは株式 B のリターンのどちらかが景気の変動に対して相関がなければない程リスクは分散されます。実際のポートフォリオでは株式と債券を組み合わせたり，さらには株式や債券だけではなく不動産を組み合わせたりすることによって保有資産同士が景気の変動と相関しないように注意して資産配分（アセット・アロケーション）を行います。

7.4 資本資産評価モデル

資本資産評価モデル（Capital Asset Pricing Model：CAPM）は個別企業における株式の期待収益率とリスクの関係を求める計算方法です。期待収益率とは，その企業の株式を保有すると，どの程度儲かるのかという予想のことです。つまり，株主は企業に対して期待収益率以上のリターンを要求することになります。CAPM において扱うリスクは 2 種類存在します。第 1 に，個別企業リスクであり，第 2 にマーケットリスクです。個別企業リスクは分散投資によってリスクを低下させることができます。しかし，CAPM では，仮に個別企業の株式銘柄を分散投資する目的で数多く保有したとしても，市場のリスクであるマーケットリスクと同程度のリスクまでしか低下しないという特徴があります。

この CAPM は一般的にいくつかの仮定に基づいています。まず，市場は競争的であり，その競争的な市場において取引費用はないことを前提としています。さらに，投資対象資産は無限に分割可能であり，インサイダー情報は存在しないと仮定しています（*Column* 7.4）。経済学における完全資本市場については *Column* 7.5 をご覧ください。

ここで，R_i を個別企業の期待収益率，R_m を日経平均株価や TOPIX などのインデックス（指標）の期待収益率，R_f を投資家が無リスクで得られる期待収

Column 7.4 ● 効率性市場仮説

効率性市場仮説とは，現時点における企業の情報はすべての投資家が知っており，そのために株価はすべての情報をもとに適正に判断されているという仮説です。すなわち，理論的には株価の変動は新しい情報が加わるまで変動しないため，現時点の情報では株価が将来上昇するのか，下落するのかは予測できないことになります。効率性市場仮説は広まっている情報の程度によって３種類に分類されています。

①**ストロング・フォーム**：企業の未公開情報やインサイダー情報を市場取引参加者全員が知っていることになります（誰も現在の情報では抜け駆けして儲けることができない状態です）。②**セミストロング・フォーム**：企業の公開情報までは取引参加者に知れ渡っている状態のことをいいます（未公開情報やインサイダー情報を持つ者だけが儲けることのできる市場です）。③**ウィーク・フォーム**：過去の株式市場相場の推移だけを市場取引参加者が知っている状態のことをいいます（過去の株価の動きを分析して儲けることができる者はいない状態です）。

Column 7.5 ● 完全資本市場

以下の５つの条件を満たしていることが完全資本市場の条件となります。

①商品情報や価格情報を取得する際のコストはゼロとなり，誰もが公平に情報を取得できます。②取引料や手数料など，商品の売買に関する一切のコストがかかりません。③企業も投資家も，無リスクの利子率での借入れや貸出しが可能です。④多くの投資家が市場に参加しているため商品の流動性が十分に高く，商品を瞬時に売買することが可能です。⑤倒産の可能性はありません。

なお，本章で扱う資本資産評価モデルが成立するための追加的仮定には，「投資家は危険回避的であり，証券ポートフォリオの期待収益率と分散（標準偏差）に基づき投資の意思決定を行うこと」，「投資対象資産は無限に分割可能であること」等があります。

■図表 7-4-1　**CAPM における期待収益率とリスクの関係**

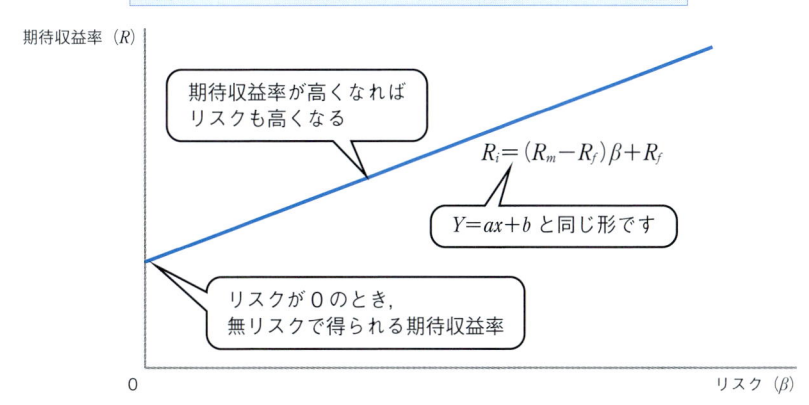

期待収益率（R）

期待収益率が高くなればリスクも高くなる

$$R_i = (R_m - R_f)\beta + R_f$$

$Y = ax + b$ と同じ形です

リスクが０のとき，無リスクで得られる期待収益率

0

リスク（β）

益率である**リスク・フリーレート**とします。では，式を書いてみましょう。

$$R_i = (R_m - R_f) \times \beta + R_f \tag{7-1}$$

この式はよくみると，$Y = aX + b$ と同じ形です（**図表7-4-1**）。ここで，インデックスの期待収益率 R_m とは日本では，たとえば日経平均株価やTOPIXのリターンです。このインデックスの期待収益率を**ベンチマーク**と呼ぶことがあります。このベンチマークの期待収益率は過去のデータから計算します。過去のデータからベンチマークや個別銘柄の収益率を計算する方法は下記のとおりとなります。

$$\text{株式投資収益率（\%）} = \frac{\text{配当} + （\text{売却代金} - \text{購入代金}）}{\text{購入代金}} \times 100 \tag{7-2}$$

たとえば，月次で計算した場合，1年間で得られた配当を12ヶ月で除し，1ヶ月当たりの配当金額を求めます。さらに，前月末の株価を購入代金とし，今月末の株価を売却代金として（7-2）式に代入して計算します。R_f はリスク・フリーレートで，一般的に国債の収益率を用います。つまり，国は破綻しないという仮定に基づき，投資家が無リスクで得られる期待収益率のことを示します。**無リスク金利**とも呼ばれます。

CAPMの式は簡単にいえば，「日経平均株価やTOPIXが上昇すれば，その個別銘柄の収益率はどの程度上昇しますか」ということを表している式となります（**図表7-4-2**）。（7-1）式に表記された個別銘柄の β（ベータ）が1であるとき，個別銘柄の期待収益率はインデックスの期待収益率（ベンチマーク）と等しくなります。β が1より大きければ日経平均株価やTOPIXが上昇した時に，その個別銘柄の期待収益率が日経平均株価やTOPIXの収益率より大きく上昇することを表します。

逆に，日経平均株価やTOPIXが下落した際には，その個別銘柄の期待収益率が日経平均株価やTOPIXの収益率より大きく下落します。つまり，β が1より大きい個別銘柄はベンチマークよりリスクが高い分だけ期待収益率も高いことになります。個別銘柄の β が1より小さく0より大きければ，日経平均株価やTOPIXの上昇率より，その個別銘柄の期待収益率のほうが小さいことになります。すなわち，ローリスク・ローリターンです。

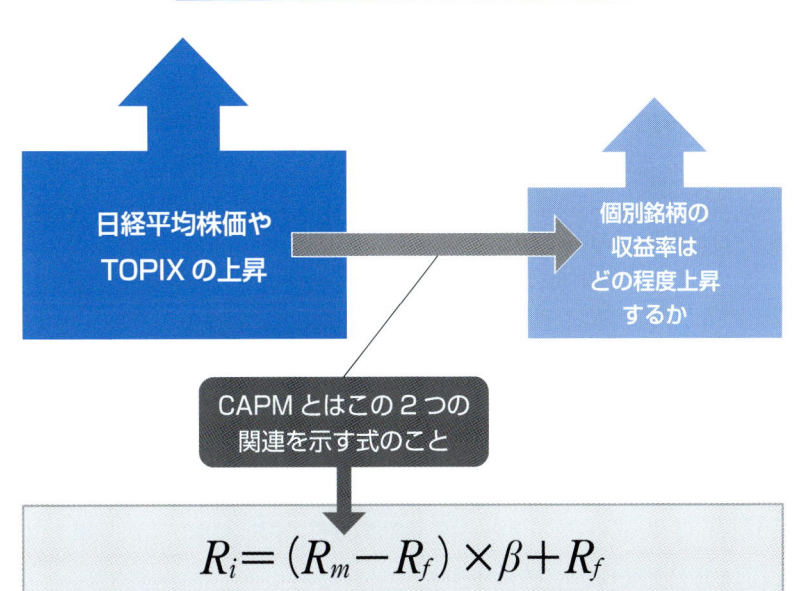

■図表 7-4-2　CAPM とは（直感的イメージ）

$$R_i = (R_m - R_f) \times \beta + R_f$$

1.　個別銘柄の β が 1 より大きければ日経平均株価や TOPIX が上昇した ときに，その個別銘柄の期待収益率（R_i）が日経平均株価や TOPIX な どの収益率（R_m）より大きく上昇する。

2.　個別銘柄の β が 1 より小さく 0 より大きければ，日経平均株価や TOPIX などの上昇率（R_m）より，その個別銘柄の期待収益率（R_i）の ほうが小さい。

3.　個別銘柄の β がマイナスであれば，日経平均株価や TOPIX などの収 益率（R_m）が下落したときに，その個別銘柄の期待収益率（R_i）が上昇する。

また，β がマイナスであれば，日経平均株価やTOPIX などのベンチマークの収益率が下落したときに，その個別銘柄の期待収益率が上昇することとなります。β がマイナスの個別銘柄の期待収益率はベンチマークの期待収益率と逆の動きをします。したがって，β はインデックスの期待収益率と個別銘柄の期待収益率を連動させたときに，個別銘柄におけるリスクがどの程度であるのかについて示していることになります（図表7-4-3）。

　通常 β は株式情報を提供する企業（情報ベンダー）が公表していますが，自分で回帰分析を用いて推計することも可能です。β の推計方法は下記の回帰式から計算できます。

$$R_i \ - \ R_f \ = \ \alpha \ + \ \beta(R_m - R_f) \ + \ \varepsilon \qquad\qquad (7\text{-}3)$$

　つまり，CAPM の（7-1）式において，リスク・フリーレート R_f を右辺から左辺に移項します。次に，各々 $R_i - R_f$ と $R_m - R_f$ を計算し2種類の変数を一定期間分作成します。リスク・フリーレート R_f は通常，国債の利回りを用います。

　上記の（7-3）式の ε（イプシロン）は回帰分析の際に発生する誤差項を表します（回帰分析は Excel でも計算可能です）。

　（7-3）式の回帰分析によって計算された α は，ジェンセンの α（アルファ）と呼ばれます。ジェンセンの α は（7-3）式の切片ですから，α が正の数であれば，β が0の時にインデックスの期待収益率より個別企業の期待収益率のほうが高いことになります。これを，超過収益率と呼びます。

7.5　加重平均資本コスト（WACC）について

　「企業の資本コストは何％ですか」という疑問に答えるために資本コストを計算してみましょう（図表7-5-1）。負債，つまり借金で資金を調達すると，当然，金利（利子率）がかかります。

　　負債にかかるコストの割合　＝　金利（％）　÷　100
　　　　　　　　　　　　　　　　　　（1％を割合で表記すると 0.01）

■図表 7-4-3　インデックスの期待収益率と β の関係

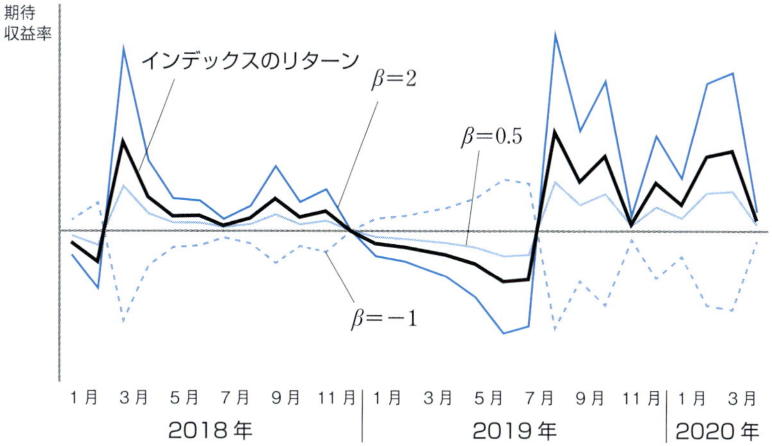

期待
収益率

インデックスのリターン

$\beta=2$

$\beta=0.5$

$\beta=-1$

1月　3月　5月　7月　9月　11月｜1月　3月　5月　7月　9月　11月｜1月　3月

2018年　　　　　　　　　　2019年　　　　　　　　　2020年

■図表 7-5-1　加重平均資本コストの考え方

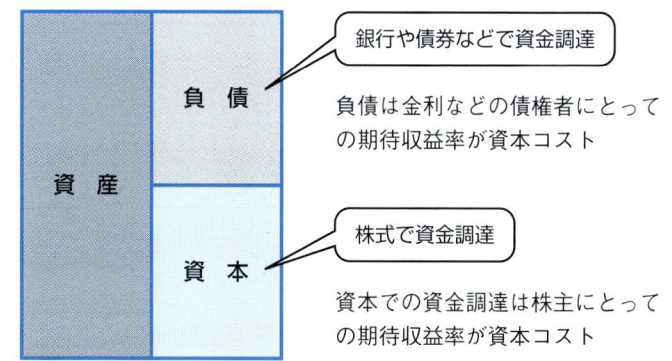

資　産

負　債

銀行や債券などで資金調達

負債は金利などの債権者にとって
の期待収益率が資本コスト

資　本

株式で資金調達

資本での資金調達は株主にとって
の期待収益率が資本コスト

株式で資金調達し，配当によって投資家にすべて還元されるとすれば，

株式にかかるコストの金額　＝　1株当たりの配当金

となります。ここで，株式のコストを金利のような割合で表示するには，

株式にかかるコストの割合　＝　1株当たりの配当金　÷　株価

となります。ここで，企業の資金調達において何％が負債で調達されており，何％が株式によって調達されているのかを計算してみる必要があります。

負債で資金調達した割合　＝　負債　÷　（負債＋株式時価総額）
株式で資金調達した割合　＝　株式時価総額　÷　（負債＋株式時価総額）

さて，記号を用いてスッキリさせるため，負債にかかるコストの割合を RD（D は Debt：負債），株式にかかるコストの割合を RE としましょう（E は Equity：株式）。負債の金額を D として，株式時価総額を E としましょう。計算で導きたい最終目標の資本コスト（割合）を WACC とします。企業が資金調達に対して支払うコスト全体を金利のような％で表示してみると，以下のようになります。

$$\text{WACC} = \left(RD \times \frac{D}{D+E} + RE \times \frac{E}{D+E} \right) \times 100$$

このような手間がかかることをしなくても資本コストは $(RD+RE) \div 2$ でいいのではないかと思うかもしれませんが，たとえば，企業が資本より負債で多く資金調達をしている場合，$(RD+RE) \div 2$ ではうまく計算できません。逆に企業が株式で多くの資金を調達している場合でも $(RD+RE) \div 2$ で計算すると資本コストが全く同じ数値になってしまいます。

上記のような問題点を克服する方法が加重平均と呼ばれる方法です。WACC は加重平均によって計算されているのです。じつは WACC は Weighted Average Cost of Capital の略で加重平均資本コストといいます（*Column* 7.6）。

ここで，企業が銀行や債券などによって負債で資金を調達するのか，もしくは株式により資本として資金を調達するのかを実務的な経験則により考察

Column 7.6 ● 加重平均について

　加重平均とは，単純な算術平均とは異なります。たとえば，試験を行ったとします。そのうち社会が30点，国語が50点，英語が70点であったとします。算術平均であれば，(30＋50＋70)÷3となり，50点となります。

　一方で，社会100点満点のうち30点，国語200点満点のうち50点，英語900点満点のうち70点だったとしたら，(30×100＋50×200＋70×900)÷1200で全体の平均点は63.333…点となります。これが加重平均です。つまり，

$$加重平均 ＝ \frac{(得点×満点)の合計}{(満点)の合計}$$

となります。

Column 7.7 ● ディスカウント・キャッシュ・フローとは？

　ある大富豪が100万円をタダでくれるとします。その100万円の受け取り時期は，今現在か1年後かを読者さんが選択できるとします。さあ，あなたは今現在100万円を受け取るべきか？　もしくは，1年後に受け取るべきでしょうか？

　今現在受け取った100万円を，たとえば年1％の利息が付く預金に預けたとしましょう。1年が経過すれば101万円になります。この計算は100万円×(1＋0.01)＝101万円で計算可能です。では，1年後に大富豪から受け取れば，100万円です…。つまり，今受け取った100万円は1年後に受け取る100万円より1万円価値が高い。簡単にいえば，将来に受け取る資金は利息分だけ価値が割り引かれてしまう。1年後にもらえる100万円は今現在に換算すると，端数を除けば99万99円となります。この計算は100万円÷(1＋0.01)＝99.0099…となります。

　このような現在価値と将来価値については**第 4 章**でもふれましたが，ここでは，本題の株価の理論価値を計算する単純な例を紹介します。Pを株価の理論価値，Cを毎年もらえる配当とし，rをここでは単純に金利（本来は加重平均資本コスト：つまり，投資家の期待収益率です）とすると $P＝C/(1＋r)$ となります。C が毎年一定であると考えれば，1期先の2年目以降は $P＝C/(1＋r)＋C/(1＋r)^2＋C/(1＋r)^3…$ となります。金利分を示す $(1＋r)$ が正の数と仮定すれば，分母の累乗が大きくなると分数自体の金額は小さくなっていきます。要するに，時間が経過すればするほど新しく生み出されたキャッシュ・フローは価値が低下していくのです。その合計値が株価の理論価値となります。上記の式のように，期間が無限に続けば数式上（無限等比級数により），$P＝C/r$ と変形できます。つまり，**ディスカウント・キャッシュ・フロー**（DCF）とは将来の価値を今現在の価値に修正するといくらの価値になるかを計算したものになります。上記のように，配当を用いて株価の理論価値を求める方法を，**配当割引モデル**（Dividend Discount Model：DDM）といいます。すなわち，株価とは株券という紙切れを保有していると将来いくらもらえるのかという金額を現在価値に換算したものという解釈です。

したものにペッキング・オーダー理論があります。**ペッキング・オーダー理論**（Pecking Order Theory）とは「ニワトリの社会において弱いニワトリを強いニワトリがつつき回し序列を作る」ということに由来して名付けられました。別名「**ファイナンシャル・ヒエラルキー仮説**」とも呼ばれています。ペッキング・オーダー理論については，次章の**8.3**節で改めて解説します。

7.6　株式にかかる資本コストについて

　これまで説明してきた加重平均資本コストでは，株式にかかる資本コストを１株当たりの配当金を株価で除した配当利回りを使用してきました。なぜなら，株式にかかる資本コストは負債の金利（利子率）のような明示的な基準が存在しないので，便宜上，配当利回りを使用したのです（配当に関連した内容として配当割引モデルをご参考までに記載してあります。*Column* 7.7）。

　実務的には，株式にかかる資本コストに CAPM を使用することが一般的です。では，下記のような考え方をしてみましょう。

　株主資本コスト　=　当該企業のリスク分　+　リスク・フリーレート

　株主であれば，企業に対して上記の**リスク・プレミアム**（株主資本コスト）を要求します。この式を分解していくと，

　株主資本コスト　=　β　×（インデックスの期待収益率－リスク・フリーレート）　+　リスク・フリーレート

と書けます。この式は，$R_i = (R_m - R_f) \times \beta + R_f$ という CAPM の式と等しくなります。CAPM の β を回帰分析によって求め，インデックスの期待収益率の予想値を入力すれば R_i が判明します。ここでリスク・フリーレートは将来も一定であると仮定します。R_i を **7.5** 節で説明した，株式にかかるコストの割合 RE として計算することで，加重平均資本コストを求めることができます。

《WACC の利用方法》

　加重平均資本コストは企業のプロジェクトを進める際に重要な役割を演じ

Column 7.8 ● 法人税について

　これまで，加重平均資本コストの解説をしてきましたが，ここで１つ重要な要素を付け足したいと思います。それは**法人税**です。法人税率を t とします。負債に対する金利の支払いは法人税額算定上，損金として扱われます。つまり，負債は節税の効果を持ちます。この節税効果を数式で表すと（１−t）と書くことができます。これを，加重平均資本コストの式に組み込むと下記のようになります。

$$\text{WACC} = \{RD \times D/(D+E) \times (1-t) + RE \times E/(D+E)\} \times 100$$

　上記の式のようにして計算すれば，負債にかかる法人税の節税効果を反映させた加重平均資本コストになります。

Column 7.9 ● 関連知識──証券会社の業務

　本章で扱った議論に関連して，実際にこうした仕事を行っている証券会社について紹介します。証券会社の業務は主に以下の４つから成り立っています。

① ディーリング（自己売買業務）
② ブローキング（売買仲介業務）
③ アンダーライティング（引受業務）
④ セリング（売り捌き業務）

　まず，①の**ディーリング**とは証券会社自身の資金（証券会社が保有する資金で，顧客の資金ではありません）を運用するために株式や債券を売買することをいいます。証券会社自身も運用を行って収益を得る業務です。また，顧客が信用取引などを行う場合には証券会社から株式を貸し出すことがあります。そのために，証券会社はある一定の株式を保有している必要があります。

　②の**ブローキング**とは顧客の売買について仲介を行う業務です。たとえば，顧客が株式を購入する場合には，証券会社は顧客から資金を預かり，その顧客の資金で株式を購入します（証券会社自身の資金とは別管理になります。これを分別管理といいます）。その際に，顧客は仲介手数料を証券会社に支払います。

　③の**アンダーライティング**とは，企業の発行する株式や債券の引受業務のことです。企業が新規に資金調達をする際には株式や債券を発行します。企業が発行した株式や債券を投資家が購入することで企業に資金が回ります。その際に，証券会社が企業と投資家のつなぎ役を担うことになります。アンダーライティングの場合，証券会社が企業の株式や債券を一度購入し投資家に売却するというイメージです。つまり，株式や債券の売れ残りが出たら証券会社が引き取ることになります。

　④の**セリング**とは，新規発行の株式や債券を企業から預かり投資家に売却する業務です。アンダーライティングとよく似ていますが，セリングでは売れ残りが出た場合に，証券会社は引き取る必要がありません。

ます。たとえば，加重平均資本コストが5％であるとしましょう。企業で新たにプロジェクトを始めようとするとき，そのプロジェクトの収益率が3％であったら，企業はそのプロジェクトを実行するべきでしょうか？

　答えは NO です。なぜならば，資金調達に5％のコストがかかっているのに，資本コスト以下の3％しか収益の出ないプロジェクトを行えば企業は資本コストをプロジェクトによって回収できずに損をするからです。つまり，資本コスト以上の収益をもたらすプロジェクトを企業は選択するべきです。しかし，世の中はハイリスク・ハイリターンかローリスク・ローリターンですので，収益性の高すぎるプロジェクトはリスクが高すぎるかもしれませんから注意が必要です（法人税を考慮した場合の WACC の計算について，ご参考までに記載してあります。*Column* 7.8）。

第8章

最適資本構成とは

8.1 財務レバレッジ

　一般的に「無借金経営」は響きのいい言葉に聞こえます。とくに日本においては，借金は悪いもので，少なければ少ないほど良いといった風潮があります。事実，経営者の中にも，それを理想として，それに近い経営を行っている会社もあります。しかしながら，意外と思われるかもしれませんが，無借金経営は望ましい状態ではなく，むしろ適度に借金をして，企業価値を高めることが望ましいというのが経営財務論の考え方です。負債を増やすことによって企業価値が高まる一つの理由として，利子費用を損金処理して法人税の負担を減らせるというメリット（節税効果）があるためです。もう一つの理由は，少ない資本でより多くの利益の達成を実現させることを可能にするレバレッジ効果を効かせることができるからです。レバレッジとはテコ（梃）という意味です。そのレバレッジの作用により，少ない資本で大きなリターンが期待できるようになることはレバレッジ効果と呼ばれます。もちろん，負債利用についてはいくつかの問題点も存在します。図表8-1-1に負債の効果と問題点について整理しました。

　それでは最初にレバレッジ効果について考えてみましょう。これは，負債と自己資本の組合せである資本構成の問題と関連があります。当然のことながら，総資本に占める負債の割合が大きいほど，財務レバレッジも高くなります。財務レバレッジは，総資本を自己資本（純資産）で割ったものです。本章では財務レバレッジのイメージをしやすくするため純資産ではなく自己資本と表記します。財務レバレッジがROE（自己資本利益率）に与える影響について考えましょう。ROEを分解すると，下記のように示されます。

$$\text{ROE} = \frac{\text{純利益}}{\text{自己資本}} \times 100 \quad (\%)$$

$$= \underbrace{\frac{\text{当期純利益}}{\text{売上高}}}_{\text{（売上高当期純利益率）}} \times \underbrace{\frac{\text{売上高}}{\text{総資産}}}_{\text{（総資産回転率）}} \times \underbrace{\frac{\text{総資本}}{\text{自己資本}}}_{\text{（財務レバレッジ）}}$$

　上記の式で示されるように，売上高当期純利益率と総資産回転率に変化が

■図表 8-1-1　負債の効果と問題点

効　果	問題点
● レバレッジ効果 レバレッジ効果により経営の効率性を高めることができます。	● 倒産リスクの上昇 負債比率が高すぎると，倒産リスクも高まります。
● 節税効果 支払利息は，税務上損金になりますので，負債の節税効果（Tax Shield）を享受できます。	● 金利負担の増加 借入が増えれば，金利負担は増加します。
● 経営者に対する規律を高める 負債比率が高い企業の経営者は，返済不履行に陥らないよう，収益を上げるために努力をします。負債比率の上昇は経営者を規律づけます。	● 投資行動への制約 銀行からの借入が増加すると，銀行から経営への介入があるかもしれません。またコベナンツ（財務制限条項など）が課せられる可能性も高まり，経営の自由度が縮小します。また財務的柔軟性も失われて，絶好の事業機会に投資できない場合も考えられます。

■図表 8-1-2　負債のレバレッジ効果

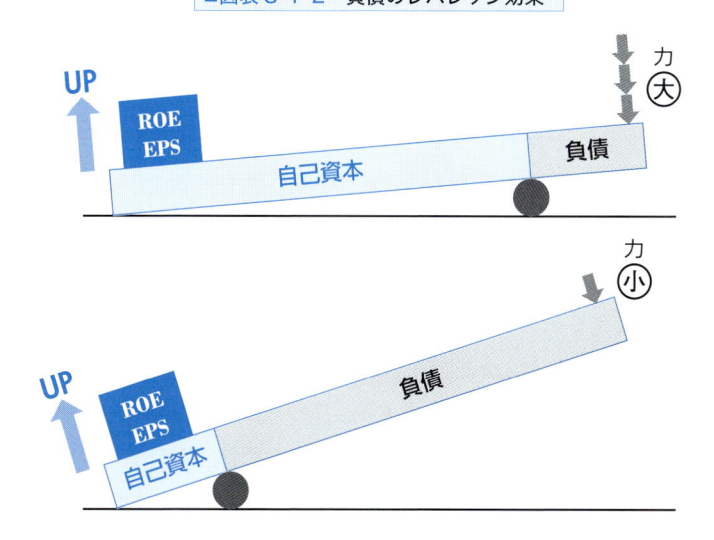

ない場合に，財務レバレッジを高めればROEが高まることがわかります。

　次に負債比率を用いて，レバレッジ効果について説明します。図表8-1-3の数値例から明らかなように，ROA（総資産利益率）が利子率より高いときには，財務レバレッジはROEの向上に大きく寄与しています。とくにレバレッジの部分がテコの機能を果たして，それがROEを高めるように作用しているわけです。これを一般式で表してみます。

　ROAをr，利子率をiとしましょう。ここで説明をシンプルに行うために，税金を考慮せず，ROAの分子の利益として営業利益を使います。レバレッジである負債比率は，負債D（Debt）と自己資本E（Equity）の比率D/E（D/Eレシオ）で計算されます。$r=$営業利益$/(D+E)$，ROE$=$（営業利益$-i \cdot D$）$/E$ですから，以下の式のように整理されます。

$$ROE = \frac{r(E+D) - i \cdot D}{E}$$

$$= r + \frac{(r-i) \cdot D}{E} = r + (r-i) \times \frac{D}{E}$$

　上の式からわかるように，$r > i$である限り，レバレッジD/Eが大きいほどROEは高くなります。レバレッジD/Eがテコの働きをするわけです。このように負債を利用することによってROEを向上させて，少額の自己資本で多くの収益を獲得することが可能になります。一方で，$r < i$のときには，ROEは低下します。レバレッジが大きくなると，ROEも大幅に下がるため，リスクが大きいことは明らかです。

　また，営業利益は時間とともに変動します。これは営んでいる事業の状況に応じて変化するものですので，この変動はビジネスリスク（事業リスク）と呼ばれます。これは事業活動そのものに付随するリスクで，無借金経営のときの，言い換えると負債を利用していないときのROEの不確実性と考えられます。既に説明したように営業利益が変動するとき，レバレッジが大きいほど，ROEの変動も大きくなりますが，この変動は財務リスク（ファイナンシャルリスク）と呼ばれます。つまり，ROEの変動は，ビジネスリスクと財務リスクの2つの要因から生じることになります。

■図表 8-1-3　レバレッジ効果

	A社 (レバレッジ0%)			B社 (100%)			C社 (400%)		
	不況	普通	好況	不況	普通	好況	不況	普通	好況
ROA	5%	10%	20%	5%	10%	20%	5%	10%	20%
営業利益	5億円	10億円	20億円	5億円	10億円	20億円	5億円	10億円	20億円
一利子率 (8%)	0			4億円 (50億円×8%)			6億4,000万円 (80億円×8%)		
税引前利益	5億円	10億円	20億円	1億円	6億円	16億円	−1億 4,000 万円	3億 6,000 万円	14億 6,000 万円
一法人税率 (40%)	2億円	4億円	8億円	4,000 万円	2億 4,000 万円	6億 4,000 万円	0 (赤字の ため)	1億 4,400 万円	5億 8,400 万円
純利益	3億円	6億円	12億円	6,000 万円	3億 6,000 万円	9億 6,000 万円	−1億 4,000 万円	2億 1,600 万円	8億 7,600 万円
ROE	3%	6%	12%	1.2%	7.2%	19.2%	−7%	10.8%	43.8%

※ 利子率を8%，法人税率を4%とします。

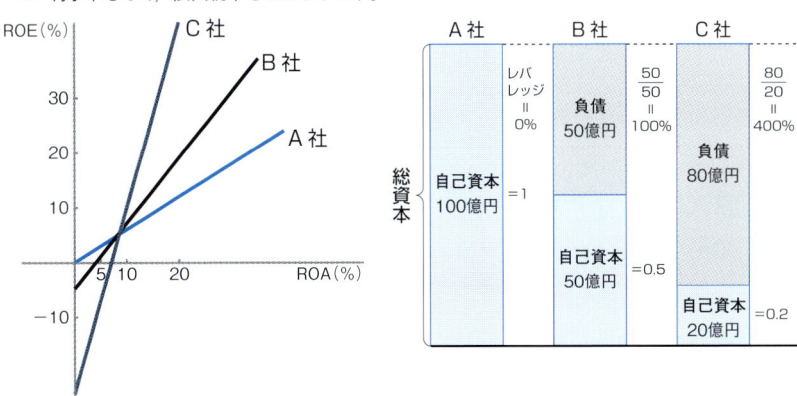

8.2 最適資本構成は存在するのか―― MM 理論

8.2.1 MM 理論とは

前節で適度に借金をしたほうが，経営効率も上がることを説明しました。そこで知りたくなるのが，適度とは具体的にどの程度の負債比率なのかということです。つまり最適な資本構成は存在するのかという問題です。現実に1950 年代までは図表 8-2-1 のように，企業価値を最大化させる WACC（加重平均資本コスト）が最小となる最適資本構成が存在するという考え方（伝統的理論）は広く支持されていたようです。

この考え方に異議を唱えたのがモジリアーニ（F. Modigliani）とミラー（M. H. Miller）です。彼らは，2 人の名前のイニシャルをとった MM 理論を発表しました。MM 理論で最も有名な主張は，「企業価値は資本構成の影響を受けない」（第 1 命題）というものです。つまり，企業価値を高めたければ，企業はただ単に資本構成を変えるといった財務上の操作をしても無意味で，期待される利益率が高い投資プロジェクトを選択し，実施しなければいけないということです。

上記の命題を導くための前提として，市場は完全資本市場である必要があります。このような前提をおく理由として，いろいろな条件を排除し，シンプルに結果を導き出したほうが物事の本質に迫れるからです。具体的には主に下記のような仮定がおかれます。

(1) 情報を取得する際のコストはゼロとなり，誰もが公平に情報を取得できます。
(2) 法人税はゼロです。
(3) 取引手数料はかかりません。
(4) 企業も投資家も同じ無リスクの利子率で借入や貸出が可能です。
(5) 商品の流動性が高く，瞬時に売買可能です。
(6) 倒産の可能性はありません。

図表 8-2-2 で示されるように，レバレッジにも関わらず WACC は一定と

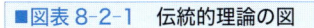

■図表 8-2-1　伝統的理論の図

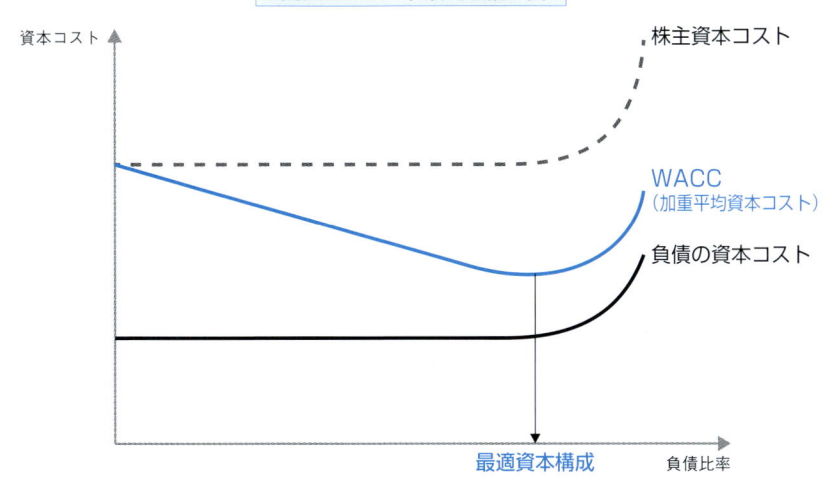

資本コスト

株主資本コスト

WACC
（加重平均資本コスト）

負債の資本コスト

最適資本構成　　負債比率

■図表 8-2-2　MM 理論の図

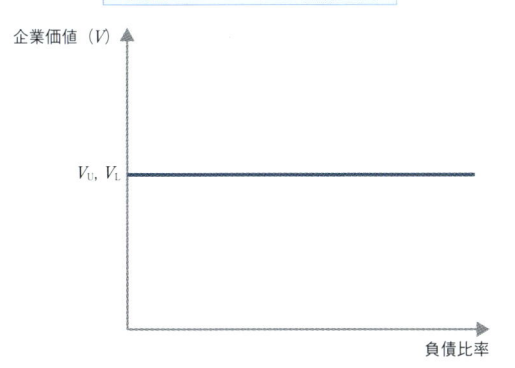

企業価値（V）

V_U, V_L

負債比率

V_U＝無借金経営の会社　　V_L＝借金のある会社

負債比率（D/E レシオ）が変化しても，無借金経営の会社の企業価値 V_U と負債のある会社の価値 V_L は等しくなります。つまり資本構成は企業価値に影響を与えません。

なるために，企業価値とは関係がありません。負債は自己資本と比較すると資本コストが安いですが，負債比率の上昇は最終的に株主に負担を負わせるような財務リスクの上昇を引き起こしますので，株主資本コストも同時に高めます。すなわち，株主資本コストは低コストの負債調達のメリットを相殺するように上昇していきます。その結果，WACC はレバレッジがどのように変化しようと一定となるわけです。また企業価値は企業の投資決定，すなわち将来の営業利益の期待とビジネスリスクによってのみ決まるようになるため，資金調達の方法とは無関係になります。つまり，資本構成が異なっていても，将来の営業利益の期待値が同じ企業であるならば企業価値は同じであるということです。言い方を変えると，資本構成を変えても企業価値は上昇しないということを意味します。

　ここでレバレッジが異なる 2 つの企業を想定します（図表 8-2-3 参照）。営業利益の期待値はともに 400 億円とします。MM 理論は，完全資本市場という前提のもとに，市場の裁定取引に立脚した議論によって証明されます。裁定取引とは，価格変動において，同一の性質と価値を持つ 2 つの商品の間で，割安なほうを買い，割高なほうを売ることにより，理論上リスクなしに収益を確定させる取引のことで，アービトラージ（Arbitrage）とも呼ばれます。ここで，資本構成のみが異なり，同じ資産と事業を営んでいる 2 つの会社を考えます。無借金経営の会社を U 社とします。負債を利用している企業を L 社とします。L 社は利子率 10 ％の社債を 1,000 億円発行しています。完全資本市場という前提のもとでは，個人（投資家）と企業は同じ利率で借入が可能です。また L 社と U 社は，同じ資産と事業内容であることから，同じビジネスリスク・クラスに属していると表現されます。U 社の株主資本コスト（株主が要求する期待収益率）が 20 ％であるとすると，U 社の株主価値は営業利益の期待値である 400 億円を 20 ％で割った 2,000 億円になりますが，U 社は無借金ですので，この値はそのまま U 社の企業価値になります。

　L 社が創出する営業利益は，利子率を 10 ％とすると債権者に 1,000 億円 × 10 ％の 100 億円，株主に残りの 300 億円が分配されます。この場合，両者を合計した投資家全体（債権者と株主）に分配される営業利益は 400 億円で U 社と同じになります。また，両社は同じ事業を営んでいるので，L 社に投資

Column 8.1 ● MM 理論の重要性とは

　MM 理論は経営財務の研究に経済学的分析を持ち込み，その分野の発展に大きく貢献しました。その功績もあり，モジリアーニとミラーはノーベル経済学賞を受賞しました。MM 理論では摩擦やゆがみのない，たとえば情報の非対称性がないといった完全市場を想定しており，企業が資本構成を変えても，その企業価値は全く変わらないこと，つまりミラー教授が語ったように「巨大なピザをいくつにも分割してピースの数を増やしても，ピザ自体の大きさは変わらない」ということを示しました。これだけ聞くと，そんな物理の実験室のような完全市場なんてあるわけがないし，現実社会にそぐわない理論だと思われる方も多いかもしれません。しかしそんなことは彼らも承知していたはずです。まずは実験室の中での均衡を想定して，現実世界でそれが適用されない場合，何がそうさせているのかを 1 個 1 個観察し，分析することに意味があるのです。資金調達のケースでも，負債による節税効果は企業価値に影響を及ぼしますが，それも摩擦やゆがみのない状態での MM 理論をベンチマークとして理解しているからこそ認識できるわけです。基盤となる理論があってこそ，複雑怪奇な現実世界に対してどのように向き合えばいいのか，その思考の出発点を我々は持つことができるわけです。

■図表 8-2-3　MM 理論：U 社と L 社の均衡状態

均衡状態：U 社＝L 社

	U 社（無借金経営）	L 社（負債 1,000 億円）
営業利益の期待値	400 億円	400 億円
－ 支払い利息（債権者）	0	100 億円
純利益（株主）	400 億円	300 億円
債権者と株主への分配	400 億円	400 億円
企業価値	2,000 億円	2,000 億円

している債権者や株主が負うリスクは U 社の株主が負うリスクと同じです。これにより，同じビジネスリスク・クラスに属していると考えられる L 社の企業価値は同様に 2,000 億円になります。

　次に，L 社の企業価値が U 社の 2 倍であると仮定します。結論を先に述べますと，この状態であれば，裁定取引が行われて，最終的に企業価値は一致することになるのです。このように企業価値とは，その資本構成から独立している，つまり資本構成とは関係がないのです。これは図表 8-2-4 で示されています。この場合，営業利益の期待値が同一で，資本構成のみ違いがある同じビジネスリスク・クラスに所属している 2 企業の企業価値は異なっています。投資家は低く評価されている企業の株式を購入するわけですが，自家製レバレッジ（Home-Made Leverage）の手法を用いて，高く評価されている企業の資本構成に変更することができます。これによって裁定取引は可能になり，最終的には均衡状態で両者の企業価値は一致するわけです。これは U 社の企業価値が L 社の企業価値より高い状態でも成立します。

　結局のところ，企業価値は営業利益の期待値を当該ビジネスリスク・クラスに適用される資本化率 ρ_k（ρ はローと読むギリシャ文字です）で割り引くことによって求められます。これが，MM 理論の有名な資本構成無関連命題です。そのビジネスリスク・クラスに適用される資本化率 ρ_k という言葉にぴんと来ない人もいると思いますが，そのビジネスが抱えるリスクに対しての見返りと考えてください。これは，投資家が要求するリターンとも捉えられて，資本化率 ρ_k とは WACC であるともいえます。また，資本化率の値は，ビジネスリスク・クラスごとに決まっており，同じビジネスリスク・クラスに属する企業はすべて同一の定数となります。

　以上のことを一般式で表してみましょう。営業利益の期待値を R，U 社の企業価値を V_U，L 社の企業価値を V_L，資本化率を ρ_k，株主資本コストを k とします。E_U は U 社の株主資本，E_L は L 社の株主資本，D は L 社の負債を表しています。

$$V_U = E_U = R \div \rho_k$$
$$V_L = E_L + D = R \div \rho_k$$
$$V_U = V_L = R \div \rho_k$$

均衡状態：U 社＝L 社

	U 社（無借金経営）	L 社（負債 1,000 億円）
営業利益の期待値	400 億円	400 億円
－ 支払い利息（債権者）	0	100 億円（利息 10％）
純利益（株主）	400 億円	300 億円
債権者と株主への分配	400 億円	400 億円
企業価値	2,000 億円	2,000 億円

L 社の企業価値＞U 社の企業価値のケース

	U 社	L 社
企業価値	2,000 億円	4,000 億円
株主資本	2,000 億円	3,000 億円 （4,000 億－負債 1,000 億）

L 社の企業価値＞U 社の企業価値の場合！

■ あなたが L 社の株主（全株式の 10％を保有）だったら以下の取引でぼろ儲け ■

現時点で L 社の株式 10％を保有する株主の所得
→　300 億円 ×10％で 30 億円の所得

L 社の株主は L 社株を全額売却し，300 億円の資金を手に入れて（3,000 億円 ×10％），次いで 10％の利率で 100 億円の借入。これにより株主は L 社と同じ割合の自家製レバレッジを作り上げて合計 400 億円の資金

この資金を全額 U 社株に投資

株主が新たに得る所得は，U 社の純利益の 400/2,000＝20％，つまり 400 億円 ×20％である 80 億円から利息 10 億円（100 億円 × 利息 10％）を差し引いた 70 億円。これは当初の所得 30 億円よりも 40 億円も多くなります。

この機会を株主が逃すはずがなく，L 社から U 社への乗換は続きます。その結果，L 社の株式は売られて，U 社株は買われて，この裁定取引は，最終的に両者の企業価値が一致するまで続くことになります。

これらの式より，負債のあるなしにかかわらず企業の市場価値 V（$=V_\mathrm{U}=V_\mathrm{L}$）は R/ρ_k（$V=R\div\rho_k$）で得られます。この関係は，以下のように資本コストに関する命題に書き換えることが可能です。

$$\rho_k\ =\ k\ =\ R\ \div\ V$$

　MM 理論においては，どの企業の WACC も資本構成とは無関係で，同じビジネスリスク・クラスに属する株主資本だけからなる企業に適用される株主資本コスト k に等しくなるわけです。

8.2.2　MM 理論：第 2 命題

　次に，完全資本市場のもとで，負債の利用が株主資本コストや WACC に与える影響について考えてみましょう。これは MM 理論の第 2 命題です。

　先の例で，無借金企業 U 社の企業価値は，営業利益の期待値 400 億円を株主資本コスト 20％で割り引いた 2,000 億円であり，上述したように L 社の企業価値も同様に 2,000 億円になります。では，両社の WACC はどうなるでしょうか。U 社は無借金経営で負債がありませんので，株主資本コストと WACC は等しくなり，20％となります。L 社の WACC は，営業利益の期待値を企業価値で割ることにより求められて，400 億円÷2,000 億円＝20％となり，U 社と L 社の WACC は等しくなります。

　次に，資本構成が変化した場合に株主資本コストがどうなるのかを検討しましょう。L 社と U 社の企業価値は等しいので，L 社の株主資本価値は 2,000 億円から 1,000 億円を差し引いた 1,000 億円になります。この場合，L 社の株主資本コストは，株主へ配分される 300 億円を株主資本 1,000 億円で割った 33％になります。これは，U 社の株主資本コスト 20％より高くなります。つまり，負債を利用すると株主資本コストは上昇するのです。これは，財務リスクによるものです。U 社の場合のような無借金経営の場合に，株主が負担するリスクはビジネスリスクとなります。L 社と U 社は同じ事業を営んでいるので，同じビジネスリスクを持つことになり，営業利益や ROA の変動性は変わりません。一方，L 社は負債を利用しているため，財務リスクが発生し，ROE の変動性が大きくなります。そのため負債比率の高まりは WACC

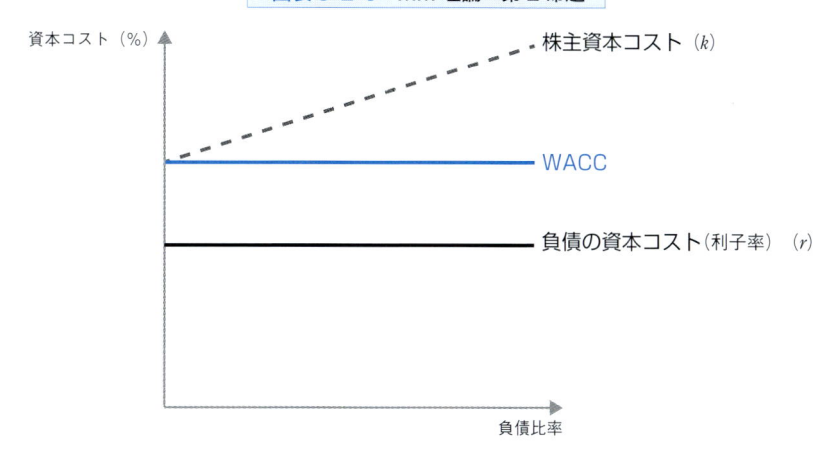

■図表 8-2-5　MM 理論：第 2 命題

資本コスト（%）

株主資本コスト（k）

WACC

負債の資本コスト（利子率）（r）

負債比率

Column 8.2 ● 第 2 命題の式

　株主資本コストは切片が WACC で傾きが（WACC−負債の資本コスト）となる一次式で表すことができます。負債の資本コストを r，株主資本コストを k，負債を D，株主資本を E としますと，加重平均資本コスト WACC は以下のように示されます。

$$D/(D+E) \times r + E/(D+E) \times k = \text{WACC}$$

両辺に（$D+E$）/E を乗じると

$$D/E \times r + k = (D+E)/E \times \text{WACC}$$

これを k について整理すると

$$k = \text{WACC} + D/E \times (\text{WACC}−r)$$

上記の結果より，負債が増加すれば財務リスクが高まるので，株主資本コストも高まります。

を減少させるはずですが，一方で財務リスクの上昇により株主資本コストが上昇し，両者がちょうど相殺されてWACCは一定となるのです（図表8-2-5参照）。

8.2.3 法人税と倒産コストを考慮すると

これまでは税金を考えない世界のストーリーでした。しかし，現実の世界では法人税が課せられて，支払利息は税法上費用控除が認められています。後にMM理論は，モジリアーニとミラー自身によって，法人税を導入するという形で修正されました。ここでも，資本構成は異なりますが，同じ資産と事業を行っているL社とU社を取り上げながら，法人税を考慮した場合のケースについて説明していきます。

いま，L社は年利10％で借入れをしています。法人税率を40％としましょう。その損益計算書は図表8-2-6のとおりになります。最終的にL社の投資家が獲得する所得は，債権者が受け取る100億円と株主が受け取る180億円を足した計280億円となり，U社の投資家（債権者がいないので株主）が受け取る240億円よりも，40億円も高くなっています。この40億円は単純に両者の法人税額の支払い額の差（160億円－120億円）であり，L社の支払う利子100億円が，課税対象額から控除されたことから発生したものです。この効果は負債の節税効果（Tax Shield）と呼ばれます。つまり，L社の企業価値は，この負債の節税効果の現在価値分だけ，具体的には40億円の現在価値である400億円分（＝40億円÷10％）U社を上回っていることを意味するのです。

それでは節税効果の現在価値について一般式を用いて考察します（図表8-2-7参照）。まず，先ほどの例を取り上げます。つまり，負債を活用しているL社と無借金経営のU社です。この2社は同じ営業利益の期待値Rを生み出します。L社の負債額はD，法人税率をt，負債の利子率をiとしましょう。さて，U社の税引後の利益は，税引前の期待営業利益から法人税を差し引いて，以下のように求められます。

$$R - tR = R(1-t)$$

■図表 8-2-6　法人税を含めたケース

	L 社	U 社
営業利益の期待値	400 億円	400 億円
利子(1,000 億円×10%)	100 億円	0 万円
税引前利益	300 億円	400 億円
法人税（40%）	120 億円	160 億円
純利益	180 億円	240 億円
資本提供者の受け取る キャッシュ・フロー	280 億円	240 億円
節税効果	40 億円(280 億－240 億)	

■図表 8-2-7　法人税を考慮した MM 理論（倒産コストは考慮しないケース）

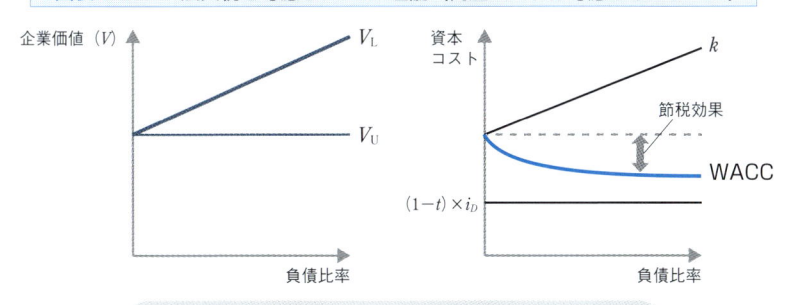

k=株主資本コスト　　i_D=負債資本コスト　　t=税率

負債比率が上昇すると，負債がある L 社の価値（V_L）は V_U に比べ上昇していきます。この上昇分は，節税効果の現在価値になります。

負債比率が上昇すると，k は上昇します。i_D は変わりません。このとき，これらの加重平均資本コスト WACC は，i_D に（$1-t$）がかかる分，下降して行きます。
負債の使用により WACC が低下するわけです。

この金額の現在価値額が U 社の企業価値となります。これを V_U と表します。一方，L 社の税引き後の利益は，以下のようになります。

$$R - t(R - iD) = R(1-t) + tiD$$

上の式の右辺の第 1 項は U 社の税引き後利益と等しくなります。つまり，負債を活用した L 社の税引後の営業利益のほうが，tiD（＝法人税率×負債の利子率×負債額）の分だけ U 社のそれを上回っているわけです。L 社の企業価値（＝株主価値＋負債価値）V_L は，U 社の企業価値 V_U に tiD を i で割り引いたものを加えることによって，以下のように求められます。

$$V_L = V_U + tD$$

このように，負債を活用した L 社の企業価値は，無借金経営の U 社より節税効果の現在価値である tD（＝$tiD \div i$）だけ高くなるわけです。この結果だけみると，企業価値を最大化するための最適資本構成は，負債100％の企業になります。しかしながら，皆さんがすぐにお気づきのように，それは現実的な話ではありません。これはあくまで完全市場の仮定について法人税が存在しないという仮定を緩めた場合の結果です。負債100％とまではいかなくても，負債比率が高い企業は倒産（財務破綻）コストに向き合うことになります。不景気になり収益環境が悪化すれば，負債への依存度が高い企業ほど金利圧迫が強くなり，債務を条件どおりに返済できなくなるリスクが高まっていきます。倒産にともなう法律上または会計上の負担は株主が負担することになるため，倒産コストは負債を利用する場合には，留意しなければならない問題となります。また，倒産はしなくても，資金繰りが悪化し，収益圧迫により目の前の有利な投資機会を逸してしまう危険性も高まります。それらのケースは機会コストを発生させる大きな原因となります。つまり，倒産コストの観点からは，負債の過度な利用は企業価値を低下させてしまいます。

このように，負債の利用には節税効果というメリットと倒産コストというデメリットがあります。資本構成の問題を決定する際には，それらの 2 要因を同時に考慮する必要があります。これはトレードオフ理論と呼ばれます。それを示したものが，図表 8-2-8 と図表 8-2-9 です。これらは，負債のメリッ

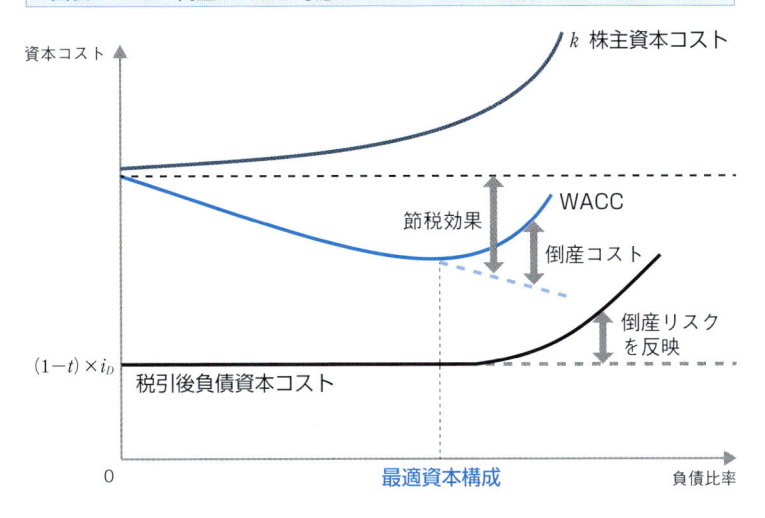

■図表 8-2-8　倒産コストを考慮したトレードオフ理論における資本コスト

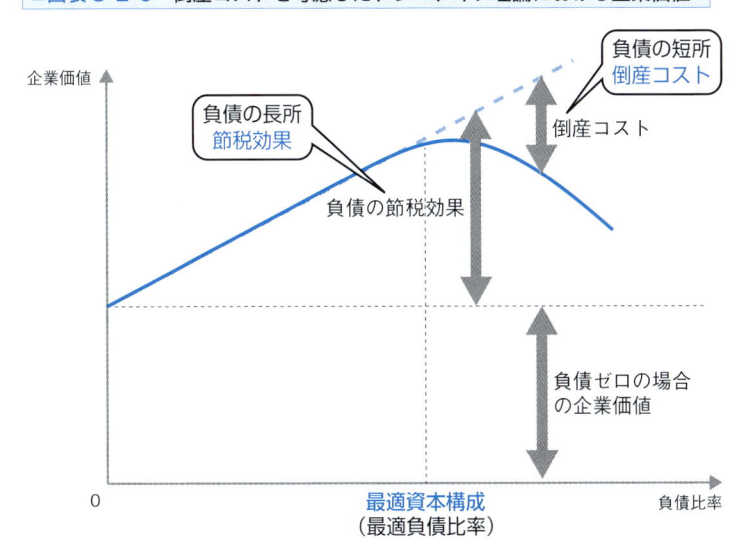

■図表 8-2-9　倒産コストを考慮したトレードオフ理論における企業価値

トとデメリットとのトレードオフを描いたものです。

　負債額がそれほどでもない状態，つまりレバレッジが低い段階では，負債額が増加するにつれて，節税効果の分だけ企業価値は上昇します。ところが，あるレバレッジを境に，倒産コストの現在価値の増加分のほうが，節税効果による現在価値の増加分を上回るために，企業価値が一転低下しはじめるわけです。つまり，節税効果による現在価値の増加分と倒産コストによる現在価値の増加分が等しくなる点が，最適な資本構成になると考えられます。

8.3　ペッキング・オーダー理論と資本構成

　前節でトレードオフ理論を説明しましたが，トレードオフ理論では負債の節税効果と倒産コストのバランスを考えますので，優良な有形固定資産を多く持ち，高収益で課税所得の大きい企業は負債比率を高めることが合理的であると考えられます。逆に，売却が難しいような無形資産が多く収益性の低い企業は負債依存度を低めて，株式発行による資金調達が合理的であると考えられます。しかしながら，現実の企業を観察すると優良な資産を多く持ち，高収益の企業の負債比率は一般的に低く，負債の節税効果を利用していないケースもみられます。このような現象はトレードオフ理論では説明できないために，他の理論が必要になります。その理論の一つとしてペッキング・オーダー理論（Pecking Order Theory）が挙げられます。

　ペッキング・オーダー理論は「ニワトリの社会において弱いニワトリを強いニワトリがつつき回し序列を作る」ということに由来して名付けられました。この理論は，完全資本市場の前提条件ではなく，実務的に企業がどのような順序で資金調達を行うのかを観察した理論です。具体的には，株主と経営者の情報の非対称性とエージェンシー問題（詳しくは第10章で説明します）により，経営者は内部資金（内部留保），銀行借入，普通社債，転換社債，株主資本の優先順位で資金調達を考え，その結果が事後的に最適資本構成を決定するということです。つまり，収益力の高い企業は内部資金が豊富にあるため，負債による調達や増資を行う必要がなく，結果として負債比率が低下し

　企業の使用可能な資金の中で最もコストがかからない資金は内部留保（簡単にいえば，企業が生み出した利益の中で配当などにより企業の外部へ放出せずに企業内に残してある資産のことです）です。情報の非対称性から，企業の内部関係者のほうが，プロジェクトのことをよく知っています。外部の投資家はリスクが高い投資（情報が無く不確実な投資）に対しては高いリターンを要求します。したがって，企業は企業内部の資金を優先して使用するのです。

　次に，コストがかからない資金調達法は銀行借入です。これは契約した金額を借り入れ，企業のリスクや市場の金利動向をみたうえで金利が決定されます。企業が倒産せずに，元本と利息分を返却できれば問題ないので，比較的コストはかかりません。

　同じ負債でも，債券を発行して資金を調達するには銀行借入よりコストがかかります。まず，銀行借入と同様に利息金額をクーポンとして投資家に支払わなければならないと同時に，資金調達の際，証券会社や債券を管理する信託銀行などに手数料を支払わなければなりません。また，企業の業績や信用力がイマイチであれば 100 円で償還される債券が市場にて 100 円以下のアンダーパー（額面以下）で投資家に購入されてしまい，資金調達目標額に届かないこともあります。

　一番コストのかかる資金調達方法が株式の発行による調達です。まず，株式発行にあたって主幹事証券会社を決定し，株式の管理事務を手掛ける株主名簿管理人としての信託銀行も選定しなければなりません。もちろん，これらの証券会社や信託銀行に手数料を支払わなければなりません。同時に株式を発行する企業に有望なプロジェクトや信用力が無ければ，たとえ 100 株売却したとしても信頼がある企業と比較して大幅に安値で発行した株式を投資家に購入されてしまい，資金調達額が減少することになります。また，配当金は法人税と配当課税の二重課税ですし，株式の売却益は法人税と譲渡課税の二重課税になります。

ます。逆に収益力が低い企業は内部資金が不足しているため，負債による調達が高まる傾向にあると説明しています。また，直感的に経営者と投資家の間に情報の非対称性が存在する場合，外部の新たな資金提供者との利害調整に手間取る結果，機動的な資金調達ができなくなるケースもあります。そのため，機動的な資金調達及びその確保という点で，内部資金は1位に順位づけられると考えられます。

　他にエージェンシー理論の観点から最適資本構成を考察している議論もありますが，これについては**第10章**で説明します。

冒頭に述べましたが，日本では「無借金経営」が賞賛されて，それに近い経営を行っている企業も存在します。実際に，2016 年末の時点で日本の「実質無借金」である上場企業は 2,000 社を超えました。実質無借金とは手元資金が有利子負債より多いという意味です。また，上場企業の自己資本比率についても，日本経済新聞社の調査によると 2016 年度は 40.4％となり，2015 年と比較しても 0.8％増加しており，1982 年度の 20.6％の約 2 倍まで上がっています。借金が減ると，財務体質が安定するというメリットはありますが，現実には稼いだお金を貯め込むことだけで，自社の成長のために資金が使用されていない可能性もあります。適度な負債利用は，レバレッジ効果や節税効果により，ROE を向上させることを明らかにしました。近年，わが国企業の ROE 向上への意識は高まっており，実際にその数値も向上しておりますが，負債を適度に活用すれば効率性は高まり，さらに企業価値を高めることができるでしょう。

つまり，日本企業も，自社のあるべき最適な資本構成を常に意識ながら，財務的な意思決定を行う必要があると思われます。たとえば，景気変動の影響を受けやすい，あるいは IT 産業のようなビジネスリスクの高い企業の資本構成は株主資本中心にレバレッジを低めることが重要でしょう。逆に，電力，ガス，水道ならびに電鉄系等の収益が安定している企業は，資本コストの低い負債を積極活用して，ある程度まで財務レバレッジを高めてもいいかもしれません。企業の総リスクはビジネスリスクと財務リスクの和でありますから，総リスクをコントロールするためには，主体的にコントロール可能な財務リスクを財務戦略により調整する必要があります。欧米企業ではこのような考え方が定着しており，事業戦略に応じて最適資本構成を構築する戦略的な財務意思決定が行われるケースが多いわけです。

多くの日本企業は，資本効率や資本コストへの意識が希薄です。企業価値を高めるためには，資本コスト概念を正しく理解したうえで，資本構成の最適化を図る必要があります。グローバルレベルでは，企業の財務責任者は常にそれを模索しているのです。

第9章

配当政策と自社株買い

9.1 配当政策とは何か

　企業が稼得した純利益のうち，どれだけを配当金として株主に支払い，どれだけを企業内部に留保して再投資の原資とするかについての意思決定を配当政策（Dividend Policy）といいます。この政策は投資政策や資金調達政策と並ぶ代表的な財務政策の一つとみなされていますが，その理由は内部資金調達の側面もあるなど，単なる剰余金の分配政策にとどまらないからです。くわえて，外部資金調達のための新株発行により不特定多数の外部株主に自社株が分散所有されている上場企業にとって，自社の配当政策に対する外部の大株主の意向を無視することはできません。株主との利害対立を回避しうる配当方針を決定することも当然必要となります。

　このように配当政策の意義について広く認識されてはいるものの，投資政策や資金調達政策と比較した場合の相対的重要性は低いように思われます。この点については株式会社制度の普及と証券市場の拡充によって生じた配当の性格の変化が深く関わっていますので，配当政策の誕生過程及びその重要性が低下した背景について確認しておきましょう。

　近世ヨーロッパで展開された交易事業は，中東の香辛料，絹織物等の貴重品を欧州各地で販売することにより巨額の富を獲得することを目的としていました。当時の企業の多くは当座企業と呼ばれており，1度の航海で清算される「事業」のような存在でした。この当座企業に出資した人々は出資比率に応じて分配金を受け取りますが，これは清算価値をそのものでしたから，この分配金は投資収益そのものでもありました（図表9-1-1）。

　その後，当座企業が継続企業へ進化した結果，出資者への分配金の上限として期間損益が計算されるようになり，この損益を目安とした配当金の支払いが開始されました。工業化の進展で資金需要が旺盛となった継続企業は再投資のための内部資金確保の必要性に迫られ，利益の一部を企業内部に留保するようにもなりました。このように期間損益計算の開始と留保確保の必要性が配当政策を誕生させたといえるでしょう。

　また，重化学工業化の進展により外部資金調達の途を拓く必要性に迫られ

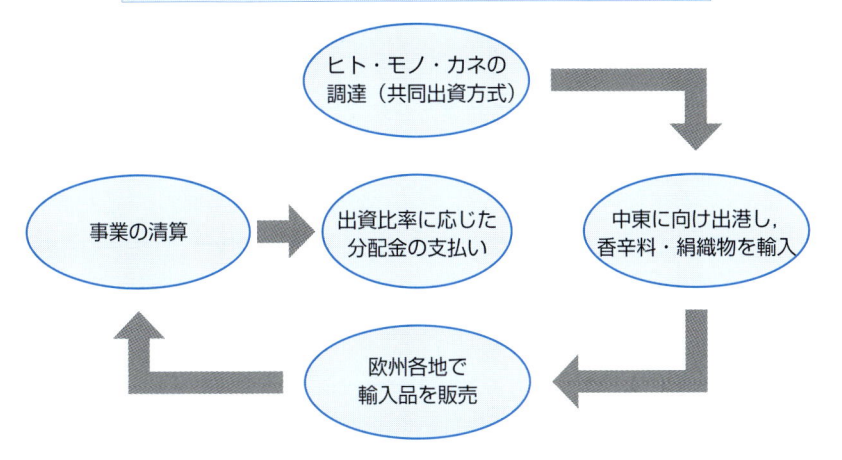

■図表 9-1-1　交易事業への着手から成果配分に至るプロセス

ヒト・モノ・カネの
調達（共同出資方式）

中東に向け出港し，
香辛料・絹織物を輸入

欧州各地で
輸入品を販売

出資比率に応じた
分配金の支払い

事業の清算

Column 9.1 ● 代表的な配当指標

　配当水準を測る代表的な配当指標を以下挙げておきましょう。

　最も活用頻度が高いのは配当性向（下式①）です。これは純利益に占める配当総額の割合を示す指標です。

　内部留保率（下式②）は純利益に占める内部留保額の割合を示す指標で，（1－配当性向）とも表記でき，一定成長モデルの構成要素でもあります。

　配当利回り（下式③）は配当金だけに注目した株式投資収益率で，株価の割高や割安を判断する際にも使用されます。

　総還元性向（下式④）は純利益に占める株主還元額の割合を示す指標で，自社株買いを実施する企業が使用する総合指標です。

① 配当性向 $= \dfrac{\text{配当総額}}{\text{純利益}} \times 100$ （単位：%）

② 内部留保率 $= \dfrac{\text{内部留保額}}{\text{純利益}} \times 100$ （単位：%）

③ 配当利回り $= \dfrac{\text{1株当たり配当金}}{\text{株価}} \times 100$ （単位：%）

④ 総還元性向* $= \dfrac{\text{配当金総額 + 自社株買い実施額}}{\text{純利益}} \times 100$ （単位：%）

* 純利益に占める株主還元総額の比率。

た企業側が債券や株式の発行による資金調達を徐々に拡大したことで，証券市場は発行市場としてだけでなく流通市場としても機能するようになりました。この流通市場における売買取引が比較的大規模な株価変動を引き起こすようになったことから，純投資を目的とする投資家の関心は配当金から多額の利得が期待される株価へ移る結果となりました。

このように，配当金の性格が投資収益そのものから投資収益の構成要素（一部）へと変化したことによって，配当に対する投資家の関心が低下したことは否定できません。しかしながら配当金額の決定が事実上経営者側に委ねられたことにより，配当の支払いに付随して発生した機能が維持・強化された点には留意するべきでしょう。

9.2 配当と株価の関係

9.2.1 配当性向と株価の関係

配当割引モデルは，「将来の株価を予想するうえで配当金が数少ない有力な情報であった」こと等の理由から普及した評価モデルです。このモデルを用いて配当と株価の関係を整理しておきましょう（図表 9-2-1）。

まず，現在の株価が 1 期後の配当と株価で決定される式（1 期間モデル）を①式とします。この 1 期間モデルを 1 年後の株価，2 年後の株価…n 年後の株価について設定し，それらを現在の株価を求める式に順次代入していくことで②式が求められます。②式は，現在の株価は将来の期待配当の割引現在価値の総和であることを意味しています。将来の株価はさらなる将来の配当により決定されることから，この式は配当割引モデル（Dividend Discount Model：DDM）と呼ばれます。

ただし将来配当の長期予測はきわめて困難ですから，株価の推定をより容易とするため，永久定額年金の現在価値に基づくゼロ成長モデル（③式），永久成長年金の現在価値に基づく一定成長モデル（Constant Growth Model：④式）が代替的に活用されています。

④式で用いられる配当成長率（g）は内部留保率と自己資本利益率（以下，

- 現在の株価：P_0，1 年後の配当：D_1，1 年後の株価：P_1，株主資本コスト：k

$$P_0 = \frac{D_1 + P_1}{1+k} \quad \cdots\cdots ①式$$

- ①式にならい，2 年後，3 年後，n 年後の株価モデルを設定し順次代入します。

$$P_0 = \frac{D_1}{1+k} + \frac{D_2}{(1+k)^2} + \cdots + \frac{D_n}{(1+k)^n} + \cdots$$

$$= \sum_{t=1}^{\infty} \frac{D_t}{(1+k)^t} \quad \cdots\cdots ②式$$

- ②式の配当 D_t を永久に一定と仮定する場合，次のように変形できます。

$$P_0 = \frac{D}{k} \quad （ゼロ成長モデル）\quad \cdots\cdots ③式$$

- ③式の配当が一定の割合で成長すると仮定した場合，次のように変形できます。
（EPS：1 株当たり利益，d：配当性向，$(1-d)$：内部留保率，ROE_*：期待 ROE）

$$P_0 = \frac{D_1}{k-g} = \frac{d \cdot EPS_1}{k-(1-d)\,ROE_*} \quad （一定成長モデル）\quad \cdots\cdots ④式$$

$$（ただし，\ k > g）$$

Column 9.2 ● 剰余金の配当

　会社法では株式会社による配当の支払いについて，さまざまな取り決めがなされています。まず財源についてですが，「**剰余金**の配当」といわれるように，その他資本剰余金とその他利益剰余金を剰余金とし，債権者保護のために資本金と準備金は財源から控除されています。

　いくつかの例外を除き，この剰余金から自己株式の帳簿価額，末日後に処分した自己株式の対価等を控除した額が分配可能額となり，配当総額の上限となります。

　この剰余金の配当は決算の確定手続きから切り離されています。その理由は，定時株主総会以外に，臨時株主総会でも配当支払いの決議を行えるようになったからです。さらに，**臨時決算制度**の導入により，この決算による損益も剰余金に加算できるため，複数回の配当支払いが可能となっています。

ROE）の期待値の積で示されます。内部留保率は純利益に占める内部留保額の割合のことであり、（1－配当性向）で示すことができます。したがって企業の配当方針や配当水準が④式の分子や分母に反映されることになります。それでは④式を用いた数値例に基づいて、配当性向（純利益に占める配当金の割合）の変化が株価に及ぼす影響を確認しておきましょう。

図表9-2-2から9-2-4では、1株当たり純資産（Book-value Per Share：BPS）が1,000円、株主資本コストが10％の企業を想定し、ROEと株主資本コストの大小関係を3ケースに区分したうえで、配当性向と株価の関係について検討しています。①のケースは、内部留保の再投資利益率である期待ROEが株主資本コストより高く（ROE＞k）、配当性向を引き下げて内部留保を再投資したほうが増益につながる状況であるため、配当性向を引き上げると株価が下落することを示しています（図表9-2-2）。

②のケースは、期待ROEが株主資本コストより低く（ROE＜k）、株主が望む収益水準を下回るため、配当性向を引き上げたほうが株価は上昇することを示しています（図表9-2-3）。

③のケースは、期待ROE＝株主資本コストであるならば、配当性向の水準に関わりなく株価は一定であることを示しています（図表9-2-4）。以上のことから配当性向引き上げが株価上昇につながるのは②のケース（ROE＜株主資本コスト）に限定されます。

このように、最適な配当政策は期待ROEと株主資本コストの大小関係に依存することから、企業価値の最大化を望む株主の立場からみた場合、唯一の最適配当政策は存在しないこと、投資政策の重要性が配当政策のそれよりも高いことに留意する必要があります。

9.2.2　配当無関連命題

これらのケースにみられるROEと株主資本コストの大小関係は定常的なものではありませんので、短期的に成立しても長期的には成立しないものだと考えられます。よって配当政策単独の効果を探るためには、投資政策を所与とみなし、配当政策の変更が株価にもたらす影響を検討する必要があります。

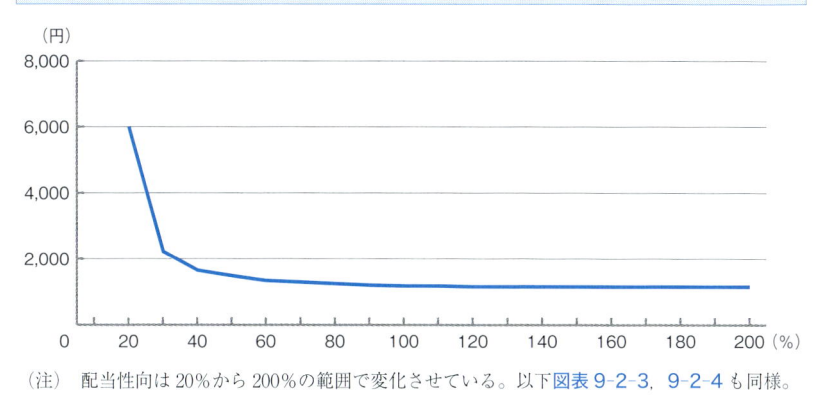

■図表 9-2-2　株価と配当性向の関係（ケース①：ROE12％＞株主資本コスト 10％）

（注）　配当性向は 20％から 200％の範囲で変化させている。以下図表 9-2-3，9-2-4 も同様。

■図表 9-2-3　株価と配当性向の関係（ケース②：ROE8％＜株主資本コスト 10％）

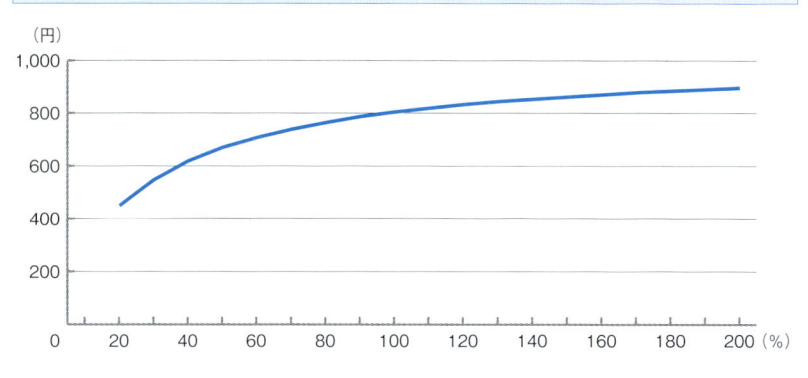

■図表 9-2-4　株価と配当性向の関係（ケース ③：ROE10％＝株主資本コスト 10％）

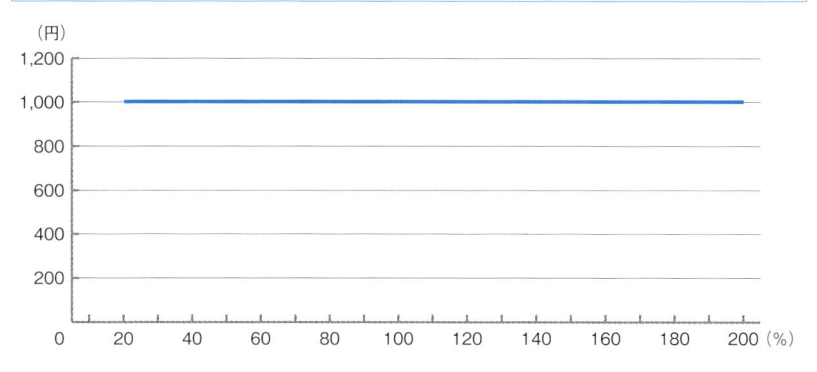

株主は株式投資収益の成果を**インカムゲイン**（配当利得）もしくは**キャピタルゲイン**（株式譲渡益），いずれかの形で享受します。どちらの形で富を享受しても構わないと株主が考えるならば，企業による投資の成果を所与とする場合，増配は株価を低め，減配は株価を上昇させる結果となります。このことを数値例で示したものが図表 9-2-5 です。

　この図では，配当支払い前の株価は 550 円，**1 株当たり配当金**（Dividend Per Share：**DPS**）50 円を支払った後の株価（配当落ち株価）は 500 円となっています。配当金の支払いは会社資産の社外流出ですから株価自体は下がるものの，支払われた配当金は株式ともども株主の手元に残るわけですから，配当支払い前の株価 550 円が，配当金 50 円と株価 500 円の 2 つの形態に分かれるだけで，両者の合計である株主の富は変化しません。

　さらに，株主への配当金を新株発行によって一時的に増加させたのち減配する場合，あるいは配当金を一時的に減額して余裕資金として運用する場合であっても，**完全資本市場**（図表 9-2-6）を仮定する場合，企業価値に影響を与えないことがモジリアーニとミラーの両者から指摘されています。この「**配当政策の変更は企業価値（配当落ち前株価あるいは株式時価総額）に影響を与えない**」とみなす考えを**配当無関連命題**といいます。図表 9-2-4 に示されるケース③（期待ROE＝株主資本コスト）はこの完全資本市場がもたらす超過利潤ゼロの世界に類似しており，配当無関連命題はこのような状況を想定しています。

9.3　配当政策の決定要因

9.3.1　残余配当政策と安定配当政策

　完全資本市場の仮定は価格形成が円滑になされるための必要な要件ですが，現実の市場は情報が不完全で，各種取引費用が存在し，大規模な投資者集団が存在する不完全な資本市場です。さらに企業を取り巻く環境の変化の影響を受けて株価も変動しますので，現実世界の不完全な資本市場を前提とする場合，配当政策の変更が企業価値に何らかの影響を及ぼす可能性は否定でき

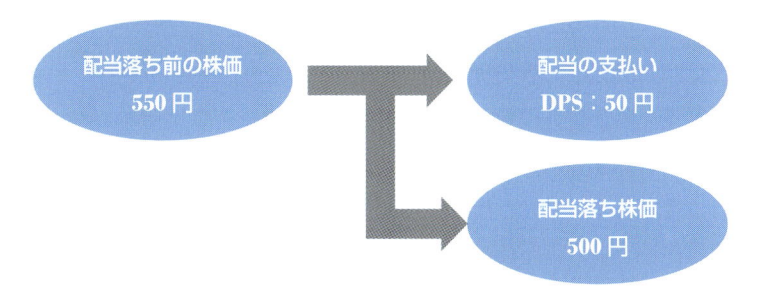

■図表9-2-5　配当の支払いと株主の富の関係

配当落ち前の株価
550 円

配当の支払い
DPS：50 円

配当落ち株価
500 円

配当支払い前の株主の富：550 円　＝　配当支払い後の株主の富：550 円

■図表9-2-6　完全資本市場の仮定と株価形成

(1) 配当割引モデルでみた株価

条件：DPS 50 円，株主資本コスト(k)：10%

配当落ち株価　　　：　$\dfrac{50}{1.1} + \dfrac{50}{1.1^2} + \dfrac{50}{1.1^3} + \cdots$

$= \dfrac{50}{0.1} = 500$（円）

配当落ち前の株価　：　$\dfrac{50}{0.1} + 50 = 550$（円）

(2) 完全資本市場の仮定

① 情報を取得する際のコストはゼロとなり，誰もが公平に情報取得できます。
② 税金は一切かかりません。
③ 取引手数料はかかりません。
④ 企業も投資家も無リスクの利子率で借入や貸出が可能です。
⑤ 商品の流動性が高く，瞬時に売買可能です。
⑥ 倒産の可能性はありません。

ません。ただし，配当政策の重要性が投資政策のそれに劣ることは明らかですから，この理解のもと，どのようなタイプの配当政策をデザインして実行することが株主にとって望ましいのかについて検討することが肝要となります。

　まずは，残余配当政策に基づいた配当額の決定方法を確認することから始めましょう。残余配当政策とは「純利益全額を投資資金に充当し，残余があれば配当する政策」のことです。内部資金調達を優先するため配当金は純利益から投資額を差し引いた額となります。このような配当金額の決定方法を，内部収益率法に基づいた投資案の採用プロセスにおいてケース別に示したものが図表9-3-1となります。ここでは，投資案件の内部収益率が株主資本コストを上回っている投資案A，次いで投資案Bが優先的に採用されることになります。その結果，図表9-3-1における純利益110億円（ケースⅠ）の場合，配当総額は30億円となり，純利益50億円（ケースⅡ）の場合は無配となります。残余配当政策は機動的な内部資金調達の実現を念頭におく結果，配当金額が大きく変動する点に特徴があります。このタイプの配当政策は，投資政策の決定が配当政策に影響を及ぼすことによって2つの問題を惹起します。

　第1の問題は，経営者の裁量性が高い企業の場合，過大投資を招きやすくなる点です。これは経営者–株主間のエージェンシー関係に起因するフリーキャッシュ・フロー問題でもありますが，過大投資（過小配当）による収益性低下を避けるために配当額の固定化や増配を通して内部留保の増加を抑制する手段が有効となります。第2の問題は，投資を優先する結果生じる配当金額の大幅な変動が，配当の安定を望む株主層から忌避されることで当該企業の株式売却が促され，予期しえない株価変動を引き起こす可能性がある点です。

　配当金額の決定に関する各種アンケート調査をみても，「過去の配当水準」，「将来収益の見通し」が洋の東西を問わず上位の回答となっています。この事実は1株当たり配当金の推移が安定的で比較的緩やかに変動することを株主が望んでいることを示唆しています。このタイプの配当政策のことを一般に安定配当政策と呼びますが，中長期的には利益成長にともない配当額も増えるでしょうから，短期的に配当水準を安定化させる政策と言い換えることも

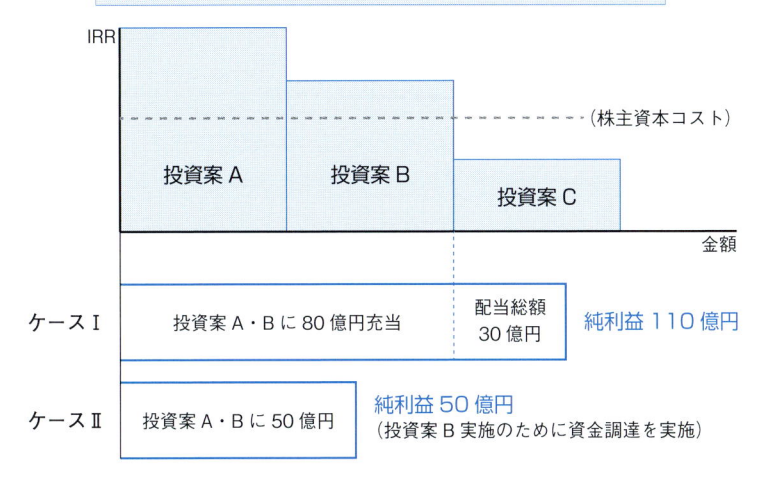

■図表 9-3-1　残余配当政策の立場からみた配当政策の決定

- n：発行済み株式数，nP_t：t 期の株式時価総額，X_t：t 期の純利益，I_t：t 期の投資額

$$nP_0 = \frac{nD_1}{1+k} + \frac{nD_2}{(1+k)^2} + \frac{nD_3}{(1+k)^3} + \cdots$$

$$= \frac{X_1 - I_1}{1+k} + \frac{X_2 - I_2}{(1+k)^2} + \frac{X_3 - I_3}{(1+k)^3} + \cdots \quad \text{(残余配当政策)}$$

Column 9.3 ● 配当政策のタイプ

　本章では，残余配当政策と安定配当政策について説明しましたが，これら以外のタイプの配当政策も存在しますので，新たに3タイプの配当政策を紹介します。

- **業績連動型配当政策**：この政策は利益の一定割合をもって各期の配当総額を決定する政策ですから，配当性向安定政策と言い換えることも可能です。
- **能力調整型配当政策**：この政策は1株当たり配当金を安定させつつも，配当性向の低下に応じて配当金を増額するなどの調整を行う政策ですから，安定型と業績連動型の折衷タイプともいえます。
- **他社追随型配当政策**：業界のリーダーが採用する配当政策を参考に，自社の配当政策を決定する政策。同業他社がほぼ同じ1株当たり配当金額となる「横並び型」，業界のリーダーを頂点に各社が若干の差をつけて配当額を下げ，階層構造を形成する「ピラミッド型」があります。

可能です。配当政策のタイプを残余配当と安定配当の2タイプにあえて大別するならば，安定配当政策を採用している企業が多数派となるでしょう。

9.3.2 株主のタイプと配当に対する選好

完全資本市場の仮定を緩めて税制を導入する場合，配当金に対する選好は株主のタイプにより異なるとの指摘があります（図表9-3-2）。たとえば，個人株主は株式売却時まで課税のタイミングを遅らせることができるため，配当より株価を好む傾向があるといわれています。法人株主の場合，株式譲渡益へ法人税が課されるのに対し，受取配当については持株割合に応じて益金不算入にできるメリットがあります。2015年4月の税制改正により益金不算入の割合が低くなったものの，配当を好む傾向はいまだに存在するものと思われます。

他方，企業年金等の機関株主は実質非課税であるため，配当金と株式譲渡益との間に差別的な選好はないと思われます。このように，株主のタイプの違いが個別企業の配当政策に影響を与える可能性は示唆されるものの，全体への影響は明らかではありません。

9.3.3 シグナリング仮説

企業外部者である投資家らは，投資先企業の経営者ほど当該企業の内部情報を知りえませんので，彼らが行う将来の収益動向についての予測の精度は経営者のそれより低いものとなります。このように，企業の内部者と外部者の間に情報の非対称性が存在する場合，企業側から公表された配当金の増減情報は投資家らの注目を集めることになります。

増配は，経営者らの将来の収益見通しについての確信が発信されたものと理解され，株価上昇をもたらす可能性があります。他方，減配は将来の収益見通しに対する弱気（経営の失敗）を意味しますので，特段の説明がない限り株価下落をもたらす可能性があります。このように配当政策の変更は将来の収益見通しについての情報が経営者から発信されたものと解釈できます。このシグナリング仮説についての実証分析の多くはこの機能の存在をおおむね支持しています。

個人株主	**【配当金】** 20.315％の申告不要／申告分離（2018 年 4 月時点） （所得税率 15％，住民税率 5％，復興特別所得税率 0.315％） **【株式譲渡益】** 20.315％の申告分離（2018 年 4 月時点） （所得税率 15％，住民税率 5％，復興特別所得税率 0.315％）
法人株主	**【配当金】** 内国法人からの受取配当金については「益金不算入」制度があります。 （対象：2015 年 4 月 1 日以後に開始する事業年度の所得） （表） **【株式譲渡益】** ●株式譲渡益はそれが実現した時点で通常の所得として課税されます。

区　分	持株割合	益金不算入額
完全子法人株式等	100％	受取配当金の全額
関連法人株式等	1/3 超	受取配当金の全額
その他の株式等	5％超 1/3％以下	受取配当金の 50％
非支配目的株式等	5％以下	受取配当金の 20％

（出所）　日野［2015］18 頁等を参考に筆者作成

Column 9.4 ● 額面株式の発行と安定配当政策

　2009 年 1 月 5 日より，上場企業の株券電子化がスタートし，印刷された株券を目にする機会がほとんどなくなりました。以前印刷されていた株券の多くは，株券に金額が表記されている額面株式が主流でした。

　1 株当たり 50 円とする金額が最も数多く採用されましたが，この金額は株式会社制度を導入するにあたり基準となる価格がないことから，株券の発行価格でもありました。そして 1 株当たり配当金 (DPS) はこの金額を基準に配当率 (％) で表示されていました。たとえば DPS が 5 円ならば配当率 10％となります。

　配当率 10％を求める株券上場審査基準が東京証券取引所で採用されたこと，1970 年代前半までこの額面金額で株式を発行する「額面発行」が主流であったことから，額面配当率 10％近辺に DPS が集中的に分布するという「安定配当政策」が徐々に形成されるようになりました。

　その後，株式発行の価格形態が額面発行から時価発行中心にシフトし，2001 年 10 月の商法改正をもって額面株式が撤廃されましたので，これら制度や慣行の影響は徐々に軽微なものとなっていくことが予想されますが，額面配当率 10％の影響は，一部の上場企業の配当政策においていまだに確認することができます。

9.3.4 ライフサイクル仮説

ライフサイクル仮説とは企業の成長段階によって望ましい配当政策が異なることを説明するものです。資金需要が旺盛で成長段階にある企業は無配政策をとることが望ましく，事業からの収益が安定化し成熟段階への移行にともない有配・増配といった配当政策をとることの合理性を主張しています。成長段階に応じて最適な配当方針が異なること，残余配当政策の効果を再評価している点にこの仮説の特徴があります（図表9-3-3）。

9.4 わが国上場企業にみるペイアウト政策の現状

9.4.1 配当政策の現状

配当政策と自社株買い（Stock Repurchase）を総称してペイアウト政策といいます。本節ではこれら2つの政策の現状・特徴を概観しつつ政策展開における今後の課題について検討しましょう。

わが国上場企業の多くが採用していた配当政策のタイプは安定配当政策でしたが，2000年代以降，その特徴に変化が生じています。それは「業績連動型」もしくは「業績連動と安定配当の折衷型」ともいえる配当政策を採用する（の採用を公表する）企業が増加傾向にあることです。

この変化の背景には外国人株主の増加があるといわれています。1970年度には4.9％程度でしかなかった外国法人等部門の保有比率が1997年度には13.4％，2007年度には27.4％，2017年度には30.2％と上昇傾向を描いています（図表9-4-1）。外国人株主は株式持ち合い解消の受け皿として期待されましたが，彼らによる増収・増益要求が上場企業の配当政策に転換をもたらしたといえそうです。このような配当方針が今後も堅持されるのか，興味深いところです。

9.4.2 自社株買いの現状

自社株買いとは，企業が発行した株式を当該企業が自社株主から買い戻す行為のことをいい，株主に剰余金を分配する点では配当政策と同様の機能を

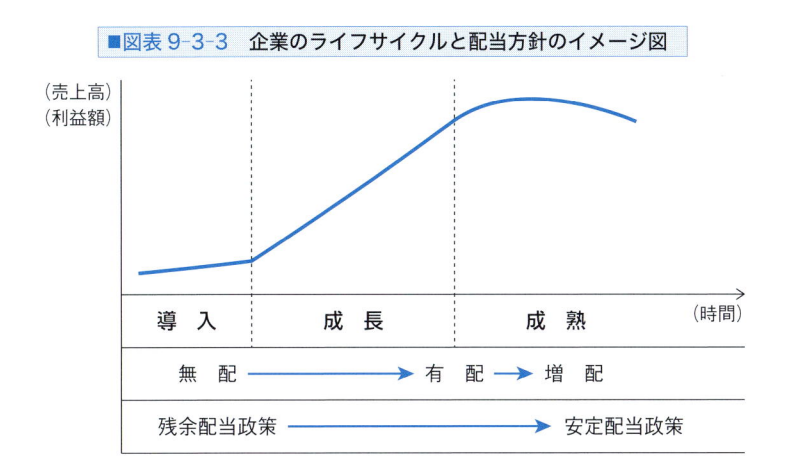

■図表 9-3-3　企業のライフサイクルと配当方針のイメージ図

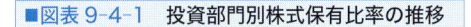

■図表 9-4-1　投資部門別株式保有比率の推移

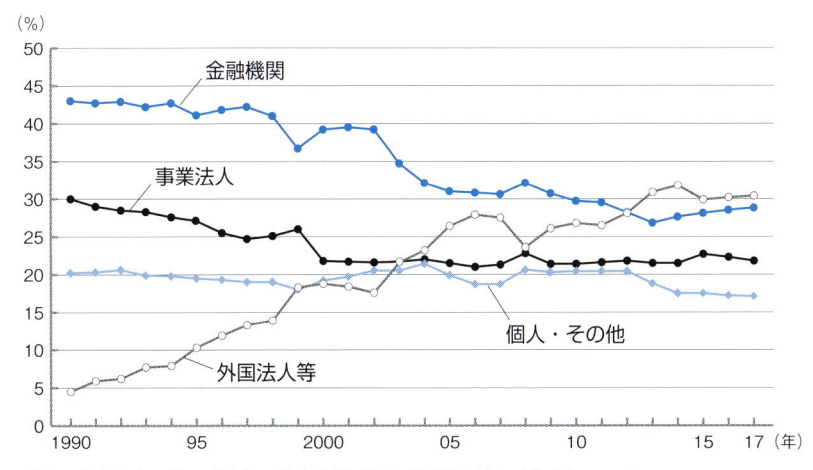

(注)　保有比率の低い「政府・地方公共団体」,「証券会社」は省略している。
(出所)　東証・名証・福証・札証『2017 年度株式分布状況調査の調査結果について』

持っています。しかしながら自社株買いに応じない株主に剰余金が分配されることはなく，取得された株式が消却されれば株式数が減少し，取得した自社株を新株の代わりに交付する等，資本政策の手段としても活用される点が配当政策との違いとなります。

近年，わが国上場企業による自社株買い実施額は増加傾向にあるといえるでしょう（図表9-4-2）。取得された自社株の処分方法は消却，金庫株として保有，再交付の3パターンに大別されますが（図表9-4-3），自社株を取得するという行為自体はどのような効果を狙って実施されるのでしょうか。この点に関する仮説を以下紹介しておきます。

⑴ 株主還元手段の拡充：これは，自社株買いが配当支払いに代替する剰余金の有力な分配手段であることを意味しています。
⑵ 自社株への過小評価の是正：これは，自社株が割安に評価されているという経営者側の見解を自社株購入によって投資家らに伝えることを目的とするものです。
⑶ 資本効率の向上：これは，株主資本の額を減らしテコを効かせることによりROEを向上させる，あるいは株式数の減少によって1株当たり指標を向上させることを目的とするものです。

以上の仮説すべてがわが国の上場企業全般に当てはまるかというと必ずしもそうではありません。たとえば⑴については，わが国の場合，剰余金の分配方法は配当金の支払いが主流となっています。この状況を出現させた第1の要因として，かつての東証の株券上場審査基準の中に配当金の下限基準が設けられていた点が指摘できます。配当金を支払うことを上場企業に要請していたことの影響は小さくないと推察されます。

第2の要因として，かつての「法人による株式所有」が中心であったことの影響で，投資成果を求める純投資よりも企業間関係の維持等を重視する政策投資目的の株主が少なからず存在している点が指摘できます。純投資を目的とする株主が自社株買いに応じるたびに政策投資目的の株主の割合が相対的に高まりますので，株式の保管料的な名目で配当金の支払いを望む法人株主が無視できない存在となることは容易に想像できます。配当金支払いを重

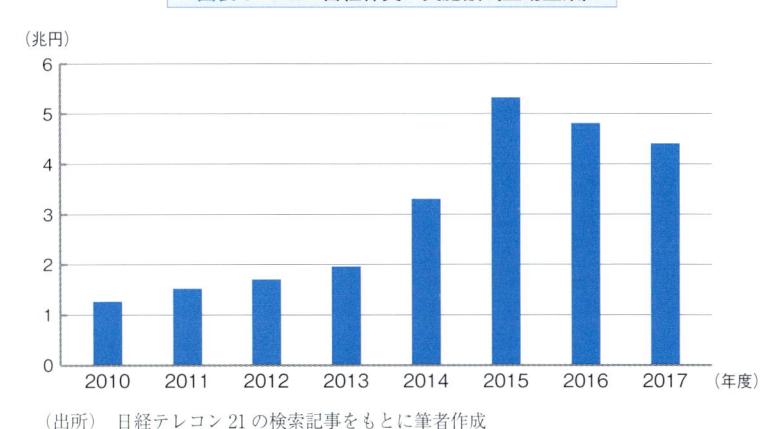

■図表 9-4-2 自社株買い実施額（上場企業）

（出所）　日経テレコン 21 の検索記事をもとに筆者作成

■図表 9-4-3 取得された自己株式の処分方法

（1）自己株式の取得と消却

【自己株式取得前】		【自己株式取得後】		【消却後】	
発行済株式数：500 株		発行済株式数：500 株		発行済株式数：400 株	
負債	1,000	負債	1,000	負債	1,000
株主資本	1,000	株主資本	1,000	株主資本	800
（自己株式）		（自己株式）	△200	（自己株式）	―
負債・純資産合計	2,000	負債・純資産合計	1,800	負債・純資産合計	1,800

（2）取得された自社株の処分方法

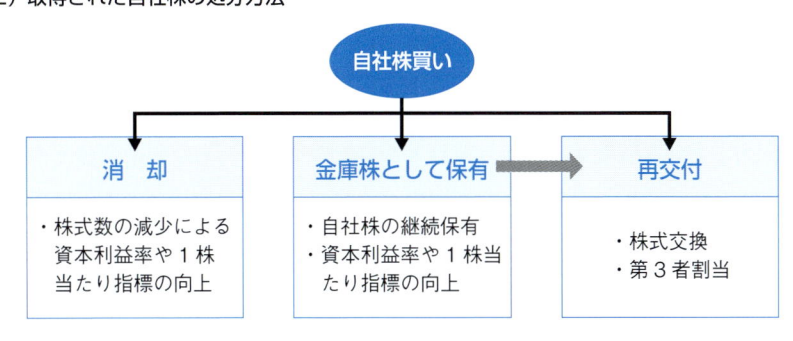

視する傾向は意外に根強いため，自社株買いが配当政策に代替する剰余金の分配手段となりうるかについては不明な点が多いといったところです。

(2)についてはやや理解が難しいかもしれません。自社株買い自体は利益やキャッシュ・フローの増加につながる投資ではないからです。よってここでの実施目的については，次の「問い」について考えてみてください。「割高な株を取得後，割安で再交付すること」と「割安な自社株を取得後，割高で再交付すること」，どちらが企業側からみて得でしょうか。正答は後者となるでしょう。

投資対象が何であれ，割高なモノを取得することは不利益につながりますから，自社株を取得するという行為自体に「自社株は割安である」という情報を発信する効果があるものと考えられます。自社株買いに適する環境は相対的な意味での好業績・低株価となりますが，2016 年度以降にみる自社株買いの金額ベースでの減少は株価上昇による割高感が影響しているものと推察されます。

(3)については，財務指標の改善手法としてたびたび指摘されている内容です。しかしながら，株主資本を減らすことで ROE の改善を図る場合，負債や支払利息がテコとなり ROE の変動性を高める結果，業績不振時に赤字に陥りやすくなりますので望ましくありません。

むしろ，株式数の減少を通じて EPS や DPS を高める等の 1 株当たり指標の改善効果がより説得的な意見といえるでしょう。ただし，自社株買いによる現金流出は株価にとってマイナスに作用しますので，1 株当たり指標の改善がもたらす効果については疑問を呈する向きもあります。

わが国の場合，上場企業の多くが配当支払いを重視しているのが現状ですが，株主への利益還元を推し進める企業が増加傾向にあることは明らかです。配当支払いを重視するのか，それとも自社株買いが有力な剰余金分配手段へと成長するのかを含めて，わが国のペイアウト政策が今後どのように変わっていくのか，興味深いところです。

第 10 章

エージェンシー理論

10.1 エージェンシー問題

　株式会社が成長し，大企業になると，「所有と経営の分離」がみられるようになります。これは，株主が経営を行うのではなく，経営に関する専門的な知識を持つ専門経営者に会社の運営が委託されることを意味します。もちろん，すべての大企業の所有と経営が分離されているわけではありませんが，上場している大企業においては，一般的に所有と経営が分離されています。この株主と経営者間の関係は，エージェンシー関係にあると捉えられます。

　エージェンシー関係とは，1人ないし複数の人間が，他の人間に意思決定の権限を委譲することによって，自らの利益のための労務の実施を委ねた一種の契約関係のことです。**図表 10-1-1** で示されるように，権限を委譲する依頼側は**プリンシパル**（Principal），権限執行を任されて代理を受ける側は**エージェント**（Agent）と呼ばれます。上の例であれば，株主はプリンシパル，経営者はエージェントとなります。他にも，よく知られているように，スポーツの世界では，プロスポーツ選手がプリンシパルで，所属するチームとさまざまな契約交渉を，その選手に委託された代理人いわゆるエージェントが行うことになります。

　このようなフレームワークの中では，会社は**契約の束**（Nexus of Contract）として捉えられます。これをわかりやすく説明すると，企業は株主，経営者，債権者，従業員，取引先，顧客，国，地方等の利害関係者間での契約関係の集合体であるということを意味します。そして，株主は専門経営者を雇い，企業経営を委託しますが，経営者が常に株主の利益に適った行動をとるとは限りません。このような株主と経営者の間の利害衝突により，**エージェンシー問題**が発生します。このエージェンシー問題を分析した代表的な研究としては，ジェンセンとメックリング（Jensen and Meckling［1976］）が挙げられます。株主は企業のさまざまな経営資源の利用についての意思決定を経営者に委託しています。後述する**情報の非対称性**が存在する場合には，株主が経営者の行動を完全に把握することはできません。そのため，株主は株主利益を最大化するような経営を望みますが，他方，経営者は自己の効用を最大化する

■図表 10-1-1　エージェンシー

依　頼

プリンシパル
（経済主体）

株主
依頼人
患者

エージェント
（代理人）

経営者
弁護士
医者

Column 10.1　● エージェンシー問題

　エージェンシー問題はどうして重要なのでしょうか。会社のケースで考えますと，経営者（エージェント）は一般的に株主（プリンシパル）より多くの情報を持ちます。そのため，経営者は株主の利益をないがしろにして，自己の利益を優先するかもしれません。これは**モラルハザード**の一種です。たとえば，自社の利益を高めるためには X 社の製品を使うべきなのに，Y 社から賄賂をもらって，Y 社の製品を使うことが挙げられます。あるいは子飼いの部下にポストを与えるために，収益性のないビジネスを展開することも考えられます。これらにより，企業価値は低下してしまうかもしれません。このような企業が増えると，どのような結果が待ち受けているでしょうか？　考えられることは，投資家（プリンシパル）が経営者（エージェント）を信頼できなくなり，株式投資を行うことに躊躇してしまいます。そうすると，株式市場が停滞し，衰退していきます。これは**逆選択**と呼ばれます。以上のような悪循環に陥らないような解決策を見出すために，エージェンシー問題を理解することが重要になるわけです。

ような経営を実施するかもしれません。

10.2　エージェンシー理論における仮定

　エージェンシー理論の面白さとして，これまで経済学を語るうえでの枠組みをより現実に近いものにしたことが挙げられます。具体的にエージェンシー理論では，新古典派経済学のように完全合理性の仮定を緩めた下記のような仮定が提示されています（図表10-2-1 参照）。

① 利害の不一致：すべての経済主体は自らの効用を最大化するために行動をしますが，その利害は必ずしも一致しません。
② 限定合理性：すべての人間の情報収集力やその処理ならびに伝達能力には限界があります。単純にいえば，完璧な人間は存在しないということです。
③ 情報の非対称性：後でも詳しく説明しますが，すべての人々が同じ情報を持つとは限りません。たとえば株主と経営者との間では，自らが持つ自社に関する情報について格差があります。実際に，経営者は会社内部の情報についてよく知っていますが，株主は内部の情報について詳しくは知りません。

　以上のような仮定を導入した場合の意味について考えてみましょう。完全合理性の仮定を前提とする場合，経営者は契約に基づき，株主の利害のために行動します。なぜならば，完全合理性のもとでは，株主は経営者の行動を完全に把握することができますし，経営者はすべての構成員の行動を完全にモニタリング（監視）することができるからです。よって，株主と経営者との間の利害が一致しなくとも，経営者は契約に従い株主価値の最大化のための行動を選択します。
　しかし，完全合理性の仮定を緩めると，株主の利害を考慮するだけでは十分ではなくなります。なぜならば，株主と経営者の利害は一致せず，両者の間に情報の非対称性が存在する場合，契約は存在するものの，経営者が株主

　完全合理性の仮定を緩めた場合を，中古車を販売したいディーラーと買い手とのケースに当てはめます。中古自動車を販売するディーラーと買い手との間には，下図のような利害の不一致と情報の非対称性が存在します。また，彼らは限定合理的でもあります。

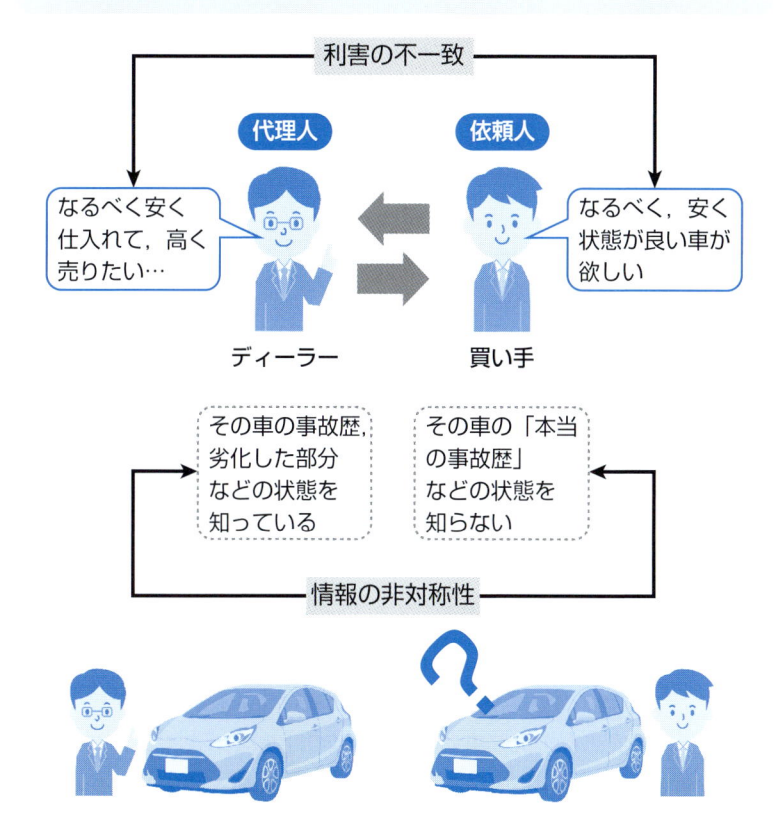

の不完全性（つまり経営者の行動を完全にはモニタリングできないこと）に付け込んで，自らの利益を追求する機会主義的な行動を取る可能性があるからです。この種の行動がもたらす問題としては，逆選択（Adverse Selection）やモラルハザード（Moral Hazard）が知られていますが，総じてエージェンシー問題と呼ばれます。

10.3 情報の非対称性とエージェンシー理論

エージェンシー理論を展開するうえで重要な問題は情報の非対称性です。上述したように，情報の非対称性とは，市場において取引や交渉をする際に，相手と自分との間に情報格差があることを意味します。たとえば，売り手はその商品が良い品質なのか悪い品質なのかよくわかっているのに，買い手は商品についての正確な情報を持たないので品質の判断が難しくなります。ある商品に関する情報の非対称性が大きくなると，消費者はその商品に対して疑いを持ち，購入を控えるようになり，市場での取引が滞るようになるでしょう。これは，レモンの原理と呼ばれ，アカロフ（G. A. Akerlof）によって唱えられた重要な理論です。

図表 10-3-1 を参照してください。ここで出てくるレモンは，果物ではなく，「不良品」や「欠陥品」という意味で使われています。たしかにレモンの皮は厚く，中をみるまで新鮮か，傷んでいるかを判断することはできません。逆に優良車はピーチと呼ばれます。ピーチは皮が薄く，外部からでも品質の判断がつきやすいですね。たとえば中古車市場で，外見からはわからない欠陥車（レモン）と優良車（ピーチ）が混在していると，買い手が高い金額で欠陥車を買うことを恐れ，欠陥車に相当する金額しか払わなくなるため，市場に優良車を出す売り手がいなくなり，市場には欠陥車が氾濫します。売り手と買い手の間の情報格差が原因で，質の悪い商品しか市場に出回らなくなるという「逆選択」が発生するのです。

■図表 10-3-1　レモンの原理

売り手にとっての価値　　　　　　　　　　　　　　　　**買い手にとっての価値**

ピーチ

見た目も中身も
状態の良い中古車

80万円以上なら売る　➡　80万円から100万円で取引成立？　⬅　100万円以下なら買う

レモン

見た目はよいが
調子の悪い中古車

20万円以上なら売る　➡　20万円から40万円で取引成立？　⬅　40万円以下なら買う

　中古車市場にピーチ（優良中古車）とレモン（欠陥車）の 2 種類の品質の中古車が存在しております。売り手は中古車の品質を知っていますが，買い手は外見だけでは中古車の品質の判断がつきません。ただし，買い手はこれまでの評判から確率 50%でピーチ，確率 50%でレモンであることは知っていると仮定します。売り手は，どちらもピーチとして販売し，実際には中古車市場にはほぼ同数のピーチとレモンが混在することになります。売り手にとっての価値と買い手にとっての価値は下記の表のとおりです。

	ピーチ	レモン
売り手にとっての価値	80万円	20万円
買い手にとっての価値	100万円	40万円

　買い手は品質の判断がつきませんので，中古車の価値の期待値を，50%×100万円＋50%×40万円の70万円と計算します。その結果，買い手は中古車に70万円までなら支出してもよいと考えます。そうすると，売り手はピーチを 80万円と評価しているので，70万円までしか支払おうとしない買い手の市場において，ピーチは販売されません。その結果，市場には質の悪いレモンが出回り，ピーチが消滅してしまう逆選択（アドバース・セレクション）が起きてしまうわけです。

10.4 エージェンシー・コスト

エージェンシー・コストは，プリンシパルとエージェントとの関係を安定化させて，経営財務論的にいえば，企業価値を最大化させるための必要なコストであると考えられます。エージェンシー・コストは，一般的に，ボンディング・コスト，モニタリング・コスト，残余コスト（残余損失）に区分されます。図表 10-4-1 は，エージェンシー・コストの発生を示しています。

ボンディング・コストは，エージェントのシグナリング・コストとも捉えることができます。これには，エージェントとプリンシパルとの間の情報の非対称性を軽減するために，エージェントが試みるすべての努力が含まれます。具体的には，エージェント自身の行動がプリンシパルの利益追求に適っていることを証明するためにエージェント自らがかけるコストであり，たとえば経営者が財務諸表作成や IR（Investor Relations：インベスター・リレーションズ）等を含めた情報開示に費やすコストが挙げられます。

モニタリング・コストは，プリンシパルのコントロール・コストとも捉えることができます。情報の非対称性を緩和させるために，プリンシパルが実施するすべての努力のことです。つまり，エージェントがプリンシパルの利益に沿った行動をしているかをモニタリングするためのコストです。具体的には，プリンシパルである株主はエージェントである経営者を監視するために社外取締役や会計監査人を派遣しますが，これに対してかかるコストがモニタリング・コストといえます。

残余コスト（残余損失）とは，プリンシパルがエージェントと同じ情報と能力をもっていたら行っていたであろう意思決定と異なる決定を，エージェントが行うことによって，プリンシパルが被る価値の損失をいいます。あるいは，上記の 2 つ以外に発生するコストと考えても構いません。以上，3 つのコストの総和がエージェンシー・コストになります。

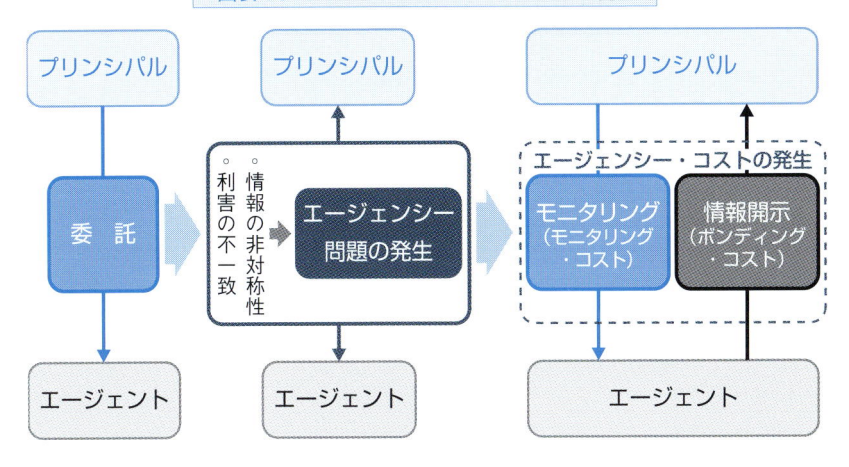

■図表 10-4-1　**エージェンシー・コストの発生**

Column 10.2 ● 情報の非対称性を緩和するためには

　情報の非対称性を緩和するためにはどうしたらいいのでしょうか。一番わかりやすい方法は，情報を持っている側がその情報を持っていない側に積極的に情報を発信することで，これは**シグナリング**と呼ばれます。たとえば品質保証，返金・返品制度，資格（学歴）等が挙げられます。

　逆に，両者の間である情報量に偏りがある場合に，情報の少ない側（情報劣位者）が，情報量が多い側（情報優位者）から情報を引き出そうとする行為は**スクリーニング**と呼ばれます。具体的には，会社が新卒を採用する際に，志願者の能力に関する情報はほとんどありません。そこで面接やエントリーシート等の手間のかかる課題を志願者に課して，彼らの情報を引き出すことはその一例です。あるいは自動車保険の走行距離に応じた保険料の設定もスクリーニングと考えられます。

10.5 最適資本構成とエージェンシー理論

10.5.1 株主資本のエージェンシー・コスト

最適資本構成については，第8章で説明しました。ここではエージェンシー理論の観点から最適資本構成について議論を進めます。

最初に，1人の株主から構成されるオーナー企業を考えてみましょう。彼は，企業の所有者であり，経営者でもあります。当然のことながら，彼の企業が多くの利益を生み出した場合に，彼は株主としての利益だけではなく，非金銭的便益も享受することができます。非金銭的便益とは，豪華なオフィス，高級社用車，高額な交際費等です。それらの費用は株主としての彼個人の負担となります。その非金銭的便益が問題になるのが，経営者の持株比率が100％でなくなるときです。そこで企業が成長し，彼が持株の一部を外部の投資家に売却し，なおも経営者である場合を考えてみましょう。

非金銭的な便益は依然として彼が占有することになり，情報の非対称性が存在し，外部投資家が限定合理的であるならば，非金銭的便益にかかるコストを外部投資家も負担することになります。経営者の持株比率が100％の場合には，過剰な非金銭的便益の享受は，自分の持つ企業価値（株式価値）の低下という形で自分に跳ね返ってきます。しかし，外部投資家が株主になると，経営者は経営に対する努力を怠り，企業価値を低下させても，非金銭的便益を享受することが可能になります。そのため，外部投資家は，オーナー経営者が株主の利益に沿った行動をとるようにモニタリングし，いわゆるモニタリング・コストを負担することになります。一方で，オーナー経営者も，企業価値の低下を防ぐためには外部投資家に対して情報開示（ディスクロージャー）を積極的に実施し，株主利益に沿った行動を選択していることの保証を示す必要があります（図表10-5-1）。

以上のようなモニタリング・コストを負担し，情報開示を積極的に行っても，残余コストを完全に消滅させることは不可能ですが，エージェンシー問題をできるだけ克服するためには必要不可欠な手段となります。このように，自己資本比率が高くなるほど，株主資本のエージェンシー・コストは大きく

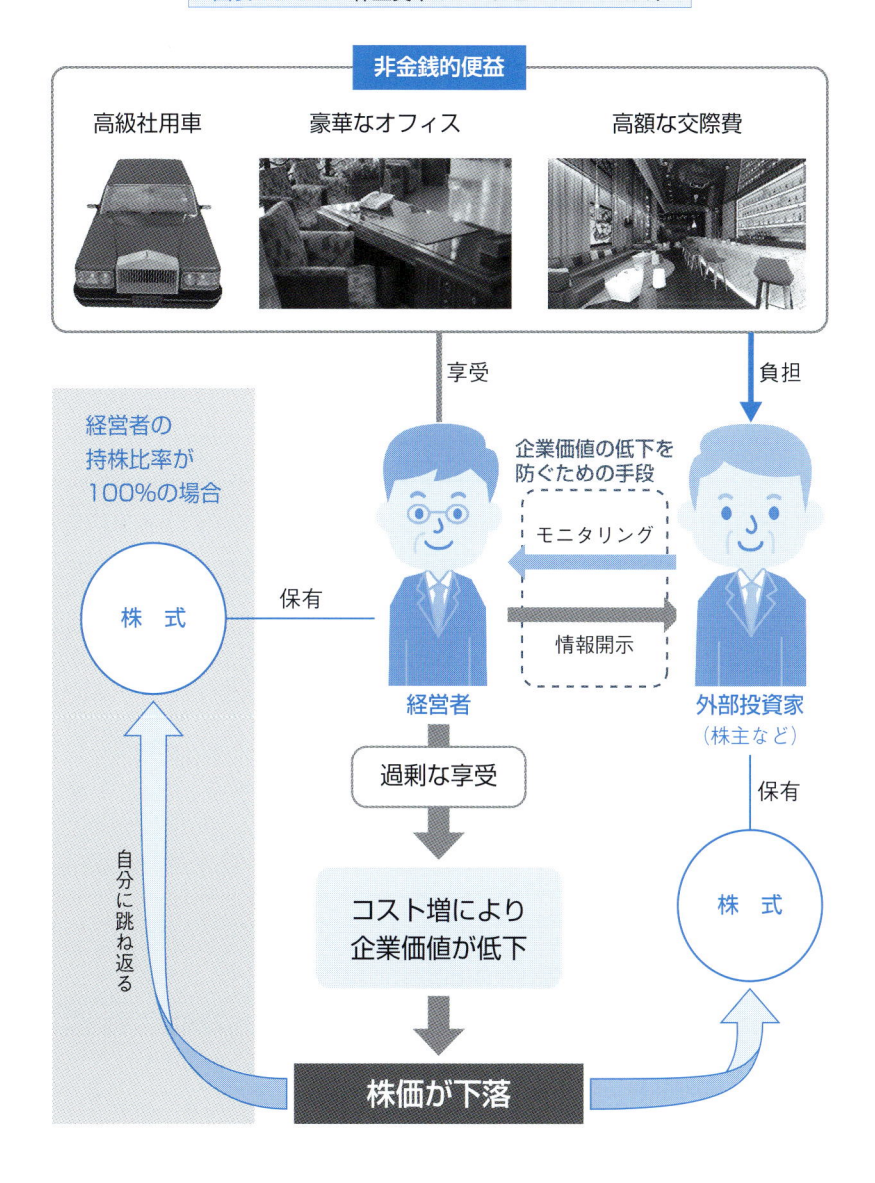

■図表10-5-1　株主資本のエージェンシー・コスト

非金銭的便益

高級社用車　　豪華なオフィス　　高額な交際費

享受　　　　　　　　　　　　　　　負担

経営者の
持株比率が
100%の場合

企業価値の低下を
防ぐための手段

モニタリング

株　式　　保有

情報開示

経営者　　　　　　　　外部投資家
　　　　　　　　　　　（株主など）

過剰な享受　　　　　　　　　　　　保有

自分に跳ね返る

コスト増により
企業価値が低下

株　式

株価が下落

なります。逆にいえば，負債比率が高くなると，株主資本のエージェンシー・コストが低下します。企業が負債の利用を高めることによって，経営者の持株比率が高まり，株主と経営者の利害が一致するようになるからです。さらに，負債比率が高まると，経営者は債務の返済の滞りや倒産をしないように，日本のメインバンクシステムのような債権者からのモニタリングも受けることになり，慎重な経営を実施するため，無駄な支出を控えるようになります。これは経営者が持つ自由裁量を狭める方法です。他にも内部留保せず配当することにより経営者が自由に使える資金を少なくすることが考えられます。

10.5.2　負債のエージェンシー・コスト

次に，負債のエージェンシー・コストも事例を用いて説明します。企業が，図表 10-5-2 のような 2 つの投資案件 X と Y を持っていると仮定します。必要投資額を 8,000 万円とします。ここでは言うまでもなく，株主には経営権があり，株主には投資先企業の投資案件を決定する権限があります。実際には，企業経営において，企業に関する情報をより多く持ち，実質的な意思決定を行うのは経営者ですが，経営者は株主の忠実な代理人と想定し，株主と経営者の利害が一致している状況を考えます。利益の分配は，債権者に劣る分リスクは大きいのですが，残余のキャッシュ・フローをすべて享受する権利を持ちます。また，株主は有限責任ですから，出資額以上の負担はありません。

一方，債権者には通常経営権は付与されず，投資案件を自ら決定することはできません。利益は利息として株主より優先して配分されますが，企業が莫大な収益を挙げたとしても，事前に約定した分を上回るキャッシュ・フローを受け取ることはできません。

期待キャッシュ・フローはともに 1 億円で，必要投資額が 8,000 万円であったので，投資の正味現在価値（NPV）は共に 2,000 万円でプラスですから，X，Y ともに NPV 法（第 4 章参照）の観点からは投資すべき案件です。ここで，必要投資額 8,000 万円を社債で調達すると考えます。図表 10-5-2 から明らかなように，X 案はどちらの状態になっても，債務の返済は確実で，リスクの低い投資です。Y はリスクの高い投資で債務返済の確率は 50％であり，この案件に対する社債からの投資にはリスクが存在します。仮に Y が採用さ

Column 10.3 ● 株主＝経営者

　株主と経営者の間のエージェンシー問題を克服するための一番の手段とはどのようなものでしょうか？ これに対する回答はシンプルで，会社設立時のように出資者である株主が経営者になるか，あるいは経営者が株主になればいいわけです。そうすれば，株主と経営者の「利害の不一致」と「情報の非対称性」の問題は綺麗に解決されます。

　たとえば同族企業（ファミリービジネス）では上記の2つの問題は緩和されていると考えられます。なぜならば，同族企業では一般的に創業家家族が筆頭株主で，経営者も創業家一族から指名されることが多々あります。そのため主要株主と経営者は必然的に一体化し，「利害の不一致」が解消されるわけです。また，主要株主と経営者の間で情報のやり取りが密になされますので，情報の非対称性も克服されます。近年の多くの研究でも創業家が主要株主で，経営陣に入っている同族企業の業績は平均的に非同族企業より高いとの結果が得られております。これはエージェンシー問題を緩和させた結果として捉えることが可能です。

　さらに経営者が株主になるという手段として，経営者が自らの企業を買収する MBO（Management Buyout：マネジメントバイアウト）があります。経営者が株主になるという点で，エージェンシー問題を緩和させる有効な手法です。これにより，経営陣の自由度や意思決定が早まり，長期的な経営が可能になります。実際に，MBO 実施後に企業パフォーマンスが改善されたという研究結果が多くみられます。近年，MBO は上場企業のみならず，非上場企業の事業承継の手段の一つとして活用されつつあります。

■図表 10-5-2　負債のエージェンシー・コスト

	投資案件 X	投資案件 Y
状態 1（発生確率 50%）	8,000 万円	0
状態 2（発生確率 50%）	12,000 万円	20,000 万円
期待キャッシュ・フロー	10,000 万円	10,000 万円

● 投資案件 X の期待利益の計算方法

$$8{,}000 \text{万円} \times 0.5(50\%) + 12{,}000 \text{万円} \times 0.5(50\%) = 10{,}000 \text{万円}$$

● 投資案件 Y の期待利益の計算方法

$$0 \times 0.5(50\%) + 20{,}000 \text{万円} \times 0.5(50\%) = 10{,}000 \text{万円}$$

れたとすると，状態1の場合に債務は返済されず，状態2であれば，社債額面の8,000万円は返済されますが，残りのキャッシュ・フローは株主に配分されることになります。この場合，社債のリスクプレミアムは無視されることになり，株主にとってきわめて都合のよい投資案件になります。つまり，企業は負債による調達を増やして，Yのようなリスクの高い案件への投資を増大させることになるでしょう。なぜならば，投資案件が成功すると株主に対して莫大なキャッシュ・フローをもたらしますが，失敗すれば，債権者が損失の大部分を被ることになるからです。これは資産代替問題と呼ばれます。

次に，企業がリスクの低い投資案件Xを実施するということで，投資家が社債を引き受けたと想定します。しかし，社債に投資した後に，企業がリスクの高い投資案件Yへの実施に変更したとします。この場合，社債へ投資した投資家は不利益を被ることになり，逆に株主は期待キャッシュ・フローを増大させることが可能となって，債権者から株主への富の移転が発生したことになります。

以上の点を防ぐために，社債保有者は，債務契約を結び経営行動に一定の制約を課すことになります。社債引受に際してその契約を認め，また遵守することは，企業にとって機会コストの負担となり，そのコストこそが負債のエージェンシー・コストになります。負債比率の増大は負債のエージェンシー・コストを高めます。

図表10-5-3は，負債比率と株主資本ならびに負債のエージェンシー・コストとの関係を示したものです。株主資本のエージェンシー・コストは負債比率が少ないうちは高く，負債比率が増大するにつれて低下します。一方，負債のエージェンシー・コストは，負債比率が高くなると，増加します。総エージェンシー・コストは，負債比率のある範囲もしくは点で最少となり，この最小コストに対応した負債比率が最適な資本構成となります。

10.6　エージェンシー問題を解決する装置とは

既に説明したように，株主をプリンシパルとし，経営者をエージェントと

Column 10.4 ● 財務制限条項

　会社が金融機関からお金を借りたとします。そこで問題になるのは経営者の将来の行動です。もし無謀な行動によりキャッシュ・フローが落ち込んで，資産を減らすと，金融機関は貸付金を回収できなくなる可能性があります。そこで金融機関は貸付を行う際に，「金はお貸ししますが，勝手なことはしないで，定められた約束（特約条項）は守ってくださいね」と貸付先企業に対して課す場合があります。これが**コベナンツ**（Covenants）です。その中で，純資産や黒字維持のような財務の健全性維持を求める目的で，一定の条件を下回ると，融資条件の変更をすることが**財務制限条項**です。たとえば貸付先会社の財務状況が一定の条件を下回った場合に，金融機関に対して即座に貸付金の返済を行うことと定められています。これにより，借手企業の財務状況が悪化することがないように，新たな借入や投資活動に一定の歯止めをかけることになります。このように，財務制限条項はエージェンシー問題を緩和するうえで有効な手段となります。

■**図表 10-5-3　エージェンシー理論におけるエージェンシー・コストと資本構成**

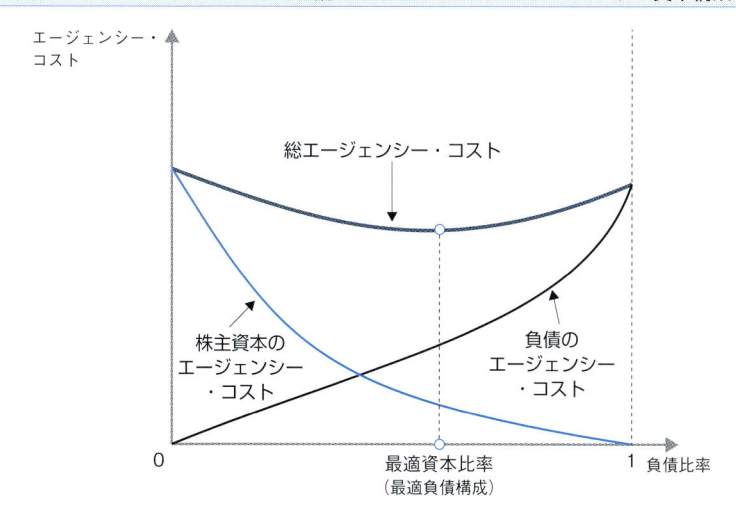

するような関係においては，株主と経営者との利害が一致しない場合があります。また重要な点は，環境の不確実性の存在によって，単に経営者が達成した成果だけでは経営者の行動が評価できません。たとえば好景気のときには経営者が努力をしなくても，良い業績を達成することもあるでしょう。このため，もし株主が自らの利害に沿った行動を経営者がとることを希望するとすれば，株主は経営者の行動を何らかの方法でモニタリングするようなシステム（モニタリング・システム）や，経営者が株主の利害に沿って行動するように動機づけるシステム（インセンティブ・システム）を構築するという対策を立てねばなりません。つまり，情報の非対称性が存在し，経営者の行動を完全にはモニタリングできない株主は，経営者が自らの利益に適った行動を選択するような，何らかの仕組みを構築する必要があります。このように，株主と経営者の間に存在するエージェンシー問題を解決する手段として，**経営者報酬**が挙げられます。これは**第 11 章**でも説明します。

　次に，ボンディング・コストとして重要な役割を果たすのが，上述した企業の自発的情報開示である IR です。IR とは，企業が株主や投資家向けに経営状態や財務状況，業績の実績・今後の見通しなど投資の判断に必要な情報を提供するための活動を指します。これは広報活動と考えるよりも，マーケティング戦略として捉えて，その高度化を推し進める必要があります。つまり，株主や投資家との双方向型のコミュニケーションを図ることによって，相互の信頼関係を高めて，資本市場から適正な評価を受けるようにすることが重要です。さらに，外部からの厳しい目に晒されることにより，経営者も怠慢な経営を行うことは難しくなります。結果的に，IR 戦略の高度化は資本コストを低下させるかもしれません。

　具体的な活動としては，ウェブサイト上における情報開示だけでなく，アニュアルレポート等のディスクロージャー資料の発行と送付や，決算発表を含む各種説明会を開催したり，工場や施設などの見学会を実施したりするなど，企業によっては独自の IR 戦略を行っているところもあります。

Column 10.5 ● エージェンシー・コストを低減させる2つの装置

【経営者報酬】

　エージェンシー問題を解決するには，何らかの業績成果指標を用いたインセンティブを付与する経営者報酬制度を導入する必要があります。株主は経営者と報酬制度の契約を行うにあたって，株主と経営者の間の利害を一致させるようなインセンティブを与える必要があります。言い換えればアメの期待とムチの恐れを与え，経営者をコントロールする必要があるわけです。このような適切なインセンティブを付与する経営者報酬制度がデザインできれば，情報の非対称性により発生する問題が緩和されます。こうして，どのようなインセンティブを付与する経営者報酬制度が適切であるか，それをどのようにデザインするかは，株主と経営者の間のエージェンシー問題を解決するための鍵になるわけです。経営者報酬制度については，**第11章**でも説明します。

【IR（インベスター・リレーションズ）】

　2014年2月，金融庁は**日本版スチュワードシップ・コード**である「"責任ある機関投資家"の諸原則」を正式に制定しました。これは**第12章**でも説明しますが，企業の持続的な成長を促す観点から，機関投資家が企業との建設的な対話を行い，適切な受託責任を果たすための原則です。これは IR 戦略の高度化を促します。つまり IR 戦略によって，製品やサービスを顧客に説明して購入してもらうのと同様に自社の真の姿をアピールして機関投資家に理解してもらうことが益々重要になってくると思われます。この際に重要なことは製品やサービスのアピールとは異なり，ネガティブな情報もすべて適宜に開示しなければならないことです。可能な限り速やかに，正確なネガティブ情報を開示することによって，当該企業のダメージを最小限に食い止めることが可能になり，いわば IR はリスクマネジメントの機能も果たすことになるわけです。

第 11 章

コーポレート・ガバナンスと経営者報酬

11.1 コーポレート・ガバナンスの定義

コーポレート・ガバナンス（Corporate Governance）は，企業統治と訳されますが，その定義は，さまざま存在します。理解を高め整理するために代表的なものを以下に紹介します。

(1) 米国証券取引委員会（US Securities and Exchange Commission：SEC）による定義では，企業のリーダーシップ，組織及び方向性を決定づける規則・規制，企業憲章・定款・公式な方針及び習慣・その他のプロセスによるフレームワーク（枠組み）[1]とされています。

(2) 「英国・コーポレート・ガバナンス・コード[2]」では，コーポレート・ガバナンスの目的は，会社の長期的な成功をもたらすことを可能とする効果的で企業家精神に富み，注意深い経営を促進することにある。それによって会社を方向づけ，制御するためのシステムである。会社の取締役会が何を行い，いかに会社の価値を設定するかに関わるものであり，常勤経営陣が行う日常的な経営管理とは区別されるべきものであるとしています。

(3) OECD（経済協力開発機構）のコーポレート・ガバナンス原則による定義では，会社の目標を設定し，その目標を達成するための手段や会社業績を監視するための手段を決定する仕組みを提供するものとしています。

(4) わが国政府の「日本再興戦略改訂2014」による定義では，企業が，株主をはじめ顧客・従業員・地域社会等の立場を踏まえたうえで，透明・公正かつ迅速・果断な意思決定を行うための仕組みであるとされています。

以上，公開企業におけるコーポレート・ガバナンスとは，株主の視点から，企業を統治・監督するためのさまざまな枠組みであると要約できます。

図表11-1-1に示すように，東京証券取引所では「コーポレートガバナン

---

1 SECウェブサイトより（https://www.investor.gov/additional-resources/general-resources/glossary/corporate-governance（2019年3月閲覧））。
2 金融庁「コーポレートガバナンス・コードの策定に関する有識者会議」（第1回：2014年8月7日）資料より。

コーポレートガバナンス・コード

〜会社の持続的な成長と中長期的な企業価値向上のために〜

2018 年 6 月 1 日 株式会社東京証券取引所

基本原則

【株主の権利・平等性の確保】

1.　上場会社は，株主の権利が実質的に確保されるよう適切な対応を行うとともに，株主がその権利を適切に行使することができる環境の整備を行うべきである。

　　また，上場会社は，株主の実質的な平等性を確保すべきである。

　　少数株主や外国人株主については，株主の権利の実質的な確保，権利行使に係る環境や実質的な平等性の確保に課題や懸念が生じやすい面があることから，十分に配慮を行うべきである。

【株主以外のステークホルダーとの適切な協働】

2.　上場会社は，会社の持続的な成長と中長期的な企業価値の創出は，従業員，顧客，取引先，債権者，地域社会をはじめとする様々なステークホルダーによるリソースの提供や貢献の結果であることを十分に認識し，これらのステークホルダーとの適切な協働に努めるべきである。

　　取締役会・経営陣は，これらのステークホルダーの権利・立場や健全な事業活動倫理を尊重する企業文化・風土の醸成に向けてリーダーシップを発揮すべきである。

【適切な情報開示と透明性の確保】

3.　上場会社は，会社の財政状態・経営成績等の財務情報や，経営戦略・経営課題，リスクやガバナンスに係る情報等の非財務情報について，法令に基づく開示を適切に行うとともに，法令に基づく開示以外の情報提供にも主体的に取り組むべきである。

　　その際，取締役会は，開示・提供される情報が株主との間で建設的な対話を行う上での基盤となることも踏まえ，そうした情報（とりわけ非財務情報）が，正確で利用者にとって分かりやすく，情報として有用性の高いものとなるようにすべきである。

【取締役会等の責務】

4.　上場会社の取締役会は，株主に対する受託者責任・説明責任を踏まえ，会社の持続的成長と中長期的な企業価値の向上を促し，収益力・資本効率等の改善を図るべく，

　　(1)　企業戦略等の大きな方向性を示すこと

　　(2)　経営陣幹部による適切なリスクテイクを支える環境整備を行うこと

　　(3)　独立した客観的な立場から，経営陣（執行役及びいわゆる執行役員を含む）・取締役に対する実効性の高い監督を行うこと

　　をはじめとする役割・責務を適切に果たすべきである。

　　こうした役割・責務は，監査役会設置会社（その役割・責務の一部は監査役及び監査役会が担うこととなる），指名委員会等設置会社，監査等委員会設置会社など，いずれの機関設計を採用する場合にも，等しく適切に果たされるべきである。

【株主との対話】

5.　上場会社は，その持続的な成長と中長期的な企業価値の向上に資するため，株主総会の場以外においても，株主との間で建設的な対話を行うべきである。

　　経営陣幹部・取締役（社外取締役を含む）は，こうした対話を通じて株主の声に耳を傾け，その関心・懸念に正当な関心を払うとともに，自らの経営方針を株主に分かりやすい形で明確に説明しその理解を得る努力を行い，株主を含むステークホルダーの立場に関するバランスのとれた理解と，そうした理解を踏まえた適切な対応に努めるべきである。

（出所）　東京証券取引所

ス・コード」を策定しています。**コーポレートガバナンス・コード**とは，「実効的なコーポレートガバナンスの実現に資する主要な原則を取りまとめたもの」であり，「これらが適切に実践されることは，それぞれの会社において持続的な成長と中長期的な企業価値の向上のための自律的な対応が図られることを通じて，会社，投資家，ひいては経済全体の発展にも寄与することとなるもの」と考えられています（東京証券取引所［2018］）。

11.2　なぜ日本でコーポレート・ガバナンス改革が行われたのか

第2次安倍晋三内閣発足以降，成長戦略の一環として，機関投資家の行動原則である**スチュワードシップ・コード**と**コーポレートガバナンス・コード**が策定されました。この2つのコード（原則）を車の両輪として中長期的な企業価値向上と投資リターンの拡大（国民の安定的な資産形成）の実現に向けて，以降コーポレート・ガバナンス改革を目的とした改革が行われています。

政府が，このような改革に取り組んだ理由は，バブル崩壊以降，長きにわたって続いた経済の低迷を上昇へ導くためで，さまざまな改革の中で，日本企業の稼ぐ力を取り戻す施策の一つとしてコーポレート・ガバナンス改革が取り上げられました。

経済産業省が公表した「**コーポレート・ガバナンス・システムに関する実務指針**」（CGS ガイドライン）（経済産業省，2017 年 3 月 31 日策定，2018 年 9 月 28 日改訂）では，問題と改革の方向性について以下のようにまとめています。

(1)　過去 20 年間，企業全体としての「稼ぐ力」は諸外国に比べると低迷しており，株価指数に表されるわが国企業の「企業価値」も，欧米や新興国と比較して「一人負け」している状況である（**図表 11-2-1**，**図表 11-2-2**）。この「稼ぐ力」の低迷の原因の一つとして，わが国企業は，欧米企業と比べ，低収益な事業を抱え込み続けている傾向にある。

(2)　グローバル競争の中でわが国経済・企業の地位が低下しており，雇用の面でみても，大企業における就業者数は，平成 12 年以降大幅に減少

売上高営業利益率（ROS）の日米比較

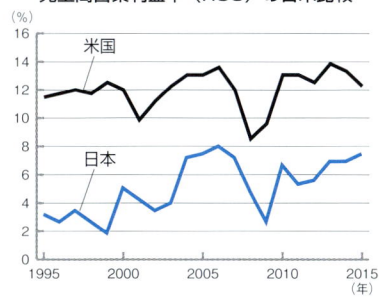

（備考）　自己資本利益率（ROE）は，ROE＝
売上高利益率（ROS）×総資産回転率×財務レ
バレッジと分解できる。
（注）　日本は TOPIX，米国は S&P500 を対象。

株式指数・時価総額の長期的動向

	倍率（倍）	
	株価指数 （2016 年の値 /1990 年の値）	時価総額 （2015 年の値 /1990 年の値）
日　　本	0.7	1.7
米　　国	7	8.1
英　　国	3	*2.2
ド イ ツ	7	4.8
香　　港	7	38.2
イ ン ド	24	*5.4
中　　国	24	*16.0
インドネシア	12	*5.3
タ　　イ	2	17.1

（備考）　株価指数については，1990 年は 12 月
末，2016 年は 3 月末時点の数値。時価総額は，
それぞれの国における上場企業の時価総額の
合計。なお，米国については，2015 年の値
の代わりに 2008 年の値を使用。インドネシ
アについては，1990 年の値の代わりに 1995
年の値を使用。

（資料）　左図：Bloomberg ／右図：東京海上アセットマネジメント大場取締役会長講演
　　　資料及び世銀統計より作成
（出所）　経済産業省「コーポレート・ガバナンス・システムに関する実務指針」

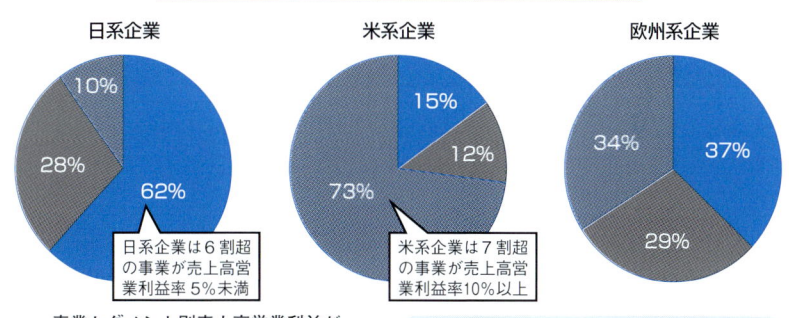

日系企業　米系企業　欧州系企業

日系企業は 6 割超
の事業が売上高営
業利益率 5％未満

米系企業は 7 割超
の事業が売上高営
業利益率10％以上

事業セグメント別売上高営業利益が
■ ～5％以下（赤字含む）の事業セグメント
■ 5～10％の事業セグメント
■ 10％以上の事業セグメント

$$比率：\frac{該当利益率区分の事業セグメント数}{調査対象企業の全事業セグメント総数}$$

（資料）　Bloomberg データベースを元に，デロイトトーマツコンサルティングが作成し
　　　た資料を加工。事業セグメント別売上高・営業利益の両方を，FY2006-13 の 8 期連続で
　　　取得可能な世界連結売上 TOP500 の中から，各国別多角化度（ハーフィンダール指数）
　　　上位 50％，海外売上高比率 20％以上の企業
（出所）　経済産業省「コーポレート・ガバナンス・システムに関する実務指針」

し，全就業者に占める割合も大きく低下している。

(3) コーポレート・ガバナンス改革はこうした現状から脱却し，人材の有効活用を通したイノベーションによる付加価値の創出や生産性の向上を通じて，企業の持続的な成長と中長期的な企業価値の向上を図り，その果実が従業員や消費者等にも広く均霑され，投資や消費拡大による経済成長につながるという好循環が実現される経済システムを構築することを目指す。

(4) また，投資家・株主が企業の持続的成長や中長期的な企業価値向上を評価するうえで，ESG（環境・社会・ガバナンス）の要素が重要になっている。企業経営においても，自らの価値観やビジネスモデル，リスク，戦略等をこれらの要素を踏まえて統合的に考え，示していくことが求められており，それらを規律づける要としてガバナンスの在り方が問われている。

11.3　企業におけるコーポレート・ガバナンスの枠組み

　企業における具体的なコーポレート・ガバナンス枠組みについて，日本を代表する企業の一つである日立製作所を例に説明します。

　日立製作所の企業情報サイトにある経営情報「コーポレートガバナンス」のセクションでは，以下のように説明されています。

　　「日立製作所と上場子会社は，日本の会社法に規定する指名委員会等設置会社です。経営の監督と執行の分離を徹底することにより，事業を迅速に運営できる執行体制の確立と透明性の高い経営の実現に努めています。

　　また，日立グループの総合力発揮をめざした経営戦略を立案・実行するとともに，当社の取締役や執行役がグループ会社の役員を兼務するなど，相互連携の強化とグループ会社への監督機能の充実を図ることにより，企業価値の向上に取り組んでいます。」

　コーポレートガバナンス体制図（**図表11-3-1**）に示されているように，過

（出所）　日立製作所ウェブサイト（2019 年 2 月閲覧）

半数の社外取締役から構成される取締役会と執行役による経営会議が主要な機関となっています。

　取締役会は，経営の基本方針を決定し執行役と取締役の職務の執行を監督する役割を担っています。執行役つまり経営陣は，取締役会の定めた職務に沿って，経営業務事項を決定し，業務執行する役割を担います。このように，日立製作所におけるコーポレート・ガバナンスの枠組みは，欧米先進国で主流である，執行役が業務の決定・執行を行い，取締役会がそれを監督するという設計となっています。

　さらに取締役会の役割として，執行役の業務の決定・執行の監督に加えて，執行の利益相反が起きやすいと考えられる分野について，社外取締役が過半数を占める指名委員会，監査委員会，報酬委員会が設置されており，会社法上の指名委員会等設置会社の形式を採用しています。

　コーポレートガバナンス・コードが複数名の社外取締役を置くよう規制しているため，これまで日本企業で主流だった，社内出身の取締役が，自らの業務執行を自ら監督する，という日本独特のシステムから，業務執行と監督の分離へ促し始めている点は重要です。

11.4　コーポレート・ガバナンス規制の枠組み

　11.1 では米国証券取引委員会（SEC）がコーポレート・ガバナンスを「企業のリーダーシップ，組織及び方向性を決定づける規則・規制，企業憲章・定款・公式な方針及び習慣・その他のプロセスによる枠組み」と定義していると述べました。ここでは前述した日立製作所のような上場会社に適用される，わが国におけるコーポレート・ガバナンスに関する代表的な法規制の枠組みを紹介します（図表 11-4-1，図表 11-4-2 参照）。

① 　会社法：主に株主総会，取締役，監査役，監査役会，会計監査人等，公開企業における機関設計について規制しています。

② 　金融商品取引法：証券市場での有価証券の発行や売買等について規定

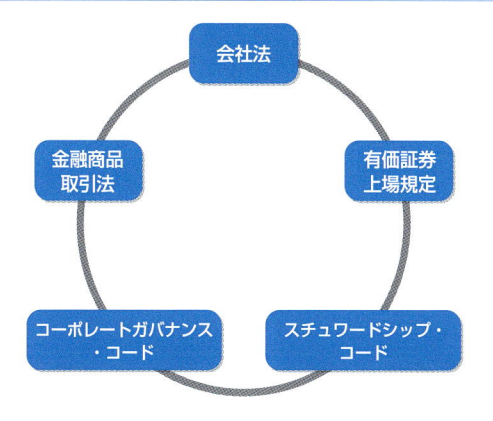

■図表11-4-1　コーポレート・ガバナンス規制の枠組み

会社法

金融商品
取引法

有価証券
上場規定

コーポレートガバナンス
・コード

スチュワードシップ・
コード

■図表11-4-2　スチュワードシップ・コードとコーポレートガバナンス・コード

機関投資家（年金基金やその委託を
受けた運用機関等）に対して，企業
との対話を行い，中長期的視点から
投資先企業の持続的成長を促すこと
を求める行動原則。

上場企業に対して，幅広いステーク
ホルダー（株主，従業員，顧客，取
引先，地域社会等）と適切に協働し
つつ，実効的な経営戦略の下，中長
期的な収益力の改善を図ることを求
める行動原則。

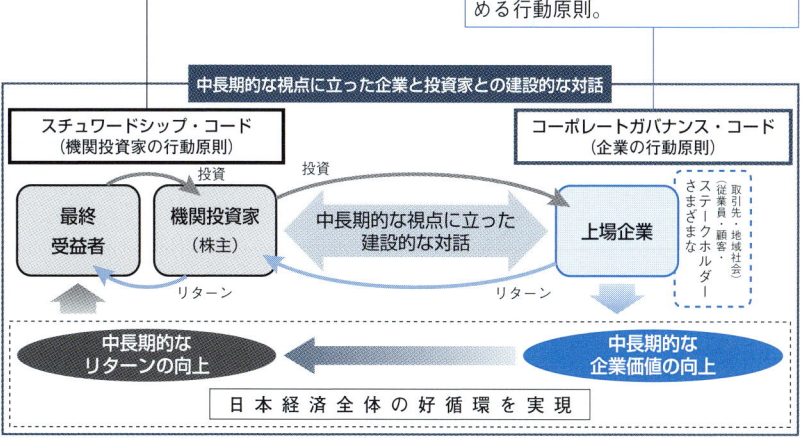

（出所）　金融庁「コーポレートガバナンス改革について」

した法律で，コーポレート・ガバナンスの分野では，主に，開示制度，取引所の自主規制機能の強化等について規制しています。

③ **有価証券上場規定**：東京証券取引所の同規定は，有価証券の上場，上場管理，上場廃止その他上場有価証券に関して必要な事項を定めるとしています。取引所に上場している企業に求められるコーポレートガバナンス・コードによるガバナンス報告書の提出も本規定による規制です。

④ **コーポレートガバナンス・コード**：日本取引所グループは，ガバナンス・コードについて「実効的なコーポレートガバナンスの実現に資する主要な原則を取りまとめたものであり，これらが適切に実践されることは，それぞれの会社において持続的な成長と中長期的な企業価値の向上のための自律的な対応が図られることを通じて，会社，投資家，ひいては経済全体の発展にも寄与することとなるものと考えられる」と説明しています。

⑤ **スチュワードシップ・コード**：機関投資家が，対話を通じて企業の中長期的な成長を促すなど，受託者責任を果たすための原則（日本版スチュワードシップ・コード）があります（**第12章**で詳しく説明します）。

11.5　経営者報酬

11.5.1　経営者報酬とコーポレート・ガバナンス

コーポレート・ガバナンスの研究においては，役員の報酬は，指名や監査利益相反が起きやすい分野です。先進国のガバナンス規制においては，代表取締役または代表執行役を含む経営執行の役割を担う役員の評価と報酬は独立社外取締役によって構成される報酬委員会が担うとされ，わが国のコーポレートガバナンス・コードも，経営陣から独立した評価・報酬決定の強化を目指しています（図表11-5-1）。

これまで，わが国では報酬に関するガバナンス規制が重視されてこなかったことが原因で，経営者陣の報酬（以下，経営者報酬）は，固定報酬が中心で，年次賞与や株式による長期インセンティブ等の業績連動報酬の導入は重視されてきませんでした。また役員の特権（パークジット）と呼ばれる役員退職慰

【原則3-1. 情報開示の充実】

上場会社は，法令に基づく開示を適切に行うことに加え，会社の意思決定の透明性・公正性を確保し，実効的なコーポレートガバナンスを実現するとの観点から，（本コードの各原則において開示を求めている事項のほか，）以下の事項について開示し，主体的な情報発信を行うべきである。

（ⅲ）取締役会が経営陣幹部・取締役の報酬を決定するに当たっての方針と手続

【原則4-2. 取締役会の役割・責務（2）】

また，経営陣の報酬については，中長期的な会社の業績や潜在的リスクを反映させ，健全な企業家精神の発揮に資するようなインセンティブ付けを行うべきである。

補充原則

4-2① 取締役会は，経営陣の報酬が持続的な成長に向けた健全なインセンティブとして機能するよう，客観性・透明性ある手続に従い，報酬制度を設計し，具体的な報酬額を決定すべきである。その際，中長期的な業績と連動する報酬の割合や，現金報酬と自社株報酬との割合を適切に設定すべきである。

【原則4-10. 任意の仕組みの活用】

上場会社は，会社法が定める会社の機関設計のうち会社の特性に応じて最も適切な形態を採用するに当たり，必要に応じて任意の仕組を活用することにより，統治機能の更なる充実を図るべきである。

補充原則

4-10① 上場会社が監査役会設置会社または監査等委員会設置会社であって，独立社外取締役が取締役会の過半数に達していない場合には，経営陣幹部・取締役の指名・報酬などに係る取締役会の機能の独立性・客観性と説明責任を強化するため，取締役会の下に独立社外取締役を主要な構成員とする任意の指名委員会・報酬委員会など，独立した諮問委員会を設置することにより，指名・報酬などの特に重要な事項に関する検討に当たり独立社外取締役の適切な関与・助言を得るべきである。社株報酬との割合を適切に設定すべきである。

（出所）　東京証券取引所

労金，退職後に顧問や相談役に就任することで支給される顧問相談役報酬，その他フレンジベネフィット（給与以外の経済的利益）は，従業員に比して高額でした。

コーポレート・ガバナンス研究では，経営者が必ずしも株主の期待する行動を取らないことを**エージェンシー問題**と呼びます（**第 10 章**参照）。もしある企業において業績や株価が低迷する一方，経営者が業績に連動しない高い固定報酬や特権を受け続けている場合，役員報酬の分野のエージェンシー問題が発生している可能性が指摘できます。

コーポレートガバナンス・コードでは，各社が採用する役員報酬制度の目的や仕組みについてまとめた報酬の方針の開示と報酬決定における独立取締役を主要な構成員とする報酬委員会の設置が規定化されたのも，報酬におけるエージェンシー問題の解決が目的と考えられます。

役員報酬におけるコーポレート・ガバナンス（以下，報酬ガバナンス）の目的を整理すると，①中長期の企業価値と役員の報酬を連動させる，②経営者の高いモチベーションを持続する，となり，エージェンシー問題解決のため利益相反を排除した独立取締役による報酬委員会がその役割を担うことになります。

11.5.2　日本の経営者報酬の特徴

日本の経営者報酬の特徴について考えてみましょう。日本，米国，欧州の大手企業 CEO（Chief Executive Office）を比較してみると（図表 11-5-2），

(1)　日本の報酬水準は，米国の約 6 分の 1，欧州の約 3 分の 1 で，比較的には低額です。

(2)　その差額の多くの部分は，賞与及び長期インセンティブ（主に株式報酬）による業績連動によるものです。業績連動報酬が総報酬に占める割合をみると，日本は約 40 ％，米国は 90 ％，欧州は約 70 ％で，日本の業績連動比率が低いことがわかります。

(3)　総報酬に占める長期インセンティブ報酬は，日本が約 10 ％と低いのに対し，米国では約 70 ％と非常に高く，欧州も約 40 ％と高いことがわか

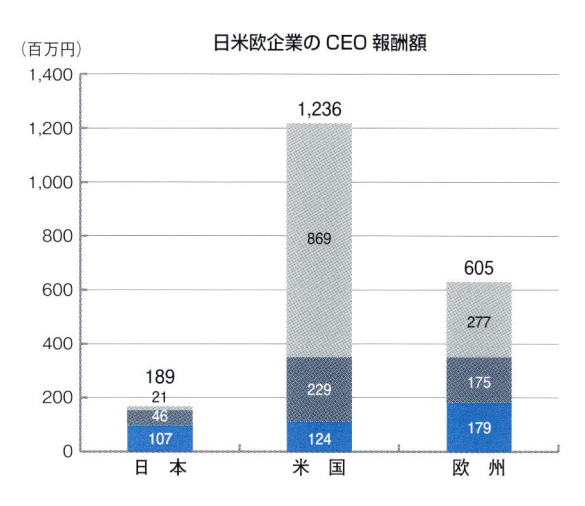

日米欧企業の CEO 報酬額

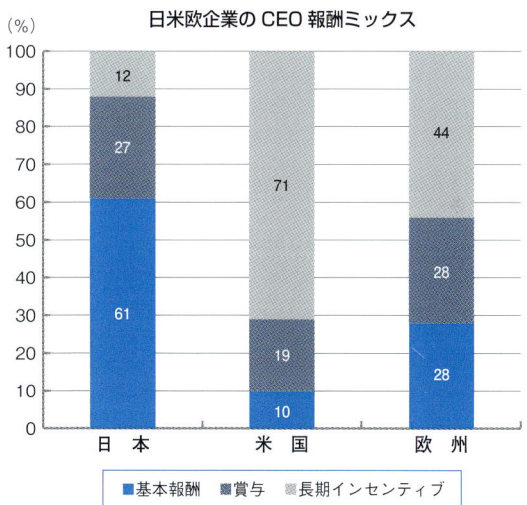

日米欧企業の CEO 報酬ミックス

（注）　CEO 報酬の中央値（米は 2017 年度 S&P500 社，欧州は 2017 年度 STOXX
　　　　Europe50 と EURO STOXX50 の 71 社，日本は 2018 年度 3 月決算までの
　　　　TOPIXCore30 を対象）。為替換算レートは 2017 年末の年間平均 TTM より算出。
（出所）　ペイ・ガバナンス（日米）と HKP（欧州）による調査

りGます。先進国で最も高額な米国 CEO 報酬の多くの部分は，株式によって支給されているといえます。

(4)　固定的な基本報酬は，日本は約 1.1 億円，米国は 1.2 億円，欧州は 1.8 億円で，総報酬に比較すると大きな差異ではありません。

　以上を総合すると日本の役員報酬は，総報酬水準が低く株主にとって総コストの視点から有利である一方，先に紹介した報酬ガバナンスの目的「中長期の企業価値と役員の報酬を連動させる」というインセンティブの視点からは欧米と比較すると効果が弱いと考えられます。

　最新のコーポレートガバナンス・コードでは，経営者報酬を持続的な成長へのインセンティブとして機能させる，客観性と透明性ある手続きによる設計と額の決定を取締役会の役割・責務と明文化，独立取締役を主要な構成員とする報酬委員会による報酬設計と具体的な決定を規定化しています。

　これは株主総会で報酬額の上限を決定し，取締役会がその上限の分配を代表取締役に一任するというこれまでの日本の報酬決定から，持続的な成長のインセンティブの視点から，取締役会と独立取締役を主要構成員とする報酬委員会による決定への変化によってエージェンシー問題を解決することを想定していると考えられます。

11.5.3　インセンティブ報酬：株式報酬

　報酬ガバナンス上中心となる業績報酬は，賞与と長期インセンティブにより構成されます。賞与は，通常，1 年間の業績に連動し現金によって支給されることから年次インセンティブとも呼ばれます。また長期インセンティブ（Long-Term Incentive：LTI）は，通常，複数年以上の期間で支給されることから長期インセンティブと呼ばれ，自社株式による支給が中心となります。

　図表 11-5-3 は，大手日本，ドイツ，米国企業の CEO 賞与で採用されている業績評価指標（Key Performance Indicator：KPI）で，財務，キャッシュ・フロー，戦略目標等が採用されていることがわかります。賞与は，期首に設定された目標に応じて，期末に達成度を評価し，支給額を決定します。支給額に対して事後に裁量的な調整を行うことは，報酬委員会が企業及び CEO

■図表 11-5-3　CEO 年次インセンティブで採用されている財務指標

米　国

採用されている指標	%
利益／一株当たり利益	73
フリーキャッシュ・フロー	45
効率指標（ROIC/ROC/RONA）	25
売　上	16
EVA 等	12

採用する指標数	%
1	20
2	33
3	24
4 以上	24

ドイツ

採用されている指標	%
戦略目標	86
利　益	59
効率指標（ROIC/ROC/RONA）	54
キャッシュ・フロー	29

採用する指標数	%
1	35
2	42
3	23
4 以上	0

日　本

採用されている指標	%
当期利益・税引き前利益	46
営業利益	43
経常利益	36
売　上	35
売上高営業利益率	10

（出所）　米国・ドイツは大手企業を対象としたペイ・ガバナンス調査（2015 年度）。日本は 2016 年度経済産業省「日本と海外の役員報酬の実態および制度等に関する調査報告書」

■図表 11-5-4　長期インセンティブ株式報酬制度の比較

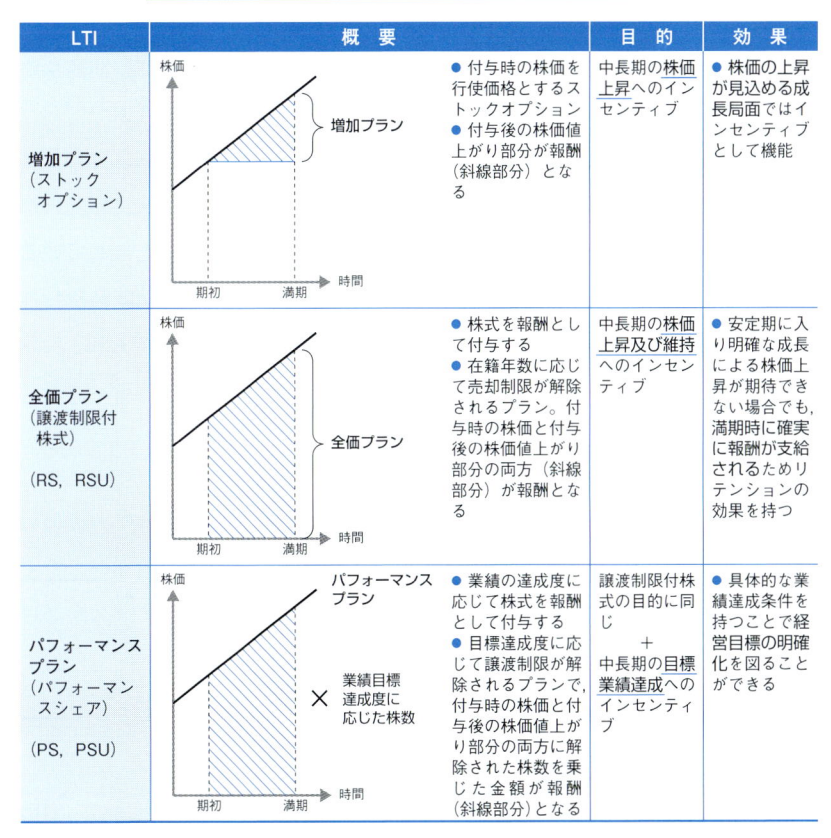

LTI	概　要		目　的	効　果
増加プラン（ストックオプション）		● 付与時の株価を行使価格とするストックオプション ● 付与後の株価値上がり部分が報酬（斜線部分）となる	中長期の株価上昇へのインセンティブ	● 株価の上昇が見込める成長局面ではインセンティブとして機能
全価プラン（譲渡制限付株式）（RS, RSU）		● 株式を報酬として付与する ● 在籍年数に応じて売却制限が解除されるプラン。付与時の株価と付与後の株価値上がり部分の両方（斜線部分）が報酬となる	中長期の株価上昇及び維持へのインセンティブ	● 安定期に入り明確な成長による株価上昇が期待できない場合でも、満期時に確実に報酬が支給されるためリテンションの効果を持つ
パフォーマンスプラン（パフォーマンスシェア）（PS, PSU）		● 業績の達成度に応じて株式を報酬として付与する ● 目標達成度に応じて譲渡制限が解除されるプランで、付与時の株価と付与後の株価値上がり部分の両方に解除された株数を乗じた金額が報酬（斜線部分）となる	譲渡制限付株式の目的に同じ＋中長期の目標業績達成へのインセンティブ	● 具体的な業績達成条件を持つことで経営目標の明確化を図ることができる

（注）　RSU（Restricted Stock Unit），PSU（Performance Share Unit）は条件達成時に株式が事後交付される。

の１年間のパフォーマンスを評価し，支給額と当該評価結果に著しい差異が生じた場合にのみ行われます。

代表的な長期インセンティブは，

(1) 株価上昇へのインセンティブ効果が強い付与時の株価を行使価格とする通常型ストックオプション等の増加プラン

(2) 自社株保有促進を目的とし，一定期間の売却制限を付した株式を付与する譲渡制限付株式（RS）等の全価プラン

(3) 賞与と同様に業績条件を付し達成度に応じて株式を付与するパフォーマンスプラン（パフォーマンスシェア：PS）

等となります。

米国では，上場前後の企業ではストックオプション，上場後一定期間を経た企業はパフォーマンスプランと譲渡制限株の組合せが多く，欧州ではパフォーマンスプランが中心となっています。日本では，コーポレートガバナンス・コード導入によって株式報酬が原則に含まれたことにより株式報酬の導入が急速に進んでいますが，株価・業績との連動性が強いと考えられている通常型ストックオプションやパフォーマンスプランではなく，譲渡制限付株式等の全価プランの採用が多く，「中長期の企業価値と役員報酬の連動」の目的からは，さらなる改革が必要と考えられます。

11.5.4 報酬委員会

前述のように，報酬ガバナンスの視点から利益相反を排除するため役員の評価と報酬は独立社外取締役によって構成される報酬委員会が担うべきです。

役員自らが報酬を決定した場合の利益相反は，以下のようなケースが挙げられます。

(1) 業績とはかかわらず，CEO として在籍する限り固定的に高額な報酬が支給される Pay for Pulse の状態

(2) 業績を悪化，不正や不祥事により退任する場合でも高額の報酬や退職金が支給される Pay for Failure の状態

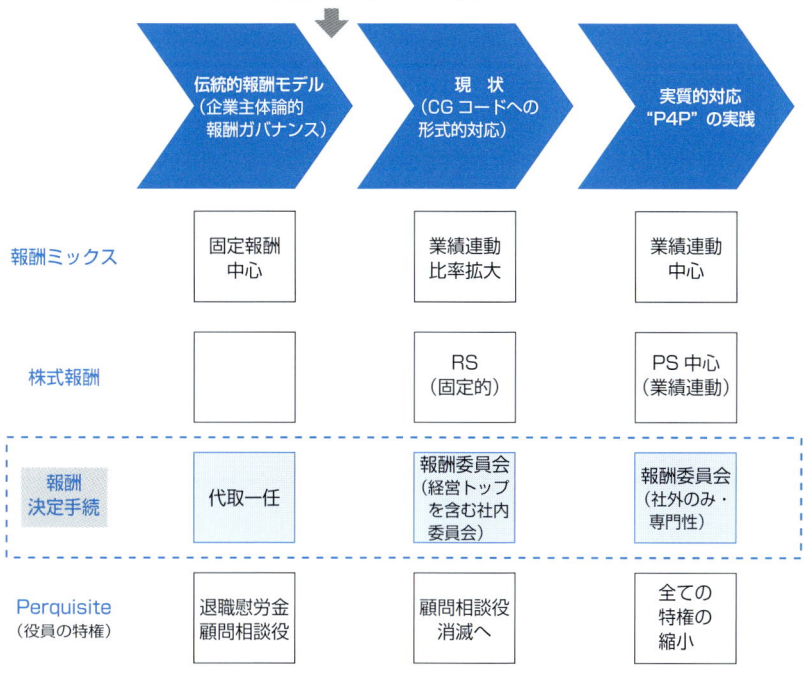

■図表 11-5-5　日本の報酬ガバナンスの動向

コーポレートガバナンス・コード導入

	伝統的報酬モデル（企業主体論的報酬ガバナンス）	現　状（CG コードへの形式的対応）	実質的対応"P4P" の実践
報酬ミックス	固定報酬中心	業績連動比率拡大	業績連動中心
株式報酬		RS（固定的）	PS 中心（業績連動）
報酬決定手続	代取一任	報酬委員会（経営トップを含む社内委員会）	報酬委員会（社外のみ・専門性）
Perquisite（役員の特権）	退職慰労金顧問相談役	顧問相談役消滅へ	全ての特権の縮小

Column 11.1 ● 日本の役員の問題点

　日本の役員の問題点は，ソニー創業者である盛田昭夫が，50 年以上前に，以下のように指摘（文藝春秋働かない重役追放論 1964 年 7 月号）しています。

　「日本は重役天国で，地位が高くなるほど働かなくなる。定年まで保証されているのだから下手に働くよりジッとしていた方が良い。米国は上になるほど仕事量は多くなり，勤務時間は無制限で勤務評定も過酷だ。日本が国際競争に勝つためには，仕事に対する考え方を根本的に考え直すべき（筆者一部要約）」。

　もちろん日本の役員への批判は極端な揶揄とも考えられますが，コーポレート・ガバナンス改革の背景にある日本経済の長きに渡る低迷の一因には，盛田氏の指摘するような重役らの行動に原因がなかったとは言い切れません。その意味においては，役員報酬は，コーポレート・ガバナンスの視点から大きく改革される必要があり，国際競争に勝ち抜くために，重役らにどのようなインセンティブを付加し，大胆，迅速でかつ規律の取れた行動をとってもらうためには，どのような報酬設計とするのかについて真剣な取り組みが必要と考えられます。

欧米では，経営者自らが自身の評価報酬を決定する場合には Pay for Pulse や Pay for Failure を避けることは難しいと考えられた結果，独立取締役による報酬委員会が CEO の権限が及ばない利益相反を排除した場で，評価・報酬を決定するプラクティスが確立しています。

　日本においてもコーポレートガバナンス・コードに沿って報酬委員会を設置する企業が増えていますが，形式的な対応との批判も出ています。具体的には，CEO や元 CEO が委員に就任，評価・報酬決定に関する専門性が乏しい取締役の選任，建設的な議論や意思決定ではなく経営側により提示する案を形式的に追認，等が指摘されており，報酬ガバナンスの目的である「中長期の企業価値と報酬の連動」「経営者の高いモチベーション持続」の達成には，報酬委員会の独立性と専門性の強化が重要となるでしょう。

第 12 章

スチュワードシップ・コードと ESG 投資

12.1　ESG 投資とは

ESG 投資とは，Environment・Social・Governance の頭文字からきています。環境，社会，コーポレート・ガバナンス（企業統治）に配慮した投資を意味します。環境問題の中心的課題は，気候変動に関するものです。地球温暖化の進展による，海水面の上昇，海洋の酸性化，海の表層での水温の上昇，海洋生物種の分布の変化，大雨の頻度や強度，降水量の増加，食料生産への影響などの多様な問題を含有しています。現在，ヨーロッパを中心に地球温暖化対策は強化されており，フランスは 2040 年までに国内のガソリン車とディーゼル車の販売を禁止する方針を明らかにしました。英国も同様の方針を公表しています。社会問題の中心課題は人権問題です。2013 年にバングラディッシュで 8 階建ての商業ビルが倒壊し 1,100 人以上が亡くなる事件が起きました。このビルには欧米の大手アパレル産業向けに製品を提供する 5 つの縫製工場が入っていました。この事件をきっかけに大手企業のサプライチェーンの劣悪な労働環境や安価な労働力に依存するアパレル産業の人権問題が明らかになりました。現代の企業はこのような人権問題に取り組む必要があり，投資家もそれを評価する必要があるのです。コーポレート・ガバナンスの問題としては，コーポレートガバナンス・コードやスチュワードシップ・コード（12.3 節で詳しく説明します）の導入による企業の内部統制，特に社外取締役や女性の取締役導入などが話題となっています。

今日，機関投資家は上記のような課題を配慮して投資判断をすることが重要な課題となっています。なぜならば ESG 要因は長期的にみて規制リスクや企業の評判リスクになり，また ESG 要因は新たなビジネスの機会につながるなど収益機会になりうる可能性があるからです。企業側も利益を追求するだけでなく，その活動が社会や地球環境に与える影響に責任を持つことが社会的責任（Corporate Social Responsibilty：CSR）といわれ，財務情報だけではなく非財務情報の開示も求められています。投資家のみならず，市民などのステークホルダーにとっての重要な課題をマテリアリティといいます。企業側にも ESG 投資を踏まえた原材料の調達が拡大しています（図表 12-1-2）。

■図表 12-1-1　世界の ESG 投資額

■図表 12-1-1　世界の ESG 投資額

地　域	2014 年 （10億ドル）	2016 年 （10億ドル）	期間成長率 （%）	年平均成長率 （%）
欧　州	10,775	12,040	11.7	5.7
米　国	6,572	8,723	32.7	15.2
カナダ	729	1,086	49.0	22.0
オーストラリア／ ニュージーランド	148	516	247.5	86.4
アジア（日本除く）	45	52	15.7	7.6
日　本	7	474	6,689.6	724.0
合　計	18,276	22,890	25.2	11.9

（出所）　GSIA「2016 Global Sustainable Investment Review」

■図表 12-1-2　マテリアリティの例

環　境	社　会	ガバナンス
● 環境方針 ● 環境情報開示 ● 生物多様性 ● 化学物質の安全性 ● 環境インパクト ● 気候変動 ● 環境汚染 ● 水資源マネジメント	● 地域社会との関わり ● 機会均等の方針 ● 従業員の健康と安全 ● 人権制度 ● 人権への取組み ● 人権に関する情報開示 ● 労働組合と従業員の経営参加 ● 顧客と調達先との関係 ● サプライチェーン労働管理 　制度 ● サプライチェーン労働管理 　に関する情報開示	● 取締役会 ● 女性取締役 ● 倫理規定 ● ステークホルダーに対する 　責任 ● 腐敗防止方針 ● 腐敗防止策 ● 腐敗防止に関する情報開示

Column 12.1 ● ESG 投資を踏まえた原材料の調達

　2018 年，花王は化粧品原料の栽培で，強制労働をしていないかなど海外 1,500 ヶ所の調査に乗り出す方針を，また ANA ホールディングス（HD）は機内食に使う食材の調達先管理を徹底する方針を出しました。

　また，花王は適切にパーム油を作ったことを示す国際認証制度「RSPO（Roundtable on Sustainable Palm Oil）」を活用する方針を表明しています。

12.2　ESG の投資戦略

　ESG の投資戦略は**図表 12-2-1** に示したように分類できます。**ネガティブ・スクリーニング**とは，倫理的な観点からタバコ，武器製造，動物実験などに携わる企業を投資対象から外す手法です。近年では，化石燃料など環境への負荷が高い企業からの投資を引き上げる欧米の年金基金などが相次いでいます。これは欧米市場では「**ダイベストメント（投資撤退）**」と呼ばれる手法が活発であるためであり，化石燃料やタバコ，核兵器関連産業から投資撤廃を表明している大規模な機関投資家があります（**図表 12-2-2**）。ネガティブ・スクリーニングは欧州では ESG 投資の半分を占めるといわれています。

　ポジティブ・スクリーニングとは，責任ある事業に対するコミットメントのある企業，そのような製品・サービスを提供する企業に積極的に投資する手法です。ESG スコアや ESG レイティングなどを用いて，業種ごとにそのトップ企業に投資する方法を**ベスト・イン・クラス投資手法**といいます。この手法は日本のエコファンドなどに多く用いられています。

　規範に基づくネガティブ・スクリーニングとは，OECD の多国籍企業ガイドラインや，ILO（International Labour Organization：国際労働機関）の労働基準，国連グローバル・コンパクト（UNGC）などの国際的基準や規範に基づいて投資対象から外す手法です。

　インテグレーションとは，業績予想に環境問題や社会問題などによる長期的予想も踏まえて投資判断をする手法です。米国では ESG 投資の半数を占めるといわれています。このような投資は，企業の無形価値が世界的に注目され，財務情報だけでなく社会や環境への取組みといった非財務情報を含めて開示する「統合報告」の動きが広がってきていることと関連しています。

　エンゲージメントとは，企業により責任あるビジネスを促すため，または投資リターンを上げる手段として運用者が，株主としての権利を有効に活用し，経営者と対話，議決権行使などの行動を意味します。スチュワードシップ・コードの導入によりわが国においても注目されています。

■図表 12-2-1　ESG の投資戦略

投資手法	概　要	資産残高
ネガティブ・スクリーニング	ESG の観点で問題のある企業を投資対象から除外する	15兆ドル
ポジティブ・スクリーニング	ESG 評価の高い企業のみを投資対象として組み入れる，投資比率を高める	1兆ドル
規範に基づくネガティブ・スクリーニング	UNGC，ILO などの国際的な規範に反する企業を投資対象から除外する	6.2兆ドル
インテグレーション	ビジネスモデルや財務諸表の分析だけではなく，ESG の分析も投資意思決定プロセスに組み込む	10.3兆ドル
エンゲージメント	投資先企業との対話や議決権行使などを通じて，ESGへの取組みを促すなど企業行動に影響を与える	8.3兆ドル
テーマ投資	持続可能性に関する特定のテーマ（クリーンエネルギー，グリーンテクノロジー，サステナブル農業）などに投資する	3,310億ドル
インパクト投資	社会問題や環境問題に対して，地域開発プロジェクトやマイクロファイナンスなどを通じて，より直接的な解決を目指す	2,480億ドル

（出所）　GSIA「2016 Global Sustainable Investment Review」より筆者作成

■図表 12-2-2　化石燃料などからの投資撤退を表明した主な機関投資家

	機関投資家名	対　象	撤退金額
2016年4月	ノルウェー政府年金基金	石炭	―
2017年11月	スイス保険チューリッヒ	石炭	2兆2,000億円
	英保険ロイズ	石炭	―
12月	仏保険アクサ	石炭	3,240億円
2018年1月	ニューヨーク市職員退職年金基金など	化石燃料	5,500億円
	オランダ公務員総合年金基金	たばこ・核兵器	4,455億円
	サンフランシスコ市職員退職年金基金	化石燃料	1,100億円の運用額から削減

（注）　―は金額非開示。
（出所）　日本経済新聞（2018年2月3日朝刊）「化石燃料やたばこ企業に逆風　欧米800社投資撤退　「環境・社会・政治」重視の波」

12.3 スチュワードシップ・コード

スチュワードシップ・コード（Stewardship Code）は，もともと英国で2010年に導入された自主規制原則です。英国では，スチュワード（Steward）とは，「執事，財産管理人」に由来し，長い歴史を持っています。つまり，他人の財産を管理する場合，その他人の利益のために行動するべきであるということを指します。

2008年のリーマンショックとその後の金融危機を経験し，英国では機関投資家の短期的投資が問題となりました。そこで，機関投資家による資産運用について，顧客あるいは最終受益者の最善の利益のために，資産を注意深く管理し，投資先企業に対して監視や対話などの行動をとることが求められました。従来，このような機関投資家の責任は「受託者責任」と呼ばれていましたが，機関投資家の構造が複雑化（投資連鎖，インベストメントチェーン（図表12-3-1参照）の複雑化ともいわれています）している今日，受託者責任の範疇には収まらない概念としてスチュワードという用語が使われました。

スチュワードシップの目的は，資本提供者である投資家と投資先である企業及び経済全体が繁栄できるシステムを構築することです。機関投資家は，投資先企業の議決権を持ち，投資先企業の経営に関与する権利を持ちますが，スチュワードシップ・コードにおいては，議決権行使に限定されない，企業カルチャーや経営者報酬問題，企業戦略，業績，リスク，資本構造及びコーポレート・ガバナンスなどの問題について企業を監視し，企業と対話（エンゲージメント）を行っていくことが求められています。

このコードは，英国上場企業の株式を保有する機関投資家に適用され，コード署名機関は，コードの原則をどのように適用しているかについて開示する必要があります。適用しない原則がある場合は，情報開示がなされない場合には，遵守しない理由を説明する必要があります。このルールをコンプライ・オア・エクスプレイン（Comply or Explain：遵守か説明か）といいます。

■図表 12-3-1　インベストメントチェーンのしくみ

インベストメントチェーンは個人が起点

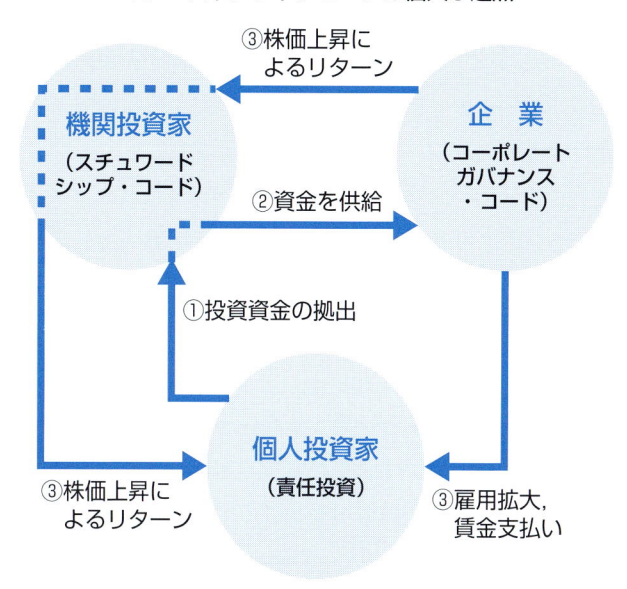

（図出所）　ゴールドマン・サックス証券

> まず個人投資家が運用会社などの機関投資家に資金を委託し，機関投資家は企業にそのお金を供給します。企業業績が改善すれば，株価上昇や雇用拡大などで投資家に還元されます。この場合，好循環が連鎖します。

Column 12.2 ● 私たち一人ひとりの意識が世界を変える

> 　個人がインベストメントチェーンにおいては主役です。ということは私たち一人ひとりが「自分を愛し，他者（地球，他人などのすべてのもの）を愛する」という意識を持つことが大事ということです。これによって ESG 投資はより拡大していくのです。

12.4 日本版スチュワードシップ・コード

2012年に，わが国の経済再生のために内閣に「日本経済再生本部」が設置されました。また2013年1月には，わが国産業の競争力強化や国際展開に向けた成長戦略の具現化と推進を図るために，「産業競争力会議」が設置され，企業の持続的な成長を促す観点から，幅広い範囲の機関投資家が適切に受託者責任を果たすための原則のあり方が検討されました。

こうした経緯を経て，2014年にいわゆるアベノミクスの「第三の矢」としての成長戦略を定める「日本再構戦略」において「機関投資家が，対話を通じて企業の中長期的な成長を促すなど，受託者責任を果たすための原則（日本版スチュワードシップ・コード，図表12-4-1）が導入されました。

本コードにおいて，「スチュワードシップ責任」とは，機関投資家が，投資先の日本企業やその事業環境等に関する深い理解に基づく建設的な目的を持った対話（エンゲージメント）などを通して，当該企業の企業価値の向上や持続的成長を促すことにより，顧客・受益者の中長期な投資リターンの拡大を図る責任を意味します。

日本版スチュワードシップ・コードは英国のコードを参考に作成され，細かくルールが定められた「ルールベース・アプローチ」ではなく，原則中心の「プリンシプルベース・アプローチ」が採用されています。また，英国と同様に「コンプライ・オア・エクスプレイン」原則がとられています。このコードは，法令とは異なり，法的拘束力があるわけではありませんが，受け入れる機関投資家には，受け入れ表明やスチュワードシップ責任を果たすための方針などをウェブサイトで公表すること，毎年の見直し，更新をすることが期待されています。2018年末現在で受入表明機関は図表12-4-2に示されているとおりです。2015年には，企業の持続的な成長と中長長期的な価値創造のために，コーポレートガバナンス・コード（**第11章**）が導入されました。これは上記目的のために企業がとる行動原則を示したものですが，機関投資家の行動指針である日本版スチュワードシップ・コードと合わせて，日本再構戦略の「車の両輪」といわれています。

■図表12-4-1　日本版スチュワードシップ・コード

1. 機関投資家は，スチュワードシップ責任を果たすための明確な方針を策定し，これを公表すべきである。

2. 機関投資家は，スチュワードシップ責任を果たすうえで管理すべき利益相反について，明確な方針を策定し，これを公表すべきである。

3. 機関投資家は，投資先企業の持続的成長に向けてスチュワードシップ責任を適切に果たすため，当該企業の状況を的確に把握すべきである。

4. 機関投資家は，投資先企業との建設的な「目的を持った対話」を通じて，投資先企業と認識の共有を図るとともに，問題の改善に努めるべきである。

5. 機関投資家は，議決権の行使と行使結果の公表について明確な方針を持つとともに，議決権行使の方針については，単に形式的な判断基準にとどまるのではなく，投資先企業の持続的成長に資するものとなるよう工夫すべきである。

6. 機関投資家は，議決権の行使も含め，スチュワードシップ責任をどのように果たしているのかについて，原則として，顧客・受益者に対して定期的に報告を行うべきである。

7. 機関投資家は，投資先企業の持続的成長に資するよう，投資先企業やその事業環境等に関する深い理解に基づき，当該企業との対話やスチュワードシップ活動にともなう判断を適切に行うための実力を備えるべきである。

■図表12-4-2　日本版スチュワードシップ・コードの受け入れ状況（業態別）

機関の業態	署名数
信託銀行等	6
投信・投資顧問会社	172
生命保険会社・損害保険会社	22
年金基金	32
議決権行使助言会社等	7
合　計	239

（出所）　金融庁ウェブサイト（2018年12月現在）

12.5 倫理的投資，社会的責任投資（SRI）から ESG 投資へ

　2006 年に国連の責任投資原則（Principles for Responsible Investment：PRI）が公表されて以来，ESG 投資という呼び方も定着してきました。それ以前は SRI（Socially Responsible Investment：社会的責任投資）と呼ばれていました。

　SRI は一般的に 1928 年の米国の教会の余剰資金の運用ファンドであるパイオニアファンドが最初といわれています。しかし，宗教的，倫理的な投資判断をみると 3500 年以上も前からユダヤ教徒は教義に基づいて Non-Kosher Food（ユダヤ教の規定で食べてはいけない食品）の製造・販売，これらの企業への出資，安息日に商取引を行っている企業への出資，その他倫理，道徳に反する商取引を行っている企業への出資，森林破壊，水，空気汚染，高利貸し，武器製造などを行っている企業への出資は禁止されていました。また 13, 14 世紀頃からカトリック教会の影響で，キリスト教徒は高利貸しを行っているものとの商取引を拒否しました。さらに 18 世紀には，クェーカー教徒は，奴隷取引，タバコ，アルコール，ギャンブルに従事する企業との商取引，出資を拒否するなどの倫理的投資を行っていました。

　一般の人から資金を集めて運用をする最初の SRI ファンドは 1971 年に米国で出現しました。この背景には，ベトナム戦争反対や公民権運動などの社会的運動の盛り上がりがあり，企業の社会的責任が問われるようになったことがあります。1989 年に，ExxonMobil 社の石油タンカー Valdez 号がアラスカ沖で座礁し，原油が海に流出するという事件が起きました。この事件をきっかけに大企業の行動が地球環境に及ぼす影響が世界的に議論され，エコファンド，グリーンファンドといった環境関連の SRI ファンドの設定が相次ぎました。

　2000 年代に入り，欧州各国は，企業や年金運用に関して，財務情報と同様に倫理・環境・社会に関する情報開示を行うことや，投資に際してこれらの事項をどの程度配慮したかを開示することを義務づけられました。SRI は一部の特殊な投資家が行うものととられる傾向もありましたが，ESG 投資は企業と社会の長期的成長を目指すメインストリームへと変化してきています。

年	SRI・ESG 投資の歴史
1928	The Pioneer Fund，アルコール・タバコ投資のスクリーニングを行う
1960年代	南アフリカ進出企業へのスクリーニングが出現，米公民権運動，企業の社会的責任への関心高まる
1971	世界最初の SRI ファンドといわれる Pax World Fund が運用開始
1974	米 ERISA 法成立
1984	欧州発の SRI ファンドが英国で設定される
1986	TIAA/CREF（全米学校教員保険年金協会／大学退職年金，南アフリカ進出企業に対して投資しない方針を表明
1989	アラスカ沖で ExxonMobil 社の石油タンカー Valdez 号が座礁・原油流出事故が起きる。Valdez 原則（のちに CERES 原則）が提案される
1998	米労働省，「Calvert Letter」で SRI ファンドの選択は受託者責任違反に相当しないとの見解をしめす
ESG 投資へ	
2000	英国で1995年年金法制定。年金運用受託者に対して，社会的責任に対する考慮の程度と議決権行使に関する方針の開示を義務づける
2001	● フランスで会社法改正，上場企業に対して財務・環境・社会的側面の情報開示を義務づける ● ドイツで年金運用において，倫理・環境・社会的面への配慮に関する開示を義務づける
2006	国連 UNEP-FI の責任投資原則（PRI） 投資分析と投資の意思決定において，ESG 問題を考慮することを提唱
2007	UNEP-FI とマーサが共同で ESG ファクターの効果を検証。パフォーマンスにおおむねポジティブであると評価

12.6 SDGs（持続可能な開発目標）

SDGs とは Sustainable Development Goals,「持続可能な開発目標」を意味します。人間及び地球の繁栄のための行動計画として，2015 年 9 月 25 日の「持続可能な開発サミット」で国連加盟国は「持続可能な開発のための 2030 アジェンダ」を採択しました。ここで 2016 年から 2030 年までの「持続可能な開発目標」として 17 の目標及び 169 のターゲットが定められました。

17 の項目は，貧困，飢餓，福祉，教育，ジェンダー，水と衛生，持続可能なエネルギー，完全雇用及びディーセント・ワーク，インフラ，国内及び国家間の不平等，都市と人間の居住地，消費と生産パターン，気候変動，海洋資源，陸上生態系の保護，平和で包摂的な社会，グローバル・パートナーシップの活性化などの分野にわたっています（図表 12-6-1）。

わが国においては，行政，NGO，NPO，有識者，民間セクターの関係者により，日本政府の SDGs 実施指針の策定などを行うために SDGs 推進円卓会議が設置されました。民間団体では，日本証券業協会が 2017 年 9 月に会長諮問機関として「証券業界における SDGs の推進に関する懇談会」を設置しました。また，同年 11 月には日本経済団体連合会（経団連）が 7 年ぶりの企業行動憲章改定を行い，SDGs の達成を目標としました。

投資家の立場からも SDGs への注目が集まっています。わが国の GPIF（Government Pension Investment Fund），年金積立金管理運用独立行政法人は，巨額の資金を運用しており，このような資本市場全体に幅広く分散して運用する長期投資家は「ユニバーサル・オーナー」と呼ばれます。こうした投資家が長期にわたって安定したリターンを獲得するためには，投資先の個々の企業の価値が持続的に高まることが重要です。ESG の要素に配慮した投資は長期的にリスク調整後のリターンを改善する効果があると期待できることから，公的年金など投資額の大きい機関投資家の間で ESG 投資に対する関心が高まっています。

SUSTAINABLE DEVELOPMENT G○ALS

世界を変えるための 17 の目標

ESG 投資と SDGs の関係

社会的な課題解決が事業機会と投資機会を生む

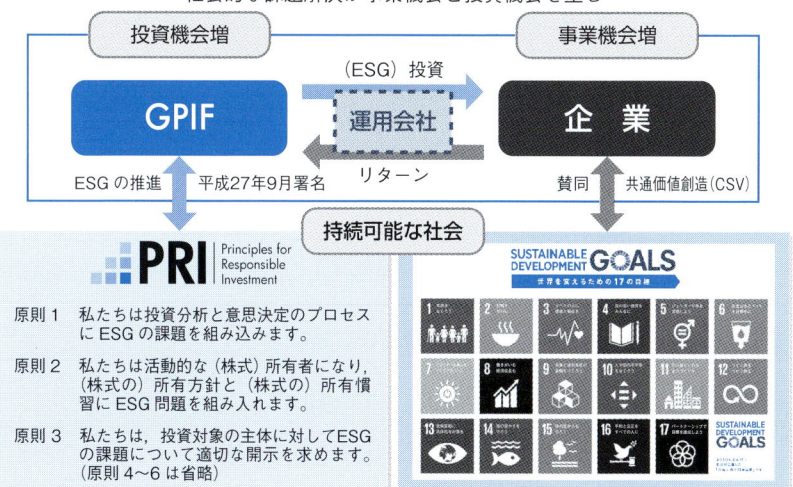

（資料）　国連等より GPIF 作成
（出所）　GPIF ウェブサイト

12.7　GPIF の PRI 署名と ESG

　責任投資原則は，国連環境計画・金融イニシアティブと国連グローバル・コンパクトが 2006 年に共同で出した宣言で，2018 年 6 月現在，全世界で約 2,000 の金融機関が署名しています。署名機関全体の資産運用額は約 70 兆ドルに達します。日本においては 2015 年に GPIF や企業年金連合会などの規模の大きいアセット・オーナー（資産を保有する機関）が署名したことによりその知名度は増していますが，署名機関は約 60 機関にすぎません。PRI においては，運用資産のパフォーマンスに ESG 課題が影響を及ぼす可能性があるという考えのもと，機関投資家の意思決定プロセスに ESG 課題を受託者責任の範囲内で反映させるべきとして，図表 12-7-1 にみられるような 6 つの原則が示されています。PRI 原則の導入により ESG の考え方は急速に拡大しました。日本の GPIF は 2018 年末で 150 兆円を超える運用資産額を保有しています。この GPIF が PRI に署名したことで，国内の運用機関が対応を迫られるようになりました。世界最大級の機関投資家で幅広い資産を持つ「ユニバーサル・オーナー」である GPIF は，ESG 投資をすることによって日本株全体の底上げを目指しています。

　2017 年 7 月に GPIF は，以下の 3 つの ESG 指数を採用しました。

① 　FTSE Blossom Japan Index
② 　MSCI ジャパン ESG セレクト・リーダーズ指数
③ 　MSCI 日本株女性活躍指数

また 2018 年 9 月にはグローバル環境株式指数として，

① 　SP/JPX カーボン・エフィシェント指数
② 　SP グローバル大中型株カーボンエフィシェント指数

を採用しました。

　これらのインデックス（指数）は，環境などに配慮したサステナブル（持続可能）な企業は，そうでない企業に比べて競争力が高い，という近年の研究

■図表 12-7-1　責任投資原則（SRI）と ESG 投資

1. 投資分析と意思決定プロセスに ESG を組み込む
2. アクティブ・オーナーとして方針と行動に ESG を組み込む
3. 投資対象の ESG 課題に関する情報開示の促進
4. 資産運用業界における責任投資原則の普及
5. 原則の実施における他機関との協働
6. 原則の実施に関する活動報告

■図表 12-7-2　PRI 署名機関数

機関の業態	署名数（世界）	署名数（日本）
アセット・オーナー	364	16
アセット・マネージャー（運用機関）	1,262	32
サービス・プロバイダー（格付機関など）	233	11
合　計	1,859	59

（出所）　PRI ウェブサイト（2017 年 11 月現在）

■図表 12-7-3　PRI 署名機関数，運用資産額の推移

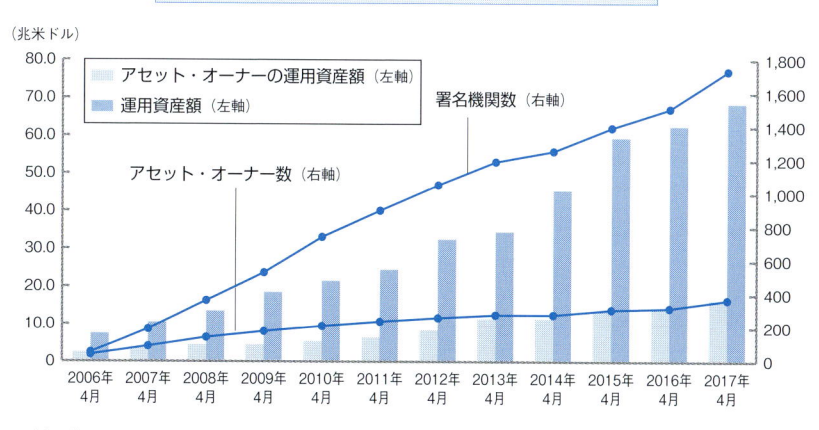

（出所）　PRI ウェブサイト

動向にも後押しされ，ESG 投資は最良の銘柄を選択するという「ポジティブ・スクリーニング」方式が主流となっています。ここが，従来の SRI 投資では主流だった，環境や社会などに悪影響を与えている企業を投資対象から外す手法，「ネガティブ・スクリーニング」と大きく異なる点です。年金などのアセットオーナーがこのような指数を採用することによって，企業全体が ESG に配慮する経営を目指すことが求められています。

12.8　機関投資家のエンゲージメント

エンゲージメントとは，投資家の発言権を行使して，直接的かつ柔軟に経営者の規律づけを可能にするものと定義できます。従来，機関投資家は投資先企業の経営に不満がある場合には，株式を売却する行動をとってきました。さらに，1980 年代の米国の M&A ブーム時にみられたような市場による規律づけ，株価による規律という方法もあります。企業は株価が低迷すると，買収される危険性があるので，株価を高くする経営を行うようになります。

さらに，投資家が株主権を行使するなどして，投資先企業の経営により深く関与する株主アクティビズムに移行していきます。株主提案や株主総会時の議決権行使は株主アクティビズムと呼ばれてきましたが，近年は非公式な対話，目的を持った対話を重視するエンゲージメントに移行してきました。

わが国においても日本版スチュワードシップ・コードが導入されるなど，短期的な利益追求ではなく，企業の長期的な価値向上を要求するエンゲージメントが求められています。エンゲージメントは株主権の行使や対話を含み，従来株主アクティビズムと呼ばれている活動をも包括する概念です。国連の PRI は，エンゲージメントの考えられる実施例として図表 12-8-2 のようなことを挙げています。

また，英国においては，FRC（Financial Reporting Committee）が，スチュワードシップ・コードの原則に対する署名機関の受入表明（ステートメント）にかかわる報告書につき，毎年サンプルをとって評価しています。FRC は，政府からは独立した民間組織であり，法的拘束力のないソフトローを管轄する

ランク	報告内容	社　数
第1層	スチュワードシップに関する取組み及び代替的なアプローチを採用している場合においても，良質であり，透明性がある。	103
第2層	報告は多くの点で期待される水準に達しているが，スチュワードシップに関する取組みについて報告の透明性が不十分であるか，あるいはコードを遵守していない場合の説明をしていない。	55
第3層	取組みについて説明を一層透明化するには，顕著な改善が必要である。記載内容を改善するためのプロセスではなく，記載内容は概括的であるうえ，コードを遵守していない場合の説明がないか不十分である。	

■図表 12-8-2　PRI によるエンゲージメント実施例

- 本原則に沿って活動的な（株式）所有方針を検討しそれを開示する。
- 議決権を行使する，あるいは（もし外部委託されているのであれば）議決権行使方針に準拠しているかを監視する。
- （直接あるいは外部委託をとおしてのいずれかの）エンゲージメントの能力を促進する。
- （株主権利の促進・保護などといった）政策，規則および基準設定の開発・策定に関与する。
- 長期的視点に立った ESG に配慮した株主決議案を提起する。
- ESG 問題について企業と話し合い働きかけ（エンゲージメント）を持つ。
- 共同のエンゲージメント・イニシアティブに参画する。
- ESG 関連のエンゲージメントを引き受け，それに関して報告するよう運用マネージャーに依頼する。

自主規制機関として，法律・規制及び業界団体により業務の権限が与えられています。2016 年，FRC は署名機関のエンゲージメント，その報告を評価するために，ティアリング（階層化）を実施しました。下位部グループに属する署名機関は，エンゲージメントに環境，社会問題を含むなどの改善をする，また報告書を充実させるなどの改善点がみられました。このようにエンゲージメントを評価する機関も重要な役割を果たします。

第13章

デリバティブ

13.1 デリバティブの概要

13.1.1 デリバティブとは何でしょうか

　デリバティブ（Derivatives）は，原資産の取引から新しく生み出される二次的取引です。原資産とは，それ自体に市場で価格が付いており，しかもその価格にリスクがあるものを指します。たとえば，農作物，金属，エネルギー商品，債券，株式，通貨や天候などさまざまなものが，原資産になれます。

　デリバティブの英語表記が複数形になっています。この表記は，デリバティブがさまざまな種類に分かれることを示唆します（図表13-1-1）。この章では，**13.2**節で先渡（Forwards）を，**13.3**節で**オプション**（Options）を，**13.4**節でこれら取引や原資産市場での取引を組み合わせた取引を，それぞれ架空例を使って紹介します。また，本章では，現在価値を計算する際の割引率がゼロで，今の1円の価値と将来の1円の価値とが等しいと仮定します。

13.1.2 デリバティブの役割

　デリバティブの代表的な役割は，リスクの効率的な移転です。たとえば，リスクに直面してそれを避けたいと思う投資家Aさんと，あえてリスクを引き受けても構わないと思う投資家Bさんがいるとします。AさんとBさんがデリバティブを取引する結果，AさんがBさんへ効率的にリスクを移転できます。

　Aさんは，リスクの回避を目的にデリバティブを取引します。この目的を，ヘッジ（Hedge）といいます。また，ヘッジ目的でデリバティブや原資産を取引する投資家を，ヘッジャー（Hedger）と呼びます。

　Bさんは，リスクを引き受ける見返りに多額の利益を得ようとします。この目的を投機といいます。また，投機目的でデリバティブや原資産を取引する投資家を，投機家と呼びます。

■図表 13-1-1　デリバティブの概念図

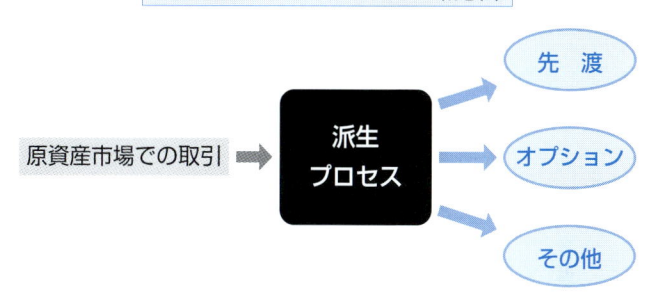

(注)　派生プロセスは,原資産市場での取引からデリバティブ(先渡,オプションやその他)を生み出す過程を指します。この図では,派生プロセスはブラックボックスになっています。**13.2** 節〜 **13.4** 節で先渡やオプションなどを説明します。この説明を理解すれば,ブラックボックスの中身を想像できるでしょう。

Column 13.1 ● 買いヘッジと売りヘッジ

　ヘッジ目的の取引は,買いヘッジと売りヘッジの2種類に分かれます。まず,買いヘッジでは,今原資産の買値についてのリスクに直面するヘッジャーが,デリバティブや原資産市場での取引を使って,今買値を確定させます。後で紹介する H 社は,買いヘッジを行います。次に,売りヘッジでは,今原資産の売値についてのリスクに直面するヘッジャーが,デリバティブや原資産市場での取引を使って,今売値を確定させます。

13.2 デリバティブの例1：先渡

13.2.1 先渡とは何でしょうか

先渡は，今，投資家が，次の①～④すべてを約束する取引です。

① 将来の特定時点（満期）に，

② 特定の原資産を

③ 特定数量，

④ 「今，合意した価格」で売買します。

原資産を売る約束をする投資家を，先渡の売り手と呼びます。一方，原資産を買う約束をする投資家を，先渡の買い手と呼びます。

今，先渡の売り手と先渡の買い手は，①の満期，②の原資産の種類と規格，③の数量，④の価格のすべてを，交渉して決めます。④の「今，合意した価格」を，先渡価格といいます。

13.2.2 先渡を使ったヘッジ

メーカーH社が，今から1年後に，特定規格を満たす銅1トンを原材料にして製品を生産します。今H社は銅を持っておらず，今後1年以内で銅を買う必要があると仮定します。もし，将来時点で原資産市場で銅を買うなら，H社は銅の買値を確定できません。つまり，H社は，銅の買値に関わるリスクに直面します。そして，H社は，このリスクをヘッジしたいと考えます（図表13-2-1）。

今，H社が，買値を840,000円に確定させたいと考えました。H社は次の2点両方を行って，リスクをヘッジできます（図表13-2-2）。

● 今，H社はS社を相手に，次の先渡を取引します。①1年後に，②特定規格を満たす銅を③1トン，④先渡価格840,000円で買います。

● 1年後，H社は，S社に先渡価格840,000円を支払って，S社から銅1トンを受け取ります。そして，この銅で製品を生産します。

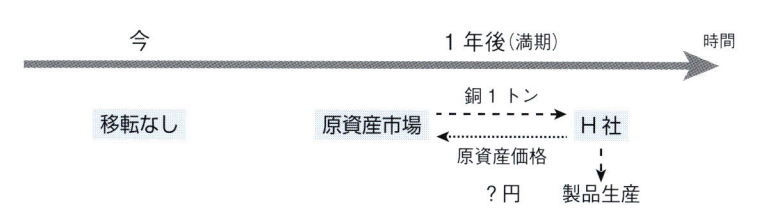

■図表 13-2-1　H 社が先渡を行わない場合のタイムテーブル

(注)　1.　⋯⋯➤は資金の移転を，・-➤銅の移転を，それぞれ表します。
　　　2.　この図では，H 社が銅を買う時点を 1 年後に設定しています。1 年後に限らず将来時点で原資産市場で銅を買うなら，H 社はこの図と同様に，買値に関わるリスクに直面します。

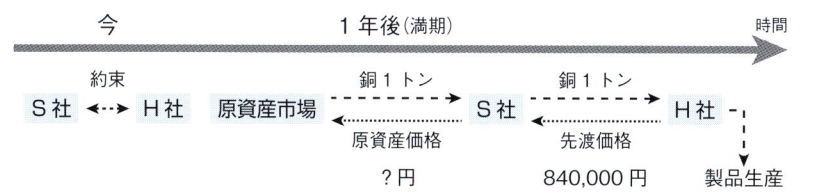

■図表 13-2-2　H 社が先渡を行う場合のタイムテーブル

(注)　1.　◄⋯➤は，先渡の約束を表します。約束するだけなので，銅と資金のどちらも移転しません。
　　　2.　⋯⋯➤は資金の移転を，・-➤は銅の移転を，それぞれ表します。

13.2.3　先渡を使った投機

　Ｈ社がヘッジしたリスクを，Ｓ社が引き受けます。つまり，Ｓ社は投機家です。

　先渡を売る結果，Ｓ社がリスクを引き受けることを確認しましょう。今，Ｓ社が銅を持っていないと仮定します。Ｓ社は，先渡を売った結果，将来銅1トンを原資産市場で買わなければいけません。ただし，今の時点では，Ｓ社は銅の買値を確定できません。そこで，Ｓ社は銅の買値に関わるリスクに直面します。このリスクは，もともとＨ社が直面していたものです。

13.2.4　先渡の損益線

　リスクを引き受ける見返りに，Ｓ社は銅の取引から多額の利益を得ようとします。ここでは，Ｓ社など投資家の損益を図示します。なお，本章では，受け取り額から支払い額を引いた差額を，損益と呼びます。

《平面の説明》

　横軸が満期の原資産価格を測り，縦軸が投資家の損益を測る平面を考えます（図表13-2-3）。原資産価格がマイナスの値になるとは考えにくいです。そこで，図表13-2-3横軸の値はゼロ以上になります。これに対して，図表13-2-3縦軸の損益はマイナスの値，ゼロ，プラスの値のどれにでもなれます。まず，投資家が損失を負うときに，縦軸がマイナスの値になります。次に，投資家が損失を負わず，利益を得ないときに，縦軸がゼロになります。最後に，投資家が利益を得るときに，縦軸がプラスの値になります。

　以下，この平面に，横軸と縦軸の関係を線で描きます。この線を損益線と呼びます。

《先渡の売り手の損益》

　図表13-2-2で，1年後に，Ｓ社は，原資産価格を支払って銅を買って，その銅を先渡価格840,000円でＨ社に売ります。

　Ｓ社について損益線を描くと，右下がりの直線になります（図表13-2-4黒線）。なぜなら，横軸が大きくなるほど，1年後にＳ社は高い原資産価格を支払います。この結果，縦軸の損益が小さくなるからです。

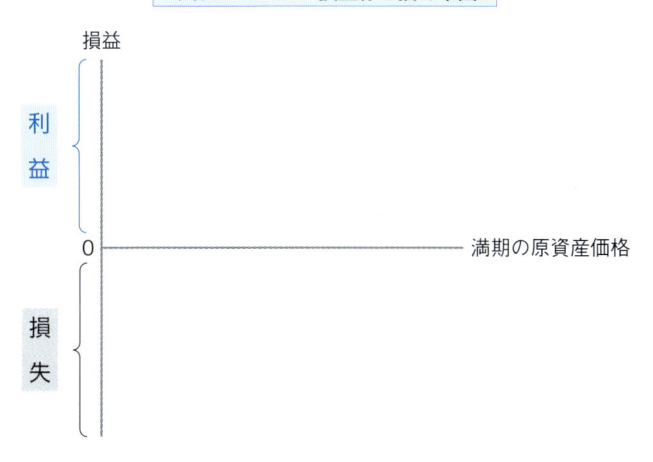

■図表13-2-3　損益線を描く平面

損益

利
益

0 ────────────── 満期の原資産価格

損
失

Column 13.2 ● 複 製 取 引

　13.2.2 項の先渡以外に，もう一つの取引で，H社は銅の買値を確定できます。その取引は，次の①～③をひとまとめにしたものです。

　①　今，H社が銅1トンを原資産市場で買います。今の原資産価格を■円という記号で表します。■に当てはまる値は，今確定します。
　②　今から1年間，H社は①で買った銅を保管します。保管のために，今，H社は△円の保管費用を支払うと仮定します。△に当てはまる値も，今確定します。
　③　1年後，H社は保管していた銅を製品生産に使います。

　①～③をまとめた取引を，複製取引と呼びましょう。
　複製取引と，先渡のどちらを行っても，1年後にH社は銅1トンを製品生産に使えます。しかも，どちらの取引を行っても，今，H社は銅の買値を確定できます。したがって，H社の経営という観点から，複製取引と先渡は同じものです。このコラムの複製取引は，**第5章 Column 5.4** の複製ポートフォリオにあたります。

　今，投機家Ｔさんが，銅を買う先渡を取引しました。先渡の取引条件を，**13.2.2** 項①〜④と等しく設定します。1年後，Ｔさんは，先渡価格を支払って銅を買って，その銅を原資産市場で売ると仮定します。

　Ｔさんについて損益線を描くと，右上がりの直線になります（**図表 13-2-4** 青線）。なぜなら，横軸が大きくなるほど，1年後にＴさんは高い原資産価格で銅を売れます。この結果，縦軸の損益が大きくなるからです。

　先渡の議論を忘れて，「原資産買い持ち」という取引を考えます。原資産買い持ちとは，今市場で原資産を買って，将来時点まで保有する取引です。原資産買い持ちの損益線も，Ｔさんの損益線と同様に，右上がりの直線になります。

13.3　デリバティブの例2：オプション

13.3.1　オプションとは何でしょうか

　オプションは，権利の売買です。売買対象物である権利は，次の2種類のうちどちらか1つです。

- 　特定の原資産を，行使価格で，満期に買いつける権利。この権利を**コール**（Call）といいます。
- 　特定の原資産を，行使価格で，満期に売りつける権利。この権利を**プット**（Put）といいます。

　行使価格は，オプションの取引開始時点で，権利の買い手と権利の売り手とが交渉して決める，契約上の原資産価格です。

　売買対象物である権利がコールとプットの2種類あります。そして，ある投資家が権利を買って，別の投資家が権利を売ります。したがって，オプションを取引する投資家の立場は，次の4種類のうちどれか1つになります。①コールの買い手，②コールの売り手，③プットの買い手，④プットの売り手。

Column 13.3 ● 先渡価格の理論

H社は，先渡と複製取引のどちらを行っても，リスクをヘッジできます。もし，先渡を行えば，H 社は満期に先渡価格 840,000 円を支払います。一方，もし，複製取引を行えば，今，H 社は原資産価格■円と保管費用△円の合計額を支払います。

理想的な状況では，最終的に，先渡の支払金額 840,000 円と，複製取引の支払金額（■円＋△円）とが等しくなるはずです。なぜなら，もし 2 つの支払金額が異なると，投資家が裁定取引を行って利益を得られます。そして，裁定取引の結果，最終的に 2 つの支払金額が等しくなるはずだからです。この仕組みは，**第 5 章 5.2.3** 項で紹介した固定利付債価格と割引債セット価格合計とが等しくなる仕組みと，ほとんど変わりません。

■図表 13-2-4　S 社や T さんの損益線

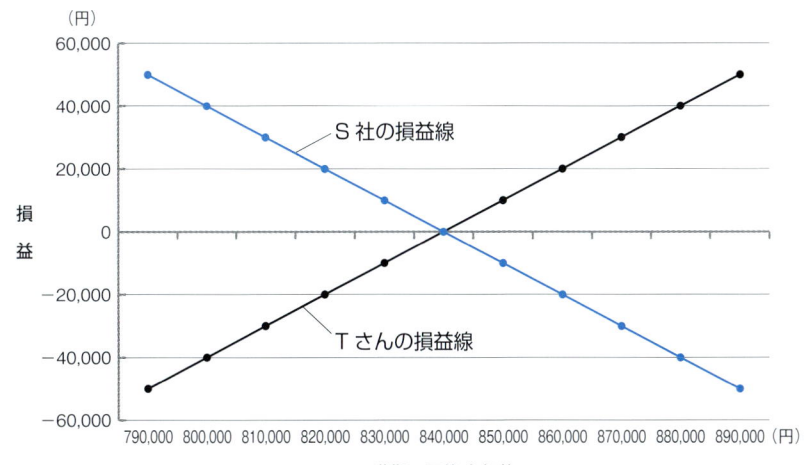

（注）　1.　先渡の損益線では，損益線と横軸の交点で，横軸が先渡価格と等しくなります。
　　　　2.　原資産買い持ちの損益線は，T さんの損益線と同じく右上がりになります。原資産買い持ちの損益線と横軸の交点で，横軸が「購入時点の原資産価格」と等しくなります。

コールの買い手やプットの買い手は，権利を買って保有します。そして，満期に，権利の買い手は，自分の持つ権利を行使するか，権利を放棄するかのどちらかを選びます。

　一方，コールの売り手はコールの買い手に対して**義務**を負い，プットの売り手はプットの買い手に対して義務を負います[1]。つまり，コールの買い手が権利を行使する場合，コールの売り手は原資産を売る義務を負います。また，プットの買い手が権利を行使する場合，プットの売り手は原資産を買う義務を負います。

　これら義務を負う見返りに，取引開始時点で，コールの売り手はコールの買い手から権利の代金を受け取ります。同様に，取引開始時点で，プットの売り手はプットの買い手から権利の代金を受け取ります。権利の代金を，**オプション料**と呼びます。オプションでは，複数の価格概念が登場します。図表13-3-1に整理しておきますので，区別して理解してください。

13.3.2　オプションの損益線

　オプションを取引する投資家の損益は，次の3つすべてによって決まります。第1にオプション料，第2に行使価格，第3に満期における原資産価格です。

《コールの損益》

　原資産市場で，特定規格を満たす銀が1kg単位で売買されています。また，次のコールが売買されています。

- 満期は，今から1年後
- コール1単位当たり，原資産は，特定規格を満たす銀1kg
- コール1単位当たり，行使価格は8,000円
- コール1単位当たり，オプション料は100円

　今，投資家CLさんが，このコールを1単位買いました。コールの売り手

1　この節の冒頭で，「権利の売買」という表現を使いました。この表現は，権利の買い手の立場だけからオプションを定義づける，一面的なものです。しかし，他の文献にならって，ここでも「権利の売買」と書きます。

■図表13-3-1　オプションの理論で登場する3つの価格概念

名　前	何の価格か？	決定時点	決定方法
オプション料	権利の価格	取引開始時点	理論上，オプション市場で決定
行使価格	原資産の価格	取引開始時点	権利の買い手と，権利の売り手との契約で決定
原資産価格	原資産の価格	取引開始時点や満期	原資産市場で決定

Column 13.4 ● オプションを組み込んだ金融商品

　伝統的な金融商品にオプションを組み込んだ，新たな金融商品が登場しています。新たな金融商品の例として，**新株予約権付社債**，**仕組債**や**仕組預金**などを挙げられます。ここでは，新株予約権付社債を紹介します。

　新株予約権付社債は，発行企業の普通社債に，「発行企業の株式を原資産にするコール」を加えた商品です。普通社債は，コールが加わっていない社債を指します。

　他の事情を一定にして，新株予約権付社債のクーポンは，普通社債のクーポンよりも少額になりがちです。なぜなら，新株予約権付社債を買う投資家は，普通社債と一緒にコールを買います。そこで，投資家は，コールのオプション料を負担します。ただし，投資家は，オプション料を支払いません。その代わり，投資家は，オプション料相当額を引いた少額のクーポンを受け取るからです。

　このように，新たな金融商品では，オプション料相当額が，オプション料とは異なる名目で受け渡される可能性があります。

はCSさんです。

　この後，CLさんやCSさんが得る損益（受け取り額−支払い額）を説明します。その際，次の2つの仮定をおきます。第1に，今から満期までの間，CSさんが銀を全く保有していません。そこで，CLさんが権利を行使する場合，CSさんは満期に原資産市場で銀を買います。第2に，CLさんが権利を行使して銀を買ったら，CLさんは満期にその銀を原資産市場で売ります。これら仮定をおくと，資金，銀と権利の移転を，図表13-3-2で描けます。

《CLさん（コールの買い手）の損益》

　図表13-3-2によると，CLさんの損益は，今の損益と満期の損益の2つを合計したものになります。2つの損益を順番に説明します。

　第1に，今，CLさんはオプション料100円を支払います。そこで，今，CLさんの損益は−100円になります。この損益は，権利を行使する場合と権利を放棄する場合のどちらでも生じます。

　第2に，満期におけるCLさんの損益は，権利行使時と権利放棄時とで異なります。まず，権利を行使する場合，満期にCLさんはCSさんに行使価格8,000円を支払って，銀1kgを買いつけます。また，満期に，CLさんは原資産市場で銀を売って，原資産価格を受け取ります。ただし，今の時点では，満期の原資産価格が確定しません。そこで，満期の原資産価格を？円と書きます。すると，CLさんの損益は，「満期の原資産価格？円−8,000円」になります。次に，権利を放棄する場合，満期にCLさんは受け取りと支払いのどちらも行いません。そこで，満期の損益はゼロになります。

　今と満期とで損益を合計すると，次の(1)と(2)になります。

(1)　権利を行使する場合の損益合計：
　　　　満期の原資産価格？円−8,000円−100円
(2)　権利を放棄する場合の損益合計：−100円

　CLさんは，(1)と(2)のうち，大きいほうを得たいと考えるはずです。(1)と(2)の大小関係は，？円の値によって決まります。まず，もし，？円が8,000円未満になれば，(1)が(2)よりも小さくなります。そこで，CLさんは権利を放棄すべきです。次に，もし，？円が8,000円を超えれば，(1)が(2)よりも大き

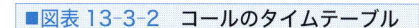

■図表 13-3-2　コールのタイムテーブル

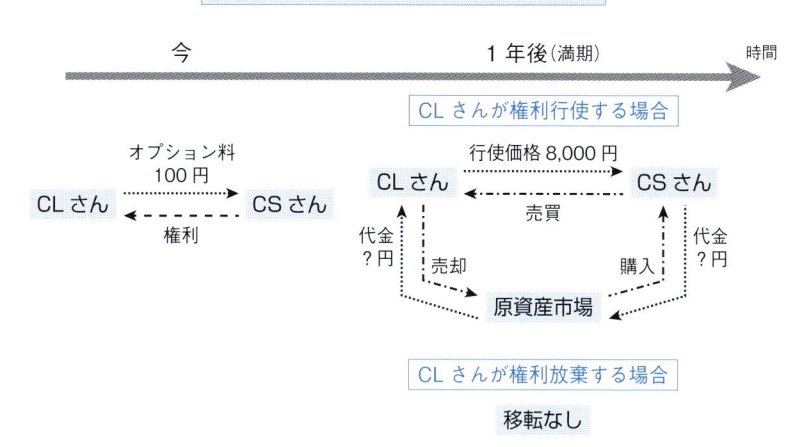

（注）　1.　……▶は資金の移転を，‐‐▶は権利の移転を，••••▶は銀の移転を，それぞれ表します。
　　　　2.　1 年後に，CL さんが権利行使と権利放棄のどちらかを選びます。

■図表 13-3-3　CL さんと CS さんの損益変化

満期の原資産価格	CL さんの損益	CS さんの損益
7,500 円	−100 円	100 円
7,600 円	−100 円	100 円
7,700 円	−100 円	100 円
7,800 円	−100 円	100 円
7,900 円	−100 円	100 円
8,000 円	−100 円	100 円
8,100 円	0 円	0 円
8,200 円	100 円	−100 円
8,300 円	200 円	−200 円
8,400 円	300 円	−300 円
8,500 円	400 円	−400 円

（注）　損益の列で，プラスの金額が利益を表し，マイナスの金額が損失を表します。

くなります。そこで，CL さんは権利を行使すべきです。

　？円が，7,500 円〜8,500 円の範囲内の値になると仮定します。そして，原資産価格ごとに，CL さんの損益（(1)と(2)のうち，どちらか大きいほう）を計算します。計算結果を図表 13-3-3 の真ん中の列に示します。？円が行使価格 8,000 円以下になれば，CL さんの損益は−100 円の一定額になります。一方，？円が行使価格 8,000 円を超えれば，CL さんの損益は−100 円よりも大きくなります。

　図表 13-2-3 の平面に，図表 13-3-3 の原資産価格と，CL さんの損益の組み合わせを描きます。すると，CL さんの損益線が，図表 13-3-4 の青線になります。この青線は，横軸が行使価格 8,000 円以下になれば横軸と平行で，横軸が行使価格 8,000 円を超えれば右上がりになります。

《CS さん（コールの売り手）の損益》

　CS さんの損益は，必ず，CL さんの損益額に−1 を掛けた金額になります。なぜなら，CL さんと CS さんの 2 人がオプションを取引します。そこで，2 人のうち 1 人が利益（プラスの損益）を得ると，残りの 1 人が同額の損失（マイナスの損益）を負うからです。CS さんの損益を，図表 13-3-3 の右端の列に示します。また，CS さんの損益線は，図表 13-3-4 の黒線になります。CS さんの損益線と CL さんの損益線は，必ず，横軸で線対称になります。

《プットの損益》

　今，PL さんが，PS さんからプット 1 単位を買いました。プット 1 単位の取引条件を，コール 1 単位の取引条件と等しく設定します。また，プットの損益を説明する際に，次の 2 つの仮定をおきます。第 1 に，今から満期までの間，PL さんが銀を全く保有しません。そこで，PL さんが権利を行使する場合，PL さんは満期に原資産市場で銀を買います。第 2 に，PL さんが権利を行使したら，PS さんは買った銀を満期に原資産市場で売ります。これら仮定をおくと，資金，銀と権利の移転を，図表 13-3-5 で描けます。

《PL さん（プットの買い手）の損益》

　PL さんの損益は，CL さんの損益と同様に計算できます。第 1 に，今，PL さんはオプション料 100 円を支払います。第 2 に，満期の損益は，権利行使時と権利放棄時とで異なります。まず，権利を行使したら，PL さんは PS さ

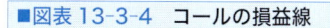

■図表13-3-4　コールの損益線

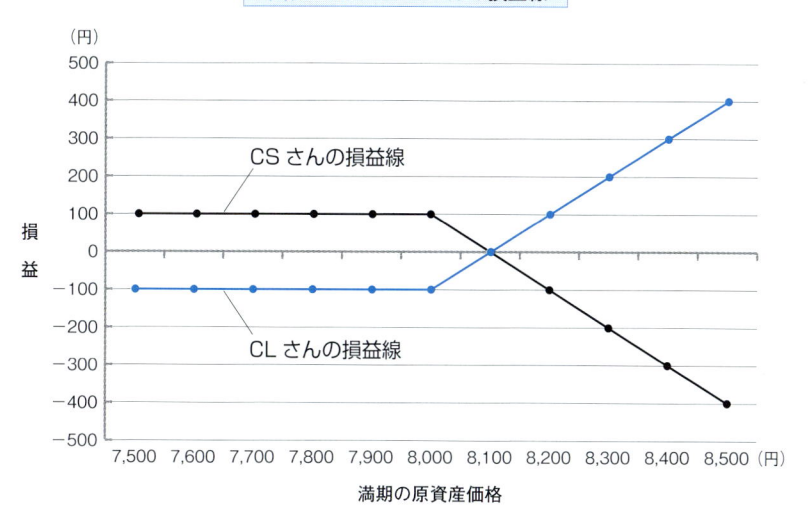

（円）

損益

- CSさんの損益線
- CLさんの損益線

満期の原資産価格

■図表13-3-5　プットのタイムテーブル

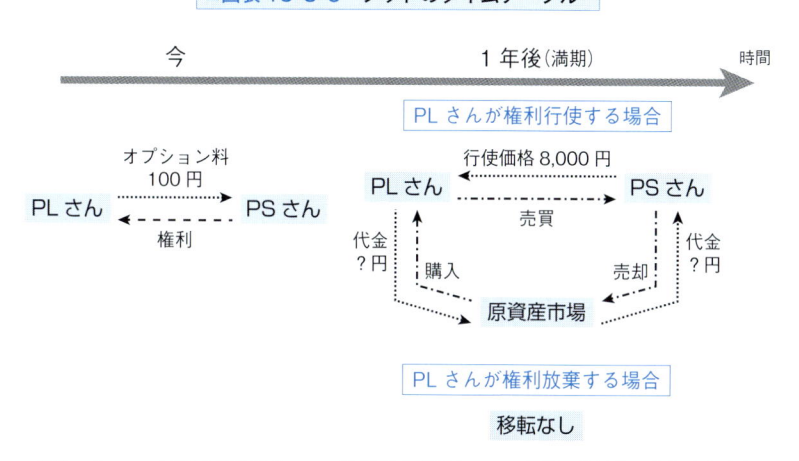

今　　　　　　　　　　1年後（満期）　　　　時間

PLさんが権利行使する場合

オプション料
100円

PLさん　→　PSさん
　　←
　　権利

行使価格 8,000円

PLさん　←　PSさん
　　　売買

代金
？円　購入

代金
？円　売却

原資産市場

PLさんが権利放棄する場合

移転なし

（注）　1. ·······▶は資金の移転を，·-·▶は権利の移転を，···▶は銀の移転を，それぞれ表します。

　　　2. 1年後に，PLさんが権利行使と権利放棄のどちらかを選びます。

んに，行使価格 8,000 円で銀 1kg を売りつけます。しかし，PL さんは今銀を持っていません。そこで，満期に，PL さんは原資産市場で銀を買います。この結果，PL さんの損益は，「8,000 円－満期の原資産価格？円」になります。次に，権利を放棄したら，PL さんの損益はゼロになります。

今と満期とで損益を合計すると，次の(3)と(4)になります。

(3) 権利を行使する場合の損益合計：
　　　8,000 円－満期の原資産価格？円－100 円
(4) 権利を放棄する場合の損益合計：－100 円

PL さんは，(3)と(4)のうち，大きいほうを得たいと考えるはずです。もし，？円が 8,000 円未満になれば，PL さんは権利を行使すべきです。一方，もし，？円が 8,000 円を超えれば，PL さんは権利を放棄すべきです。

満期の原資産価格を 7,500 円～ 8,500 円の範囲内で設定して，PL さんの損益を計算します。計算結果を，図表 13-3-6 の真ん中の列に示します。？円が行使価格 8,000 円未満になれば，PL さんの損益は－100 円よりも大きくなります。これに対して，？円が行使価格 8,000 円以上になれば，PL さんの損益は－100 円の一定額になります。

PL さんの損益線は，図表 13-3-7 の青線になります。PL さんの損益線は，横軸が行使価格 8,000 円未満になれば右下がりで，横軸が行使価格 8,000 円以上になれば横軸と平行になります。

《PS さん（プットの売り手）の損益》

PS さんの損益は，必ず，PL さんの損益額に－1 を掛けた金額になります（図表 13-3-6 の右端の列）。また，PS さんの損益線は，図表 13-3-7 の黒線になります。PS さんの損益線と PL さんの損益線は，必ず，横軸で線対称になります。

13.4 デリバティブや原資産市場における取引の合成

13.2 節で，先渡の売り，先渡の買いと，原資産買い持ちを紹介しました。

満期の原資産価格	PL さんの損益	PS さんの損益
7,500 円	400 円	−400 円
7,600 円	300 円	−300 円
7,700 円	200 円	−200 円
7,800 円	100 円	−100 円
7,900 円	0 円	0 円
8,000 円	−100 円	100 円
8,100 円	−100 円	100 円
8,200 円	−100 円	100 円
8,300 円	−100 円	100 円
8,400 円	−100 円	100 円
8,500 円	−100 円	100 円

（注）　損益の列で，プラスの金額が利益を表し，マイナスの金額が損失を表します。

■図表 13-3-7　プットの損益線

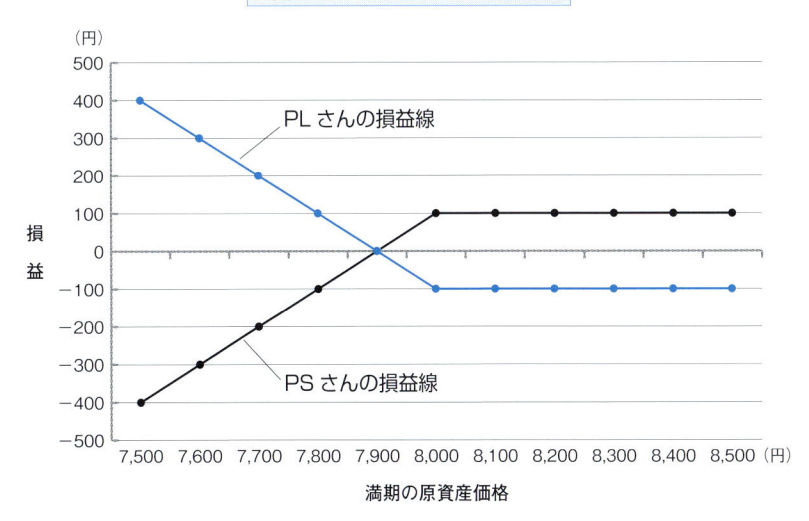

また，**13.3**節で，コールの買い，コールの売り，プットの買いと，プットの売りを紹介しました。さらに，これら取引をさまざまに組み合わせられます。組み合わせた取引を，合成取引と呼びます。ここでは，合成取引の一例であるプロテクティブ・プット（Protective Put）を紹介します。

今，投資家 D さんが，金 1g を原資産市場で買いました。購入価格は 4,900 円です。D さんは，半年後まで金を保有する予定です。金を買い持つ D さんは，「半年後に，金価格が低下して，自分が値下がり損を負うのではないか？」というリスクに直面します。このリスクを管理する一手段が，プロテクティブ・プットです。

プロテクティブ・プットは，原資産買い持ちと，プットの買いを組み合わせた取引です。投資家は，プットの行使価格を今の原資産価格と等しく設定して，プットの満期を原資産の保有期限に設定します。D さんの例で，D さんは，金 1g を原資産にするプットを買います。D さんは，プットの行使価格を 4,900 円に設定して，プットの満期を半年後に設定します。また，D さんはオプション料 80 円を支払うと仮定します。

半年後の原資産価格を 4,500 円〜5,500 円の範囲内で設定します。そして，原資産買い持ちの損益と，プットの買いの損益を計算します。さらに，これら 2 つの損益を合計して，プロテクティブ・プットの損益を計算します。計算結果を，図表 13-4-1 に示します。図表 13-4-1 で，プロテクティブ・プットの損益額が，−80 円以上になります。つまり，D さんは，原資産価格がどれだけ低下しても，損益の最小額を −80 円に限定できます。

原資産買い持ちの損益線，プットの買いの損益線と，プロテクティブ・プットの損益線を 1 枚の平面にまとめると，図表 13-4-2 になります。図表 13-4-2 太線が，プロテクティブ・プットの損益線です。図表 13-4-2 の太線の形は，コールの買いの損益線（図表 13-3-4 青線）の形と同じです。そこで，プロテクティブ・プットを構成するプットのオプション料と，コールのオプション料との間に，一定の関係をみつけられます。この関係をプット・コール・パリティ（Put-call Parity）といいます。

■図表13-4-1　プロテクティブ・プットの損益変化

満期の原資産価格	原資産買い持ち損益	プットの買い損益	プロテクティブ・プット損益
4,500 円	−400 円	320 円	−80 円
4,600 円	−300 円	220 円	−80 円
4,700 円	−200 円	120 円	−80 円
4,800 円	−100 円	20 円	−80 円
4,900 円	0 円	−80 円	−80 円
5,000 円	100 円	−80 円	20 円
5,100 円	200 円	−80 円	120 円
5,200 円	300 円	−80 円	220 円
5,300 円	400 円	−80 円	320 円
5,400 円	500 円	−80 円	420 円
5,500 円	600 円	−80 円	520 円

（注）　1.　損益の列で，プラスの金額が利益を表し，マイナスの金額が損失を表します。
　　　　2.　原資産買い持ち損益は，満期の原資産価格から，購入価格 4,900 円を引いた差額です。また，プロテクティブ・プット損益は，原資産買い持ち損益と，プットの買い損益の合計です。

■図表13-4-2　プロテクティブ・プットの損益線

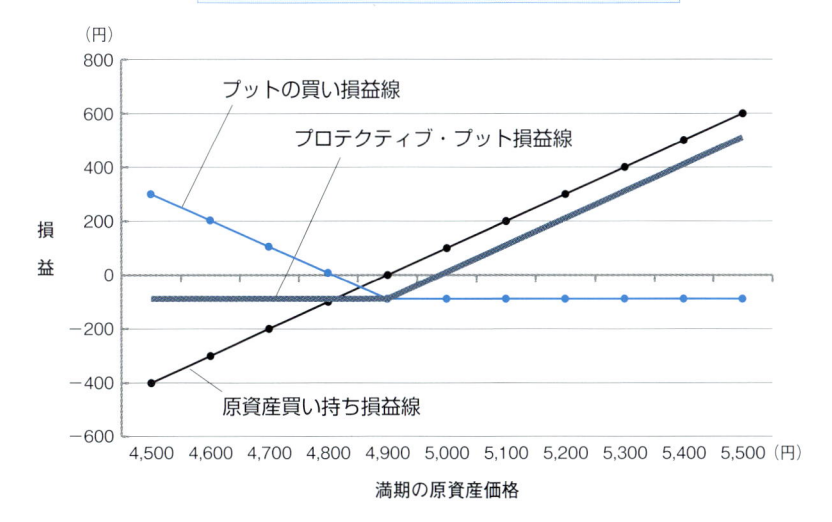

第14章

フィンテックと経営財務

14.1 はじめに

「フィンテック（Fintech）」とは，金融を意味する「ファイナンス（Finance）」と，技術を意味する「テクノロジー（Technology）」を組み合わせた造語です。古くは，金融機関が保有する勘定系システムや営業店システムといった伝統的な情報システムについてフィンテックと称する例もみられましたが，近年は用法に変化がみられ，「ICT を駆使した革新的（Innovative），あるいは破壊的（Disruptive）な金融商品・サービスの潮流」といった意味で利用されることが一般的になりました。

米国の西海岸，カルフォルニア州サンフランシスコ市から車で南に 1 時間ほど下った広範な地域は，"シリコンバレー"と呼ばれています。ここには，グーグル（Google），アマゾン（Amazon），アップル（Apple）そしてフェイスブック（Facebook）など世界をリードする先進的な ICT（情報通信技術）企業が軒並み本社を構えています。この地域では，「テクノロジー」を活用して，（金融サービスを含む）革命的な新サービスを次々と生み出す新興企業（スタートアップ企業）が出現しています。「フィンテック」は，現在では，シリコンバレーを中心に世界的に広がりをみせ，金融サービスの新たな時代を作る可能性を持っていると考えられるようになりました。「フィンテック」はこれまで金融サービスを支えてきた金融機関や伝統的な金融 ICT ベンダーのみならず，前述のようなさまざまな，スタートアップ企業，大手 ICT 企業が参入し，提携や出資・買収などを行いながら急速に普及・拡大して，今や 1 つのエコシステムを構築するまでに至っています。

このような「フィンテック」の登場により，これまで伝統的な金融機関が独占的に提供していて変化に乏しかった金融商品・サービスを，ICT を活用することによって，利用者目線から「安価に，早く，便利」に変えていこうとする動きが活発化しています。たとえばこれまで一般的でなかった代表的なフィンテック・サービスとしては，PFM（Personal Financial Management：個人のお金に関わる情報を統合的に管理するサービス），ロボ・アドバイザー（人工知能（AI）活用による投資助言サービス），マーケットプレイス・レンディン

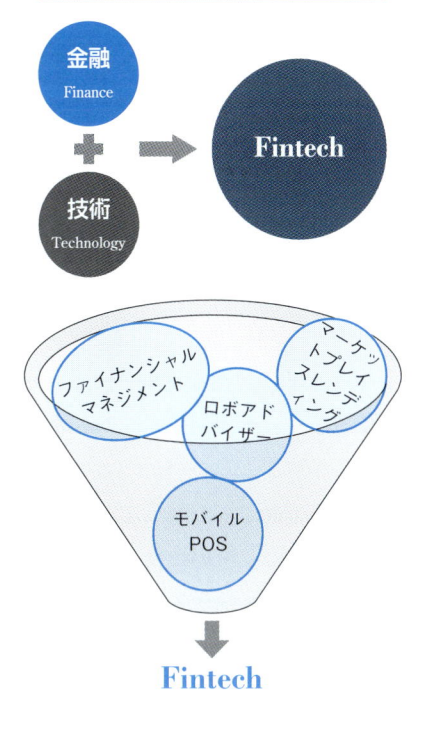

■図表 14-1-1　フィンテックとは

Column 14.1 ● フィンテックの歴史

　フィンテックはさまざまな形で従来のサービス機能やチャネルを変容させてきました。それは，次の 2 つの大きなトレンドによって起こりえたと考えられます。1 つ目のトレンドは，消費者が「検索」によって，従来と比較して大きな選択肢を得たこと，そしてもう一つのトレンドは，サービス開発コストの劇的な低下です。これらの 2 つが合わさり，より消費者の役に立ち，支持を得ることができるサービス提供を目的として，多数の参入企業が争う構図が生まれました。現在では，既存企業に比べてスタートアップ企業が，重要なプレーヤーとして台頭してきています。

　2018 年度現在，フィンテック関連のスタートアップ企業への投資は約 3 倍に急成長をして，有望な投資対象産業になっています。むしろ既に，ベンチャーキャピタルからのフィンテック企業に対する資金の流入には一段落ついたともいわれています。一方で，個々の企業にとっては提供するサービスの質について，真価が問われる環境になってきています。

グ（資金の貸し手と借り手を仲介するサービス），モバイルPOS（スマートデバイスを利用してクレジットカードでの支払いを受け入れることができるサービス）など，多数挙げることができます（図表14-1-1）。このようなサービスは従来の伝統的な金融サービスが有する価値とは異なる内容を提供しており，多くの消費者に受容され，近年では個人事業主や中小企業をはじめとしたビジネスの分野でも活用が広まっています。

14.2　フィンテックの成り立ちと普及

　その普及の要因として「ICTの急速な進展」と「利用者の価値観の変化」の2点を挙げることができます。今や，1人に1台以上，携帯電話を保有する時代になっています。その中でもスマートフォンの人気は高く，通話ができるだけではなく，メールが送受信できたり，インターネットを通してさまざまなウェブサイトが閲覧できたり，その他にもゲームが楽しめたりするなど多様な機能を備えており，日常の生活に不可欠なものになっています。これには情報技術の発展が背景として存在しており，その中でもコンピュータ技術の目覚ましい進歩が大きく寄与しています。現在一般に用いられている携帯電話の処理能力は，たとえば，西暦2000年直後に使われていたスーパーコンピュータと呼ばれる超高機能のコンピュータの処理能力の50倍から100倍程度の処理能力があるといわれています。約20年前から現代をみれば，考えられない程高機能なコンピュータを個人が持ち歩いて生活をしていることになります（図表14-2-1）。フィンテックという言葉が広がり始めた原因は，このような急速な情報技術の進展とその技術を用いた製品やサービスが一気に普及してきたことに関係しています。フィンテックという言葉を具体的に頻繁に耳にするようになったのは，2015年頃からです。その理由として，前掲した情報技術の進展とともに，ユーザが金融サービスや金融商品に対して，強く利便性を求めるようになったこと，その結果，グーグルやアップルのような従来の金融サービスの提供企業以外の異業種から相次ぐ新規参入がある（あった）ことを挙げることができるでしょう。

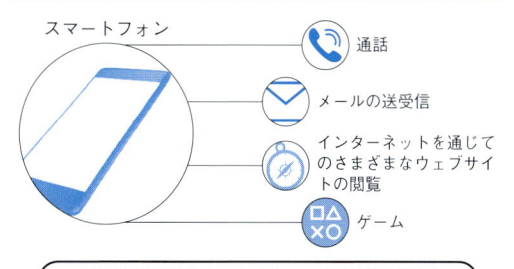

■図表 14-2-1　スマートフォンのパフォーマンス

スマートフォン

通話

メールの送受信

インターネットを通じて
のさまざまなウェブサイ
トの閲覧

ゲーム

情報通信技術＆コンピュータ技術の発展

● 一般的に用いられている携帯電話の処理能力

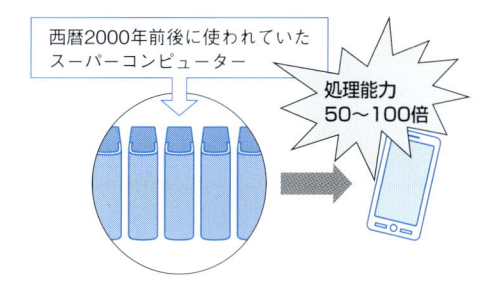

西暦2000年前後に使われていた
スーパーコンピューター

処理能力
50～100倍

Column 14.2 ● フィンテックが金融にもたらす影響

　世界的にフィンテックが拡大した背景の一つとして「利用者の価値観の変容」を挙げることができます。

　これまでの既存の大手金融機関が持つ競争優位の源泉は，その情報力と信用力であり，さらには，その強大な顧客獲得力であるといえるでしょう。しかし，情報力の優位性はIT革命によりむしろ低下しており，顧客獲得力は規模やブランドだけでは，いかんともできない状況が起きています。

　背景として挙げられるのはスマートフォンの普及です。金融サービス提供者はスマホ経由で情報提供を行い，顧客は情報の閲覧・手続き・決済がスマホ上で可能になっています。そのため，ベンチャー企業等の非金融機関がより優れたサービスを提供できる余地は大きくなっています。2つ目はビッグデータの拡充です。ビックデータの普及により，それを情報化する能力が高い企業は，さまざまなサービスを提供できつつあります。3つ目は人工知能の進化です。人工知能に対する注目度は現在きわめて高いです。

　スマホの普及でビッグデータが出現しており，それを人工知能で分析し応用できればリアルタイム性も含めて有用性は高いです。しかもビッグデータが巨大化するほど人工知能のレベルが向上するという相関関係もあり，人工知能の応用技術が高い企業はそれを有用し，既存の金融機関が思いもしなかった強みを保有できる可能性があります。

14.3 金融と情報技術（IT）

　金融機関は，顧客（法人・個人）から資金を預かり，貸し付けを行うことを主たる業務とする事業体です。ATM 等に代表されるそれらが提供するサービスを支える金融システムは，ほぼ 24 時間 365 日休まず可動しているうえに，処理エラーが一切許されない高い信頼性を必要としています。また同時に，利用者本人確認や個人情報保護を絶対とする強固なセキュリティ水準が要求されるため，他産業とは異なるとても高い次元の情報技術が求められてきました。くわえて，これらを保守・運用する業務についても，十分な知識・経験が必要とさるため，歴史的に専門企業がその提供・作業にあたってきています。その一方で，金融産業の自由化やそれに関連した金融関係企業の統廃合，他金融分野業務への参入・進出のため，金融機関は常に新しい情報技術を求め，取り入れることに努めてきました。たとえば近年では，法人・個人の振り込み等の作業においてインターネットバンキングが急速に普及・一般化しています。顧客自身がコンピュータやスマートフォンを活用し，いつでもどこでもお金の振り込みができる仕組みであり，多大な利便性をもたらしています。またこのような新技術の活用は，"振り込み"という行為を顧客自身に行わせる結果となり，金融機関の店舗や人員を削減するコスト（費用）ダウンにも寄与しています。

　このように，顧客サービスの提供と効率的な業務の実施には，新しい情報技術の活用が不可欠になってきているわけですが，一方で古くから築き上げてきた強固な情報システムとの技術的な融合はきわめて難しいものになりました。その結果，金融機関では情報システムの融合化のために毎年莫大な費用と人員を投資してきたわけです。勿論，これらの業務の実施主体は長年の経験・知識を有する経験豊かな専門企業が行ってきたわけですが，近年になって異業種からインターネット等を活用した新技術を持ち込む企業が多く現れるようになりました。その火付け役となったのが，グーグル，アマゾン，アップル，フェイスブック，ペイパル（PayPal）に代表される米国の新興 IT 企業です（図表 14-3-1）。彼らはそれまでの金融機関が構築した情報システム

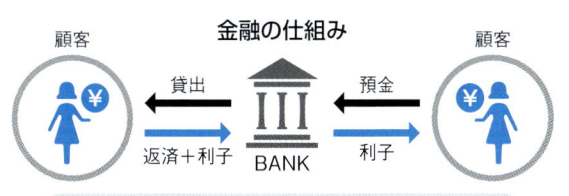

■図表 14-3-1　金融の仕組みと新興 IT 企業

金融の仕組み

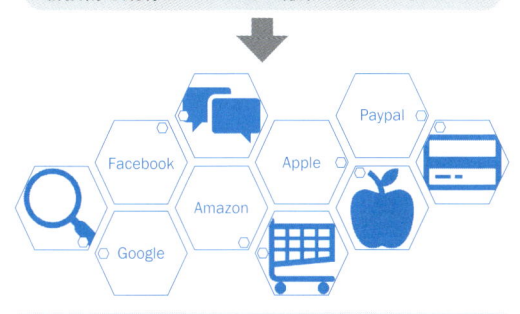

既存システムと融和を図りつつも
便利なサービスを開発提供する米国の新興 IT 企業

Column 14.3 🌐 スマートフォンと決済

　キャッシュレス社会は現金を持ち歩く必要がなく，利用者にとってメリットが大きいといえます。メリットはその点に留まらず，利用を受ける店舗にも及びます。キャッシュレスになればお釣りを用意する必要もなく，現金のやり取りにかかる負荷もなく，更には，現金目当ての犯罪被害に遭遇する危険も激減します。

　一方，モバイル決済とは，スマートフォンやタブレットなどの携帯端末を使って，クレジットカード決済をする仕組みのことを指します。特徴として 1 つ目は，お店（売り手）側のスマートフォンやタブレットに専用のカードリーダーを取り付けて決済端末や POS 端末を使ってクレジットカード決済処理を行うサービスが挙げられます。2 つ目は，お店側に対して，消費者（購入者）が，NFC/Felica を搭載した自分のスマホやタブレットで支払いを行うサービスが実現できることです。

　お店側のモバイル決済で使用されるカードリーダーは，現在は IC カードに対応したカードリーダーが使用されるようになっています。これは，年々増加するカード不正使用への対応策としてクレジットカードの EMV 準拠の IC 化が義務付けられ，日本では 2020 年までに世界標準である EMV 仕様化を完了させることが関連しています。

　日本は未だ現金決済比率が高い国ですが，いつでもどこでもスマートフォンがあれば使える利便性を生かし，対応するお店の拡大やそのお店とのポイント連携などの施策により，モバイル決済の利用が拡大していく可能性があります。

や金融サービスと関係を持ちながらも，顧客に便利で簡易なサービスが提供できるようにパソコンやスマートフォンなどのIT機器とソフトウエアを巧みに活用して顧客に提供する仕組みの構築を始めたのです。これらが，"フィンテック"を普及する強い背景となりました。

これまでは，金融企業として金融サービスを提供するためには，大規模で強固な情報システムが不可欠でした。このようなシステムを保有するためには，何年にもわたって多額の投資が必要であったため，これが一種の高い参入障壁になっていて，異業種からの参入を阻んでいました。1996年に「金融ビッグバン」と呼ばれる改革が始まり，金融市場の規制緩和，規制の撤廃が起こりました（図表14-3-2）。たとえば，銀行と証券，生保と損保の業務の相互参入（互いの業務に直接参入すること），法人や個人の外貨取引や保有の自由化が起こり，インターネットを活用したネット銀行とネット証券が始まったわけです。このときにこの変化に機敏に対応できたのは，従来からの大規模で強固な情報システムを保有していた既存の金融機関ではなく，ネットだけで，もしくはネットを中心に活動する新たに興されたネット銀行，ネット証券でした。これらの銀行や証券は店舗を持たず，インターネットを活用して取引を行ったため，その代わりに手数料を安くしたり，貸し付けの金利を低くしたりして顧客の注目をひきました。これを機に多くの既存金融機関や異業種から情報技術を持ち込んで参入した企業の眼は顧客（ユーザ）に向き始め，特徴的な直接サービスを提供するようになったのです。その内容も，家計簿・会計ソフトの提供，法人や個人の資産運用，貸し付け時の判断，簡易決済や送金手法など幅広い領域に広がって行くことになりました。

ところで，フィンテックという言葉は新しいわけですが，フィンテックを金融業務で用いる情報技術と広義に捉えるならば，むしろ，長きにわたって既存金融機関の業務を支えた大規模で強固な情報システムを構築してきた専門企業もフィンテック企業であり，利便性と簡易性を直接的にユーザにもたらしたスタートアップ企業もフィンテック企業といえるわけです。金融業が提供する金融サービスはお金に関する情報を加工したり，提供したりするサービスであり元来は情報業であるといえます。決済や振り込み，融資や支払いなども，突き詰めて考えれば，実際には現金を用いる機会はきわめて少な

「金融ビッグバン」とは……
欧米に後れを取っていた日本の金融市場を活性化するため，
橋本龍太郎内閣が 1996 年（平成 8 年）末に打ち出した金融大改革

1998年4月	● 外国為替取引の自由化
1999年10月	● 株式委託手数料の完全自由化
2007年12月	● 銀行窓口での保険販売全面解禁
金融市場の規制緩和，規制の撤廃	● （例）銀行と証券，生保と損保の業務の相互参入 ● 法人や個人の外貨取引や保有の自由化

多くの既存金融機関や異業種から情報提供を持ち込んで参入した企業の
眼は顧客に向き始め特徴的な直接サービスを提供するようになる。

Column 14.4 ● 金融ビッグバン

　日本版金融ビッグバンは，金融・証券市場を自由化，透明化，国際化の 3 点から大改革を起こし，「2001 年までにニューヨーク，ロンドン並みの国際市場を目指す」という振れ込みでした。その内容としては，金融市場の規制緩和及び規制の撤廃を行うことで金融市場の活性化や証券業界の国際化を目指すというもので，金融ビッグバンによって日本の金融制度が大きく変革されました。具体的には，①証券会社開業を免許制から登録制にするといった，証券，保険などの分野への新規参入促進，②業態ごとの商品・業務規制の撤廃・緩和，③株式売買における手数料の自由化，④銀行を経由しない為替取引の自由化，⑤デリバティブの導入・利用拡大，⑥情報開示の拡大　⑦証券取引所以外での証券売買解禁──などでした。

　金融ビッグバンは 1996 年と 2001 年に行われたものがあります。1996 年は金融制度改革を目指すもので，2001 年には出遅れていた日本の証券市場を国際市場に対応できるように改革するために行われたといわれています。

く，多くがデータのやり取りで行われています。もはや業態として金融企業を種別することは，提供されているサービスをみて判断することでは難しく，提供するサービス中身をじっくりみて判断して種別することが必要なのかも知れません。

　その一例は，住宅ローンのビジネスでみることができます。昔の住宅ローン業は，ローンの貸し手が借り手の信用力（返済能力，もしくは返済できなくなったときの担保力）を審査して，融資して回収を行うビジネスモデルになっていました。しかし1980年代を境に，個別のローンの信用力に関する情報が，数理モデルと外部格付け機関によって担われるようになり，従来は銀行が継続保有することが前提になっていた住宅ローンを，外部の機関投資家（保険会社や年金基金など）に向けて，より高い値段で売却することが可能になっています。その結果，銀行はローンを作るところまでを担当し，その後はいわゆる「証券化」を行って，機関投資家に売るというビジネスモデルが成立するようになりました。このビジネスモデルの変化を事前と事後の状態で比べると，従来はすべての業務を担っていた銀行が，ローンの保有という機能は他社に委ねる形になって，業務機能の分散が行われるようになっています。このように，トータルで行われた機能を分割して行っていくことを，アンバンドリングと呼び，以降他業務でも，金融サービスのアンバンドリングは広がって行くことになりました。金融業務のアンバンドリングが行われると，各機能はより効率的なプレーヤー（企業）により担われるようになり，プレーヤー間での競争原理が働くことにもなるため，消費者にとってはサービスがより安く・高品質で提供される結果となります。ここでは，各プレーヤーの業務はフィンテックが支えているわけであり，その普及は金融業の進化そのものに貢献しているといえます。

14.4　フィンテックの種類

　これまで金融サービスの提供には，信頼性の高い情報システムや立地のよい多くの支店が必要で，大規模な事業資本が不可欠だったのですが，新たな

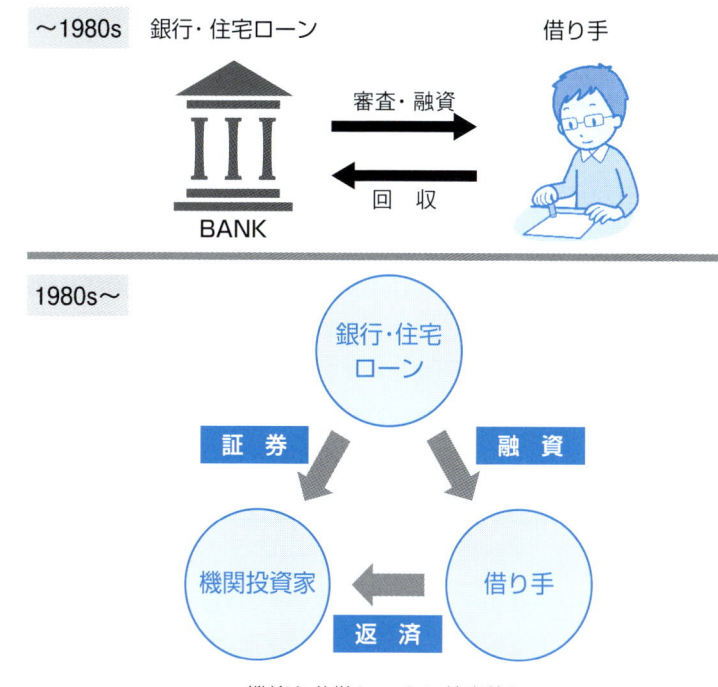

■図表 14-3-3 1980 年代を境に変化した金融サービス

～1980s　銀行・住宅ローン　　　　　　　　借り手

審査・融資

回　収

BANK

1980s～

銀行・住宅ローン

証　券　　　　　　　融　資

機関投資家　　　　　　　借り手

返　済

機能を分散し，より効率的に

Column 14.5 ● アンバンドリングとは

　アンバンドリングとは，製品やサービスの機能・内容ごとにバラバラに分けて販売する手法のことを指す言葉です。セット販売などを指す「バンドリング」の反対語として用いられるようになりました。アンバンドリングの身近な例では，アップルが提供する iTunes Music Store が挙げられます。2003 年に始まったこのサービスは，ユーザが iTunes を通して 1 曲単位で購入できるものです。以前は主に CD を購入する事で，いくつかの曲をまとめて購入しなければならなかったのですが，1 曲ずつダウンロードし購入できるサービスの提供により，価格の面で躊躇していた消費者のニーズを捉えることができるようになりました。また，実ビジネスでも，LCC（ローコストキャリア，Low Cost Carrier）も，いわばサービスをそぎ落としたアンバンドリングです。アンバンドリングは，顧客の多様なニーズに応えること，対価格戦略を実現することで，とくに後発参入者や新規企業が既存の大企業と戦えるようにする戦略です。

テクノロジーであるフィンテックの出現により，これらの参入障壁を下げたと同時に，その技術を最大限に活用し，それまでの金融サービスにはなかった顧客重視の利便性の高いサービスを提供することが実現されています。今では，フィンテックは金融サービスの多くの領域に広がり，融資，預金，送金・決済，資産運用や，企業の経営を支援する経理・会計業務や仮想通貨などの多様な領域に及んでいます（図表14-4-1）。当初，既存の金融機関とフィンテック企業は対峙するライバル関係にあるとみられていましたが，両社がサービスや技術の提携を行い，さらには，出資・買収などにより新しいビジネス関係性を作り上げていることにより，協業者として，さらに利便性に優れたサービスを生み出す可能性にむしろ期待が寄せられています。それではフィンテックが実現している金融サービスには，具体的にどのようなものがあるのでしょうか。ここで少し整理して理解を深めてみたいと思います。

　そもそもフィンテックという言葉には，既存の仕組みを大きく変える大変革（イノベーション）の意味を含んでいるのですが，社会やビジネスに変革をもたらすその度合いは，実際には提供されるサービスによってさまざま異なっています。現状では，提供するサービスの水準で段階的な種別を行うことが一つの方法であると考えられています（図表14-4-2）。最も影響が軽微なもの（変革が小さいもの）からみて行くと，①「既存の金融システムを支援するフィンテック」があります。古くから現存する金融システムを利用するユーザの行為を支援するもので，たとえば，個人の資産を管理・運用するクラウド上の情報システムはこれに該当します。用いる技術は新しいのですが，ユーザが活用する金融システムはこれまでと同様なものです。

　次に変革度合いが低いものは，②「金融取引の手段を変えるフィンテック」です。スマートフォンを活用したモバイルバンキングがこれに該当します。ユーザがスマートフォンに専用アプリをダウンロードして活用することにより，簡易で利用者固有のサービスを受けることができます。たしかに，この変革レベルでもまだ既存の金融システムを活用することになりますが，ユーザには多大な利便性がもたらされることになります。

　さらにある程度の変革をもたらすことができるものとして，③「既存の金融機能の一部を代替するフィンテック」を挙げることができます。たとえば，

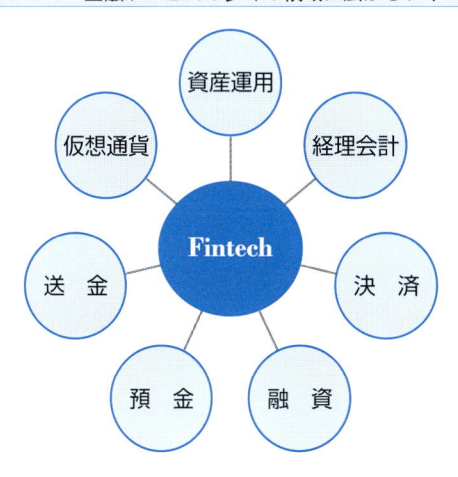

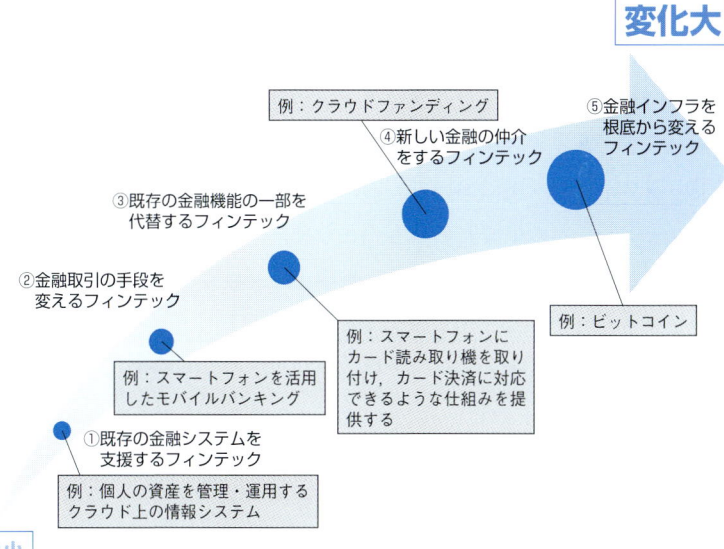

これまで現金しか取り扱うことができなかった地方の小規模小売店舗に対し，スマートフォンにカード読み取り機を取り付け，カード決済に対応できるような仕組みを提供したり，タブレットなどを POS レジ化できる仕組み（ソフトウエア）を提供したりするサービスがこれに該当します。これらによって，地域の小規模小売店がキャッシュレス化に対応できるようになるだけでなく，自社の販売実績を個別品目単位・時間単位でデータ化して知ることができ，以降の商品の販売個数や在庫個数をリアルタイムで可視化・認識できるようになり，地方の個店の経営がこれらによって大きく進化し変わることになります。このレベルまで来ると変革は決して小さくないものであるといえます。

さらに変革の影響が大きくなるものとして，④「新しい金融の仲介をするフィンテック」があります。たとえば，クラウドファンディングと呼ばれるサービスがこれに当たります。ベンチャーキャピタルやエンジェルなどの資金投資のプロフェッショナルではなく，一般の者を投資家に変貌さえてしまう仕組みです。現代のような低金利の時代では，一般的な預金よりも利回りの良い投資手段であるといえます。また，既存の銀行が融資に慎重になった案件に対して，事業主が資金を調達できる別の新たな手段として考えることができ，既存の金融の仕組みを変えるものになるといえるでしょう。

最後に最も変革の影響が大きいフィンテックとして，⑤「金融インフラを根底から変えるフィンテック」を挙げることができます。現状で市場に浸透しているフィンテックにおいて，これに該当するものはさすがに多くないと思われますが，その中で有名なものとして，"ビットコイン"を挙げることができます。既存金融機関が保有する集中データ処理を介さず，相手のメールアドレスさえわかれば，ネット上でいつでも無料で相手に送付（送金）することができる仮想通貨システムです。2009 年 1 月から稼働しているこの仕組みは，ブロックチェーンというフィンテックにより実現されています。これは，ピア・ツー・ピア（1 対 1）のネットワークにおいて，確実な移転とその記録を可能としている分散型記録管理技術のことを指しています。このフィンテックは，既存金融システムを根底から変える破壊的なイノベーションと考えられています。現在のビットコインはいまだユーザから信頼性を得ているとはいえませんが，既存の金融システムを間違えなく破壊するイノベーテ

Column 14.6 ● ブロックチェーン

　ブロックチェーンは，世界中に点在するコンピュータにデータを分散することにより，中央集権のコンピュータを置かずに，破壊や改ざんが困難なネットワークを作る分散型台帳技術のことを指しています。ブロックチェーンの特色として，以下のような点を挙げることができます。

- 情報がネットワークで接続されたコンピュータを介し通信され共有される。
- 情報が更新されるたびにコンピュータによってチェックされ，ブロックと呼ばれる時系列情報を持ったデータの鎖としてすべての情報が蓄積される。
- 蓄積された情報は，何人も偽造や，改変できない仕組みとなっており，取引の安全性が確保されている。

　ブロックチェーンのメリットは，不特定多数のユーザー同士がオンライン上で取引履歴を記録し相互監視する仕組みなので，単一障害がなく，改ざんが困難な点です。銀行のような特定の管理機関がないことからシステム障害にも強く，金融サービスを低コストで運用できるといわれています。一方，デメリットとして挙げられるのは，メンテナンスコストが高い点です。こうしたブロックチェーンの活用方法は，ビットコインや金融サービスに今後急激に普及するといわれています。

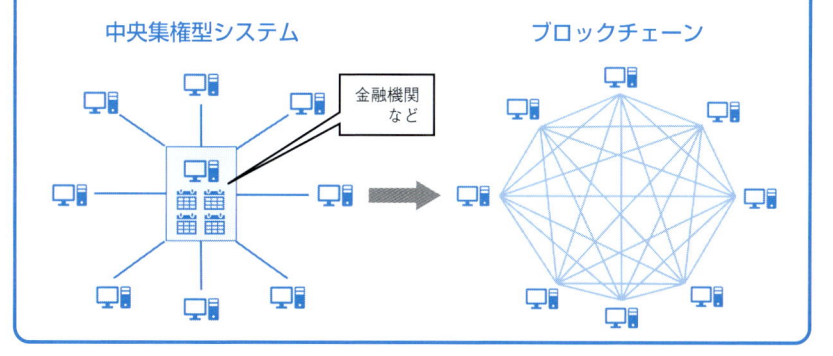

ィブなフィンテックであることは事実です。

14.5 主に小規模・中小企業及びベンチャー企業を対象としたフィンテック

① 資金調達

クラウドファンディング：寄付型は，事業を行おうとする団体や個人に，寄付の形で資金を供給するもので，その一種である事前購入型は，新商品や新サービスを開発する事業者が，事業企画に対して，資金調達を行う際に用いられます。寄付型では資金供給者は見返りとして，商品やサービスが完成した暁にそれらを受け取ることができます。資金調達において仮に目標金額に届かない場合は，資金供給者に資金は返金される仕組みになっています。株式型は，ベンチャー企業の非公開株式への出資金を，個人投資家から募集するものです。1社当たりの資金調達上限は1億円未満で，投資家の投資額上限は50万円未満です。投資先企業の情報が投資家に開示されることになります。

ソーシャルレンディング：貸し手と借り手をウェブサイトでマッチさせるプラットフォームサービスのことを指しています。貸し手は個人であり，金融運用商品として資金を提供する仕組みになっています。

金利は一般的に他の金融商品より高く，5～8％の利回りが提供され，貸し手は，低リスクで高い金利を受け取ることが可能になります。運営会社は，サイト自体の信用を保持するため，案件別の審査を実施して，借り手は比較的高い9％～15％程度の利息を支払うことになります。ソーシャルレンディング運営事業者は，金融商品取引法の制約により，匿名組合への出資をしてもらう形で投資を募っています。また貸金業法によって，借り手を特定できない規則になっています。

ソーシャルレンディングは，クラウドファンディングの一種で，資金供給者と資金需要者をマッチングして，資金調達を可能にする仕組みです。融資型，寄付型，株式投資型などが存在しますが，その融資型に該当します。

オンラインレンディング：通常の融資のように過去の決算書に依存せずに，

1. 資金調達

2. 会計業務

3. クラウドとの金融関連サービス

4. 決済業務

■図表 14-5-2　フィンテックを使った資金調達

①クラウドファンディング

- 寄付型：事業を行おうとする団体や個人に，寄付の形で資金を供給するもの——資金供給者は見返りとして，商品やサービスが完成した暁にそれらを受け取ることができる
- 株式型：ベンチャー企業の非公開株式への出資金を，個人投資家から募集するもの

②ソーシャルレンディング

- 貸し手と借り手をウェブサイトでマッチさせるプラットフォームサービスのことを指す
- クラウドファンディングの一種——資金供給者と資金需要者をマッチングして，資金調達を可能にする仕組み

③オンラインレンディング

- 直近の決済状況や発注状況等のビッグデータを審査し，融資を行うサービス
- （例）EC 事業者は，運営する EC サイト内に出店する事業者に対して実際に融資を行っている

④トランザクションレンディング

- 企業間取引の信用で融資を行うサービス
- トランザクションレンディングサービス——電子記録債権とファクタリング（債権買取り）を組み合わせたもの

直近の決済状況や発注状況等のビッグデータを審査し，融資を行うサービスです。銀行融資と比較し，短期間で運転資金を供給できます。たとえば，EC（Electronic Commerce：電子商取引）事業者は，運営する EC サイト内に出店する事業者に対して実際に融資を行っています。優良な販売事業者に対しては，運営企業から融資枠が提示されています。くわえて，事業で利用している POS レジ，会計ソフト，決済 サービス等のオンラインサービスとのデータ連携を条件として，借入可能枠を提示し，小規模な法人と個人事業主を対象として融資をするサービスも出現しています。

トランザクションレンディング：企業間取引の信用で融資を行うサービスです。昔から日本では，大企業が下請け中小企業に，原材料等の代金を 1 ヶ月から 3 ヶ月先の支払期限の手形で受け取る商慣行がありました。この手形債権を電子化したのが，電子記録債権です。電子記録債権とファクタリング（債権買取り）を組み合わせたものが，トランザクションレンディングサービスです。

② 会計業務　　これまで，中小企業や個人事業主が会計ソフトを利用する場合，自社の PC にインストールするタイプのスタンドアロン型ソフトウエアの使用が主流でした。これは，会計情報という秘匿情報の利用であることが理由であったためです。しかしながら昨今，セキュリティソフトへの信頼感が増し，クラウド上の会計ソフトの利用が急速に拡大しています。

さらにフィンテックを活用することで，クラウド上に集められた情報について AI 機能を用いて分析・加工（スクレイピング）して，税務や財務業務へのアドバイスを提供するといったサービスも登場しています。

個人ユーザのレベルでは既に，複数の金融機関の口座情報等を集約して管理できる資産管理機能ソフトウエア等の利用が普及しており，家計簿アプリ「マネーフォワード」の利用者は 600 万人を超えているともいわれています。

ただ，サービス普及における技術的な障壁として，API 接続が可能となっている一部の金融機関を除いて，現在企業で主に用いられているソフトウエアでは，スクリーンスクレイピング方式が採用されており，サービス提供業者に，ユーザ ID とパスワードを預ける必要が発生するため，セキュリティ上の人的な懸念が発生するという問題があります。

■図表 14-5-3　フィンテックを活用した会計業務

小規模・中小企業者の会計業務

かつてはスタンドアロン型ソフトウエアが主流

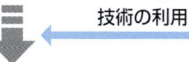

昨今，クラウド上の会計ソフトの利用が拡大

技術の利用

AI機能を用いた業務へのアドバイスなど，
会計業務の高度化が期待

フィンテック

個人向け家計アプリの技術
複数の金融機関の口座情報等を自
動的に集約
（家計簿アプリ「マネーフォワー
ド」はユーザ数 600 万人超）

Column 14.7 ● スクレイピングとクローリング

　インターネットを巡回し，ウェブサイトの情報を収集し，自動的にデータ
ベースにインデックスを作成するプログラムを**クローラー**と呼び，その行為を
クローリングと呼びます。Google では「Googlebot」というクローラーがウェ
ブサイトの情報を集めてくることによって，検索結果を表示することができま
す。一方，**スクレイピング**は，ウェブサイトから情報を取得し，その情報を加
工して新たな情報やサービスを生成することを指します。スクレイピングを実
施するプログラムの機能は，**スクレイパー**と呼ばれ，ニュースサイト等を巡回
して見出しを抜き出し，まとめサイトに加工することなどが挙げられます。

Column 14.8 ● API 接続

　API（Application Programming Interface）接続では，端末にダウンロードさ
れた専用のアプリケーション・ソフトウエアを用いて，サーバからさまざまな
サービス提供がされています。金融機関で活用する API は「参照・照会系
API」と「更新・実行系 API」の 2 種類あります。金融機関において取り組んで
いる API 公開は，主に口座情報の照会等の参照・照会系 API が多く，これによ
り契約者は自身の口座情報を契約しているサービサーに自動的に提供すること
が可能になります。

しかし，2017年に銀行法が改正され，金融機関側がAPIを開放する義務が法制度化されたため，早晩個人に留まらず小規模・中小企業者にも普及が進むことが期待されています（図表14-5-3）。

　③　クラウドでの金融関連サービス　　クラウド会計が脚光を浴び出す中，小規模・中小企業者では，販売管理，給与計算，請求書作成サービス等の事務処理負担を軽減するニーズも高く，これに対応するクラウドソフトも数多く出てきています。既にクラウド型ERP（Enterprise Resources Planning：統合業務）ソフトが提供され始めており，会計機能や給与計算，請求書作成サービス機能が盛り込まれています。たとえば請求書作成サービスでは，取引先を登録のうえ，支払期日・品名・金額等の必要項目をユーザが入力すると，クラウド上で請求書を自動作成し，必要に応じて発送も請負うサービスが提供されています。単なる事務合理化だけではなく，実際的な金融サービス機能も付加されています。

　④　決済業務　　フィンテックがもたらす決済への影響として，小規模・中小企業者を中心にしたキャッシュレス決済の拡大と，決済内容の高度化，決済手段の多様化を挙げることができます。

　日本では，個人消費に占める現金決済の割合はいまだに高いのですが，フィンテックの進展により，急速に新たな決済サービスがもたらされています。ここで主なものとして3つのサービスを挙げてみます。①安価なクレジットカードリーダーを用いた例では，スマートフォンに装着できるドングル（接続機器）にて，クレジットカードの決済ができるサービスが提供されます。これらの企業では，小規模店舗における済利用手数料を3％〜3.25％に抑えており，従来の手数料が5％〜8％だったことに比べると価格破壊であることは明らかです。これによって，クレジットカードリーダーの導入にかかる多大な初期投資を行うことなく，クレジットカード決済が可能になっています。さらには，②大手IT企業やSNSサービスによる決済機能の提供が挙げられます。2014年12月にLINE Payが開始され，2016年10月にはApple Payが開始されました。これらは，スマートフォンのみの決済を可能にしたサービスです。また，③タブレットやスマートフォンのアプリを利用した安価なPOSレジの登場が挙げられます。これは，アプリのダウンロードのみで実現

Column 14.9 ● ERP とは

ERP は、「統合基幹業務システム」や「統合業務パッケージ」と呼ばれています。ERP は企業全体の経営管理の視点で「すべての業務を統合管理するための仕組み」のことを指しています。ERP は 1990 年前半に登場し、その後、欧米より日本市場に入ってきました。ERP の導入効果として挙げられるのは、部門間にまたがる情報の共有、全社レベルで情報を統合管理することにより経営資源の最適化、短期間、低コストでのシステム構築が可能になるということです。

ERP パッケージの根幹となるのは、"統合マスタ"と"統合データベース"という考え方で、従来の業務システムでは業務ごとに分断されていたマスタとデータベースを統合的に一元管理する仕組みです。さらにユーザーにとっては、ERP により全社の情報が統合管理されているということで、部門横断の情報を、必要な時に即座に活用できることが有益です。

ERP の導入を成功させるためには、適用率の高い ERP パッケージの選定、優れた導入ベンダの選定、導入体制、標準化、意識改革などが求められます。

■図表 14-5-4　フィンテックを活用した決済業務

フィンテックがもたらす決済への影響

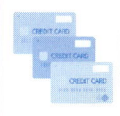

● 小規模・中小企業者を中心にした
キャッシュレス決済の拡大

● 決済内容の高度化、決済手段の多様化

新たな
決算サービス

①スマートフォンに装着できるドングル（接続機器）にて、クレジットカードの決済ができるサービス（安価なクレジットカードリーダーを用いる）

②大手 IT 企業や SNS サービスによる決済機能の提供

③クレジットカードやスマートフォンのアプリを利用した安価なPOSレジの登場

でき，低コスト・省スペースなため小規模な店舗に適しているといえます。また，クレジットカードや電子マネーとの連携機能も付加されており，クラウド会計との連動や，会計・財務分析機能も活用することが可能になっています。これまで小規模小売業では難しかった売れ筋商品の分析，それによる在庫管理が実現できます。

14.6 ま と め

　企業が事業実施においてフィンテックを活用するには，現状のアナログ（電話，紙等）での業務をデジタル化・IT化し，その会計・取引データ等を収集・連携させることが必要になります。大企業では既に実施されているこれらの取組みも，小規模企業・中小企業ではまだ十分ではないと考えられます。しかし今後は，会計や財務，取引データ等のデータの集合体を，AIなどを用いて分析することにより，顧客ニーズ等に基づいた革新的な新製品・新サービスを小規模企業・中小企業であっても頻繁に生み出すことができるかも知れません。

　さらにフィンテックの普及は，消費者や取引先企業の意識や価値観を急速に変化させ，キャッシュレス決済，オンライン受発注等など，「経営の高度化」「生産性の向上（付加価値向上／業務効率化）」「資金調達の多様化」「資金回収の早期化」を実現できる可能性が高まっています。

参 考 文 献

第 1 章　経営財務の意味と役割

岡田和秀［2011］,「第二章　ファヨール理論の構造」, 経営学史学会（監修）, 佐々木恒男（編著）『ファヨール──ファヨール理論とその継承者たち』, 文眞堂, pp.24-51

岡部政昭［1990a］,『現代の経営財務』, 同文舘出版

岡部政昭［1990b］,『企業財務論』, 新世社

コトラー, P.（著）, 村田昭治（監修）, 小坂恕／疋田聡／三村優美子（訳）［1991］,『マーケティング・マネジメント　第 4 版』, プレジデント社

小山明宏［2016］,『経営財務論──不確実性, エージェンシー・コストおよび日本的経営　新訂第 4 版』, 創成社

佐々木恒男［2011］,「第三章　ファヨール理論の現代的意義」, 経営学史学会（監修）, 佐々木恒男（編著）『ファヨール──ファヨール理論とその継承者たち』, 文眞堂, pp.52-64

三和総合研究所／井口嘉則／稲垣淳一郎［1999］,『中期経営計画の立て方・使い方』, かんき出版

庭本佳和［2006］,『バーナード経営学の展開──意味と生命を求めて』, 文眞堂

第 2 章　収益性分析

青木茂男［2013］,「日米欧企業（製造業）の収益性」,『茨城キリスト教大学紀要』第 47号, pp.143-151

経済産業省［2014］,「『持続的成長への競争力とインセンティブ──企業と投資家の望ましい関係構築』プロジェクト」最終報告書（座長：伊藤邦雄一橋大学教授）

古山　徹［1994］,「業種別 ROE の特徴」,『年報 経営分析研究』第 10 号, 日本経営分析学会

古山　徹［2008］,「収益性構造の業種別特徴について」,『日本経営教育学会全国研究大会研究報告集』, 日本経営教育学会

森脇　彬［2002］,『企業の安定経営のための財務諸表の役立て方』, 税務研究会出版局

柳　良平［2015］,『ROE 革命の財務戦略──外国人投資家が日本企業を強くする』, 中央経済社

柳　良平［2017］,『ROE 経営と見えない価値──高付加価値経営を目指して』, 中央経済社

第3章 キャッシュ・フロー計算書

BAC（企業会計審議会）［1998a］，「連結キャッシュ・フロー計算書等の作成基準の設定に関する意見書」

BAC（企業会計審議会）［1998b］，「連結キャッシュ・フロー計算書等の作成基準」

JICPA（日本公認会計士協会）［2014］，「連結財務諸表におけるキャッシュ・フロー計算書の作成に関する実務指針」1998年6月公表（2014年11月最終改正）

上西順子［1998］，「キャッシュ・フロー計算書に関する一考察——日，米および国際会計基準の比較を中心にして」，『環境と経営——静岡産業大学論集』4巻（2），pp.113-132

上野清貴［2001］，『キャッシュ・フロー会計論——会計の論理統合』，創成社

鎌田信夫［2006］，『キャッシュ・フロー会計の原理　新版第2版』，税務経理協会

ヒース，L. C.（著），鎌田信夫／藤田幸男（共訳）［1982］，『財務報告と支払能力の評価』，国元書房

平野智久［2018］，『ケースブック財務会計』，新世社

古山　徹［2004］，『支払能力の測定と評価——建設業の場合』，創成社

古山　徹［2010］，「キャッシュフローだけでは倒産の前兆が見えない——キャッシュ・フロー計算書を用いた支払い能力の評価方法について」，『TSR情報』2010夏季特集号，東京商工リサーチ

古山　徹［2018］，「支払能力の評価方法についての研究」，『年報 財務管理研究』第29号，日本財務管理学会

森脇　彬［2002］，『資金と支払能力の分析　四訂版』，税務経理協会

第4章 投資の評価方法

井手正介／高橋文郎［2000］，『ビジネス・ゼミナール経営財務入門』，日本経済新聞社

芹田敏夫／花枝英樹［2015］，「サーベイ調査から見た日本企業の財務政策」，日本組織学会（編）『組織科学』Vol.49（No.1），白桃書房，pp.32-44

高橋文郎［2001］，『実践コーポレート・ファイナンス』，ダイヤモンド社

長屋英郎［1984］，「第2章　投資決定」，諸井勝之助（編）『現代企業の財務』，有斐閣，pp.29-56

第5章 債券価値の評価

内田浩史［2016］，『金融』，有斐閣

大村敬一［2010］，『ファイナンス論——入門から応用まで』，有斐閣

大村敬一／俊野雅司［2014］，『証券論—— History，Logic，and Structure』，有斐閣

榊原茂樹／城下賢吾／姜　喜永／福田司文／岡村秀夫［2013］，『入門証券論　第3版』，有斐閣

東短リサーチ株式会社（編）［2009］，『東京マネー・マーケット　第7版』，有斐閣

中島真志［2015］，『入門 企業金融論──基礎から学ぶ資金調達の仕組み』，東洋経済新報社

日本証券経済研究所（編）［2018］，『図説 日本の証券市場　2018 年版』，日本証券経済研究所

ビリングスレイ，R. S.（著），望月　衛（訳）［2007］，『アービトラージ入門──裁定理論からマーケットが見える』，日経 BP 社

藤木　裕［2016］，『入門テキスト 金融の基礎』，東洋経済新報社

藤林　宏／袖山則宏／矢野　学／角谷大輔［2009］，『EXCEL で学ぶファイナンス②──証券投資分析　第 3 版』，金融財政事情研究会

第 6 章　企業価値評価（バリュエーション）とは

坂本恒夫／鳥居陽介（編），現代財務管理論研究会（著）［2015］，『テキスト財務管理論　第 5 版』，中央経済社

第 7 章　ポートフォリオ理論と資本コスト

ダモダラン，A.（著），兼広崇明／蜂谷豊彦／三浦良造／中野誠／松浦良行／山内浩嗣（訳）［2001］，『コーポレート・ファイナンス──戦略と応用』，東洋経済新報社

ボディ，Z.／ケイン，A.／マーカス，A. J.（著），堀内昭義（訳）［2003］，『証券投資（上）』，東洋経済新報社

ボディ，Z.／ケイン，A.／マーカス，A. J.（著），堀内昭義（訳）［2004］，『証券投資（下）』，東洋経済新報社

山沢光太郎［2004］，『ビジネスマンのためのファイナンス入門── 55 のキーワードで基礎からわかる』，東洋経済新報社

第 8 章　最適資本構成とは

Modigliani, F. and M. H. Miller［1958］, "Cost of Capital, Corporation Finance and the Theory of Investment, "*American Economic Review*, Vol.48（3）, pp.261‒297

Modigliani, F. and M. H. Miller［1963］, "Corporate Income Taxes and the Cost of Capital, A Correction, "*American Economic Review*, Vol.53（3）, pp.433‒443

Solomon, E.［1963］, "The Theory of Financial Management, "Columbia University Press（古川栄一（監修），別府祐弘（訳）［1971］，『財務管理論』，同文舘出版）

井手正介／高橋文郎［2000］，『ビジネス・ゼミナール経営財務入門』，日本経済新聞社

岡部政昭［1990］，『企業財務論』，新世社

小宮隆太郎／岩田規久男［1973］，『企業金融の理論』，日本経済新聞社

参 考 文 献　　275

第9章　配当政策と自社株買い

砂川伸幸／川北英隆／杉浦秀徳［2008］，『日本企業のコーポレートファイナンス』，日本経済新聞出版社

太田珠美［2015］，「自社株買い増加の背景と今後の動向」，大和総研グループサイトリサーチレポート（https://www.dir.co.jp/report/research/capital-mkt/securities/20150724_009962.pdf）2018 年 8 月 10 日アクセス

落合孝彦［2015］，「第 8 講　株式資本の調達(4)　配当政策」，坂本恒夫／鳥居陽介（編），現代財務管理論研究会（著）『テキスト財務管理論　第 5 版』，中央経済社，pp.56-66

小林孝雄［1990］，「第 12 章　株式のファンダメンタルバリュー」，西村清彦／三輪芳朗（編）『日本の株価・地価——株価形成のメカニズム』，東京大学出版会，pp.285-319

佐藤　猛［1997］，「第 2 章　不完全市場の配当政策」，日本証券経済研究所（編）『現代企業と配当政策』，日本証券経済研究所，pp.29-41

高橋文郎［2001］，『実践コーポレート・ファイナンス』，ダイヤモンド社

谷川寧彦［2012］，「自社株取得とその消却」，『早稲田商学』431 号，pp.709-730

津村英文［1981］，『配当——その光と影』，税務経理協会

花枝英樹［1989］，『経営財務の理論と戦略』，東洋経済新報社

花枝英樹／芹田敏夫［2009］，「ペイアウト政策のサーベイ調査——日米比較を中心に」，日本証券アナリスト協会『証券アナリストジャーナル』Vol.47（No.8），pp.11-22

日野良太［2015］，「受取配当等の益金不算入制度の改正」，『情報センサー』Vol.6（July），EY 新日本有限責任監査法人，pp.18-19

右山昌一郎／岡崎和雄（著）［2007］，『会社法に基づく剰余金の配当——会計・法務・税務の対応』，ぎょうせい

第 10 章　エージェンシー理論

Akerlof, G. ［1970］，"The Market for 'Lemons' : Quality Uncertainty and the Market Mechanism," *The Quarterly Journal of Economics*, Vol.84（3），pp.488-500

Jensen, M. C. and W. H. Meckling［1976］，"Theory of the firm : Managerial behavior, agency costs and ownership structure," *Journal of Financial Economics*, Vol.3（4），pp.303-360

小山明宏［2016］，『経営財務論——不確実性，エージェンシー・コストおよび日本的経営　新訂第 4 版』，創成社

第 11 章　コーポレート・ガバナンスと経営者報酬

阿部直彦［1995］，「ストックオプション導入有効（経済教室）」，『日本経済新聞』（1995 年 9 月 27 日）

阿部直彦（ペイ・ガバナンス日本　マネージング・パートナー）［2015］，「役員報酬ガバ

ナンス見直しのアプローチ」,『旬刊商事法務』2073 号（平成 27 年 7 月 15 日）

阿部直彦（ペイ・ガバナンス日本　マネージング・パートナー）［2018］,「報酬委員会運営の実質化・活性化」,『旬刊商事法務』2170 号（平成 30 年 6 月 25 日）

阿部直彦（ペイ・ガバナンス日本　マネージング・パートナー）［2018］,「P4P 確立を通じた報酬ガバナンスの深化」,『企業会計』Vol.70（No.7）（平成 30 年 7 月）

第 12 章　スチュワードシップ・コードと ESG 投資

足達英一郎／村上　芽／橋爪麻紀子［2016］,『投資家と企業のための ESG 読本』, 日経 BP社

小方信幸［2016］,『社会的責任投資の投資哲学とパフォーマンス―― ESG 投資の本質を歴史からたどる』, 同文舘出版

谷本寛治［2007］,『SRI と新しい企業・金融』, 東洋経済新報社

日経エコロジー（編著）［2017］,『ESG 経営ケーススタディ 20』, 日経 BP 社

水口　剛［2013］,『責任ある投資――資金の流れで未来を変える』, 岩波書店

水口　剛［2017］,『ESG 投資――新しい資本主義のかたち』, 日本経済新聞出版社

三和裕美子／村澤竜一［2018］,「英国におけるスチュワードシップ・コードの推進」,『証券アナリストジャーナル』第 56 号第 3 巻

第 13 章　デリバティブ

宇佐美　洋／小野里光博［2015］,『入門 商品デリバティブ』, 東洋経済新報社

大村敬一／俊野雅司［2014］,『証券―― History, Logic, and Structure』, 有斐閣

可児　滋［2015］,『コモディティ取引のすべて――理論から実践まで』, 日本評論社

可児　滋／雪上俊明［2012］,『デリバティブがわかる』, 日本経済新聞出版社

榊原茂樹／菊池誠一／新井富雄／太田浩司［2011］,『現代の財務管理　新版』, 有斐閣

晝間文彦［2018］,『基礎コース金融論　第 4 版』, 新世社

藤林　宏／袖山則宏／矢野　学／角谷大輔［2009］,『EXCEL で学ぶファイナンス②――証券投資分析　第 3 版』, 金融財政事情研究会

第 14 章　フィンテックと経営財務

Russell, S. and P. Norvig［2016］, *"Artificial Intelligence：A Modern Approach,"* 3rd Edition, Pearson Education Ltd.

多田智史（著）, 石井一夫（監修）［2016］,『あたらしい人工知能の教科書――プロダクト/サービス開発に必要な基礎知識』, 翔泳社

ドーアティ, P. R. ／ウィルソン, H. J.（著）, 保科学世（監修）, 小林啓倫（訳）［2018］,『HUMAN ＋ MACHINE　人間＋マシン―― AI 時代の 8 つの融合スキル』, 東洋経済新報社

独立行政法人情報処理推進機構（編集）［2018］，「AI 白書 2019 ──企業を変える AI　世界と日本の選択」，KADOKAWA

日本ディープラーニング協会（監修），日経クロストレンド（編集）［2018］，『ディープラーニング活用の教科書』，日経 BP 社

野口悠紀雄［2018］，『AI 入門講座──人工知能の可能性・限界・脅威を知る』，東京堂出版

藤本浩司／柴原一友［2019］，『AI にできること，できないこと──ビジネス社会を生きていくための 4 つの力』，日本評論社

松尾　豊／ NHK「人間ってナンだ？　超 AI 入門」制作班［2019］，『超 AI 入門──ディープラーニングはどこまで進化するのか』，NHK 出版

索 引

た　行

編者・執筆者紹介【担当章】

境　睦 （さかい　むつみ）【編者：第6章，第8章，第10章】

1994年　早稲田大学大学院商学研究科博士課程単位取得満期退学
現　在　桜美林大学大学院経営学研究科教授　経営学博士（明治大学）
　　　　日本財務管理学会副会長，日本中小企業・ベンチャービジネスコンソーシアム副会長

落合　孝彦 （おちあい　たかひこ）【編者：第1章，第4章，第9章】

1998年　明治大学大学院経営学研究科博士後期課程単位取得満期退学
現　在　青森公立大学経営経済学部教授

古山　徹 （ふるやま　とおる）【第2章，第3章】

1983年　高知大学人文学部卒業
現　在　日経メディアマーケティング（株）勤務
　　　　日本経営分析学会理事，日本ディスクロージャー研究学会理事

國方　明 （くにかた　あきら）【第5章，第13章】

2004年　大阪大学大学院経済学研究科博士後期課程修了
現　在　青森公立大学経営経済学部准教授　博士（経済学）

冨田　洋介 （とみた　ようすけ）【第7章】

2015年　中央大学大学院商学研究科博士後期課程修了
現　在　東洋学園大学現代経営学部講師　博士（金融学）

阿部　直彦 （あべ　なおひこ）【第11章】

1985年　慶應義塾大学商学部卒業
現　在　ペイ・ガバナンス日本株式会社代表取締役社長
　　　　日本取締役協会「経営者報酬ガイドライン」ワーキンググループリーダー

三和　裕美子 （みわ　ゆみこ）【第12章】

1996年　大阪市立大学経営学研究科博士後期課程単位取得満期退学
現　在　明治大学大学院商学研究科教授　博士（商学）

坂田　淳一 （さかた　じゅんいち）【第14章】

2005年　早稲田大学理工学術院大学院国際情報通信研究科博士課程卒業
現　在　桜美林大学ビジネスマネジメント学群教授　博士（情報通信学）

グラフィック経営学ライブラリ—8

グラフィック 経営財務

2019 年 5 月 25 日© 　　　　　　　　初 版 発 行

編著者	境　　睦	発行者	森 平 敏 孝
	落 合 孝 彦	印刷者	杉 井 康 之
		製本者	米 良 孝 司

【発行】　　　　　　　株式会社　新世社
〒151-0051　東京都渋谷区千駄ヶ谷 1 丁目 3 番 25 号
編集 ☎(03)5474-8818(代)　　サイエンスビル

【発売】　　　　　　　株式会社 サイエンス社
〒151-0051　東京都渋谷区千駄ヶ谷 1 丁目 3 番 25 号
営業 ☎(03)5474-8500(代)　　振替 00170-7-2387
FAX ☎(03)5474-8900

印刷　ディグ　　　　　　製本　ブックアート
　　　　　《検印省略》

978-4-88384-292-6

PRINTED IN JAPAN

サイエンス社・新世社のホームページのご案内
http://www.saiensu.co.jp
ご意見・ご要望は
shin@saiensu.co.jp　まで。